Kathrin Rüegg's

Brotbackstube

mit farbigen Bildern von Marco Garbani Nerini

Müller Rüschlikon Verlags AG
Cham · Stuttgart · Wien

Inhaltsverzeichnis

Nur Mut 10
Die Vorgeschichte 11/14
Meine Arbeitsgeräte 15
Brotback-Warenkunde 16
    1. Das Getreide 16/17
    2. Andere Zusätze 18/20
    3. Treibmittel 20/24
Brot aufbewahren 24
Einen Brotteig machen 25/26

1	«Mein erstes Brot»	27
2	Vollkorn-Scones	30
3	Knäckebrot	31
4	Schweizer Ruchbrot	32/33
5	«Schnelles» Käsebrot	34/35
6	Kartoffelbrot	38/39
7	Joghurtbrot	40/41
8	Baguettes/Knoblauchbrot	42/43
9	Flûtes	44
10	Sauerteig	45
11	Sauerteigbrot mit Vollkorn- und Roggenmehl	46/47
12	Sauerteigbrot mit Roggen- und Ruchmehl	48/49
13	Sojaschrotbrot	50/51
14	Weizenkeimbrot	52/53
15	Toastbrot	54
16	Käseschnitten	55
17	Brioche	56/57
18	Spezial-Knäckebrot	60/61
19	Kastanienbrötchen	62/63
20	Verzasca-Kastanienbrot	64/65
21	Parmesanbrot	66/67
22	Pizza-Teig und Pizzaiola-Sauce	68
23	Arabisches Fladenbrot	69
24	Zwieback	70/71
25	Hefezopf	74/75
26	Spitzweggi/Milchweggli	76

27	Hefeschnecken	77
28	Grättimann, Tannenbaum, Osterkranz	78/79
29	Panettone	80/82
30	Dreikönigskuchen	83
31	Pitta	84/85
32	Ostertaube	86/87
33	Tessiner Brottorte	88
34	Weiße Brottorte	89
35	Apfelrösti	90
36	Vanillesauce	91
37	Muttertag-Scones	92
	Hilfe, was mache ich falsch?	93
	Bezugsquellen-Nachweis	95

Nur Mut!

Dieses Büchlein ist für ganz verschiedene Arten von Leserinnen und Brotbäckerinnen gedacht. Einmal für diejenigen, die sich zögernd und mit vielen Bedenken zum ersten Mal ans Backen von Brot wagen. Diejenigen, die sagen: «Ich schaffe es nie, einen Hefeteig so zu machen, daß er aufgeht, von Sauerteig schon gar nicht zu reden ...» Andererseits für diejenigen, die Rezeptbücher nicht nur in der Küche, sondern auch als Einschlaf-Lektüre benützen. Zum dritten für diejenigen, die schon Brot backen, aber nach neuen Rezepten suchen.
An die erste Gruppe habe ich speziell gedacht bei der Abfassung der Rezepte. Die ersten Rezepte sind wie eine Art «Backschule» gegliedert, mit steigendem Schwierigkeitsgrad. Wer cann ein Hefebrot fertigbringt, wagt sich an einen Zopfteig, an den Panettone ...
Grundsätzlich sind alle Rezepte so ausführlich beschrieben, daß man nicht zu blättern braucht. Die Wiederholung gewisser (eben immer wiederkehrender) Arbeitsvorgänge läßt sich damit leider nicht vermeiden.
Das mögen mir die andern, die «fortgeschrittenen» Bäckerinnen und die Leserinnen verzeihen.
Und noch ein Tip: Fixieren Sie die Seiten des gewählten Rezeptes mit zwei Wäscheklammern, bevor Sie zu backen beginnen. Anfangen mit einem Rezept und weiterfahren mit einem andern, weil sich die Blätter gedreht haben, hat ungute Folgen.

Die Vorgeschichte

Eigentlich begann es damit, daß ich weit entfernt vom nächsten Bäckerladen wohne. Es gab wohl einen fahrenden Bäcker, der unser Dorf mit Brot versah. Das geschah so, daß jeder, der Brot brauchte, abends eine Tüte mit einem Bestell-Zettel und dem entsprechenden Geld bei der Post an den Straßenzaun hängte. Für mich war das der Grund für einen viertelstündigen Spaziergang. Morgens – wenn ich sowieso zur Post ging – war hie und da das Brot schon da, öfters aber noch nicht. Folglich mußte ich meinen Weg ein weiteres Mal machen. Hielten mich Arbeiten davon ab, nach einer Stunde nochmals nach meinem Brot zu sehen, geschah es oft, daß Tüte und Brot weg waren. Einmal traf ich bei einem solchen Gang meine Nachbarin Emilia. Auch ihre Tüte war weg.

«Früher, als wir unser Brot noch selbst buken, konnte keiner es stehlen ...», seufzte sie.

Brot selbst backen? Weshalb denn eigentlich nicht? Einen kleinen Vorrat an Mehl kaufen. Herausfinden, wo ich Hefe erhielt und – vor allem – wie man eigentlich Brot buk? Aber – lohnte sich das für mich allein?

Andererseits: Daran zu denken, wie gut ein ganz, ganz frisch gebackenes Brot duftet und schmeckt – das hatte schon etwas Verlockendes. Fehlte also noch das Rezept. In den mir zugänglichen Kochbüchern jener Zeit (vor zwanzig Jahren) fand ich kein einziges. Dafür in demjenigen meiner Mutter. Herausgegeben anno 1918. Da stand:

«4 kg Weizenvollmehl, 1 kg Grahammehl, 1 kg Roggenmehl werden in einem Backgeltlein gemischt und ungefähr 4 Handvoll Salz darüber gestreut. Dann wird für zirka 5 Rappen Preßhefe in ein wenig lauwarmem Wasser zu Brei aufgelöst und dieser Brei ins Mehl getan. Mit 3 – 4 l handwarmem Wasser wird aus diesem Teig ...» Weiter unten wird auch noch beschrieben, wie man einen Kachelofen zum Brotbacken anheizt: «Es läßt sich kein bestimmtes Holzmaß angeben, weil das von der Heizbarkeit des Ofens und der Außentemperatur abhängt ...»

Da war noch Emilia, die ich fragen konnte.

«Brot auf unsere Art gebacken? Das geht nur im Backhäuschen. Und mit 20 kg Mehl.»

Daß man Brot auch im elektrischen Ofen backen könnte, so wie Kuchen, davon hielt sie gar nichts.

Ich begann zu verstehen, weshalb das Backen von Brot meist dem Bäkker überlassen bleibt. Es braucht Erfahrung und Übung, um aus ein paar Kilogramm Mehl und Rezepten, wo es von «zirka» und «ungefähr» wimmelt, ein gutes Brot zu backen. Und was, wenn ein Brot mißlingt? Wenn der Teig nicht richtig «geht», wenn er zu stark, zu schwach gesalzen ist, wenn das Brot verbrennt?
Wie wäre es denn, wenn ich mutig einfach zu pröbeln begänne? Mit kleinen Mehlmengen.
Mein erstes Brot war viel zu wenig gesalzen und ging nur schlecht auf. Das kam daher, daß ich mit einem Pfund Mehl und der entsprechenden Menge Hefe und Salz begann. Beim Bereiten des Teiges fügte ich aber zuviel Wasser hinzu. Um das zu korrigieren, mußte ich mehr Mehl nehmen. Es war aber zuviel Mehl. Also wieder Wasser. So ging das hin und her. Schließlich und endlich entstand ein glatter Teig. Aber eben: aus anderthalb Pfund Mehl ...
Die nächste Hürde war, die richtige Backtemperatur und -zeit herauszufinden. Ich habe mich tapfer durchgegessen durch zu stark und zu schwach gebackenes Brot. Zum Glück waren auch noch meine Kaninchen, Schafe und Esel da, die mithalfen, die Produkte meiner Pröbelei zu verwerten.
Bei Kochrezepten genügen meist ungefähre Maße. Ein Eßlöffel, eine Handvoll, drei Tassen ...
Beim Brotbacken – besonders wenn man es noch nicht gewohnt ist – entstehen viel weniger Fehler, wenn die Zutaten ganz genau gewogen werden. Das gilt auch für die Flüssigkeiten «Ein Liter Wasser», mit dem Meßbecher abgemessen, kann 950 oder 1030 g wiegen. Zum Bestimmen ganz genauer Quantitäten sind Küchen-Meßbecher nicht gedacht. Dasselbe gilt für Löffel-Maße. «1 EL Salz» kann genausogut 18 wie 27 g wiegen
Ein lieber, weiser Mensch hat mir einmal eine elektronische Küchenwaage geschenkt, mit der ich grammgenau wägen kann und die sich auch zum Zuwägen eignet. D. h.: Ich stelle eine leere Schüssel auf die Waage, betätige den Einschaltknopf noch einmal. Die Waage zeigt nun, obwohl mit der Schüssel belastet, wieder auf Null. So vermeide ich Rechnungsfehler. Ich wäge auch den Inhalt abgepackter Tüten nach. Selten enthalten sie genau das angegebene Gewicht.
Ein weiterer Unsicherheitsfaktor ist die Temperatur des Backofens. Ein Umluft-Backofen hat dieselbe Heizwirkung wie ein konventioneller Backofen, wenn man ihn um 20 – 25° C niedriger einstellt. Auch ist es gar nicht

so sicher, daß die auf der Skala des Herdes angegebenen Grade wirklich dieser Temperatur entsprechen. Eine Möglichkeit wäre, ein genaues Thermometer, das bis zu 300° C anzeigt, in den Backofen zu legen. Einfacher ist es, nach den Angaben im Rezept zu backen, und falls das Resultat nach den angegebenen Zeiten und Temperaturen nicht befriedigt, dies im entsprechenden Rezept zu korrigieren. So lernt man seinen eigenen Backofen kennen.

Mit der Zeit entstand in meiner Kochbuch-Bibliothek eine Extra-Abteilung mit Brot-Backbüchern. Solche Bücher lese ich abends im Bett. So, wie andere Krimis lesen. «Spannende» Rezepte probiere ich dann aus. Manchmal mit Ärger verbunden. Dann nämlich, wenn im Rezept Nr. 417 ein Hinweis ist, man soll jetzt die Arbeit so fortsetzen, wie es im Rezept Nr. 283 beschrieben sei. Das heißt, mit teigverkrusteten Händen in einem Buch blättern. Jedem, der Bücher liebt, wird es davor grausen.

Dieses Brotbackbüchlein ist so geschrieben, daß man nie Seiten umblättern muß, solange noch Teig an den Händen klebt.

Zur Reihenfolge der Rezepte:

Zuerst kommen Rezepte, die am leichtesten auszuführen sind und gleichzeitig einen Überblick über die einzelnen Treibmittel geben.

Aber wozu die doch recht ausführliche Theorie?

Wer die Eigenschaften der einzelnen Getreidearten, der verschiedenen Treibmittel, der übrigen Brot-Zusätze kennt, Bescheid weiß über das Formen des Brotes, die Entstehung der verschiedenartigen Krusten, der kann dann «eigene Brote» erfinden. Wer weiß, vielleicht entstehen dann geheime Familienbrot-Rezepte, und das Backen von Brot macht so viel Spaß, daß man sich sein eigenes Brotbackhäuschen im Garten bauen läßt.

Vor einem möchte ich ausdrücklich warnen: Versuchen Sie nicht, Ihr Brot so perfekt zu backen wie ein Bäcker. Die folgende Geschichte soll das illustrieren:

Ich wurde gebeten, für einen Basar drei selbstgebackene Brote zu stiften. Natürlich entschloß ich mich, Panettone zu backen. Erstens ist das ein Festtagsbrot, zweitens essen das alle Leute gern, drittens ist es ein Spezialbrot aus dem Tessin und viertens habe ich so lange geübt und geprobt, daß ich imstande bin, ganz, ganz schönen Panettone zu backen. So schön, daß er von einem Bäcker gebacken sein könnte.

Stolz brachte ich meine drei Prachtsstücke dem Organisationskomitee. Betreten sahen mich die drei Damen an:

«Aber Frau Rüegg, wir hätten von Ihnen nicht erwartet, daß Sie, ausgerechnet Sie, uns Brote vom Bäcker bringen...»

Natürlich gebe ich mir auch heute Mühe meine Brote schön zu formen. Aber *zu schön* sollen sie nicht sein. Man soll ihnen ansehen, daß eine Hausfrau sie gebacken hat. Man soll ihnen anmerken, daß der Teig von Hand geknetet wurde.

Mancher mag mich auslachen: Aber ich glaube, ein solches selbstgebackenes Brot mundet nicht nur besser. Es ist auch bekömmlicher.

Weshalb gibt es heute immer mehr Hausfrauen, die wieder selbst die Ärmel hochkrempeln, sich die Zeit und Muße dazu nehmen, das Brot selbst zu backen, obschon es doch so viele Bäckereien gibt, in denen man wohlschmeckendes Brot kaufen kann?

Wohl weil man ganz unbewußt einem «handgemachten» – mit Liebe hergestellten Brot, einem Produkt des täglichen Bedarfs, in unserem mechanisierten Zeitalter den Vorzug gibt.

Katarin Rüegg

Meine Arbeitsgeräte

Brot backen: Wohl die älteste Hausfrauenarbeit. Schon die Pfahlbauernfrau hat sie getan – als es noch lange keine Wäsche zu bügeln, keine Fenster zu putzen gab. Nur mußte sie vor der Zubereitung des Teiges noch mühsam die Getreidekörner zwischen zwei Steinen mahlen.
Auch meine Arbeitsgeräte (siehe Seiten 4/5) sind – bis auf die Waage – sehr einfach:
Ich brauche
- eine runde, tiefe Schüssel (5 l Inhalt)
- ein Mehlsieb
- eine genaue Waage (mit einem Modell, das das Zuwägen erlaubt, können Fehler vermieden werden)
- ein Backhorn, man nennt es auch Teigschaber, Teigkärtchen oder Palette (jene halbrunde Scheibe, die heute meist aus Plastik ist, mit der man den Teig zuerst mischen, dann von der Schüssel kratzen und schließlich zerschneiden kann). Ich verwende es lieber als den Kochlöffel, weil es mir handlicher scheint.
- einen Pinsel (zum Einfetten des Blechs und zum Bepinseln des Brotes)
- Backpapier
- zwei Gärkörbe (für Sauerteig- und Kartoffelbrot)
- zwei Kastenformen (Cakeformen)
- eine Springform
- ein Backofengitter
- ein Kuchenblech

und das wichtigste:
- meine beiden Hände
- genügend Zeit
- Kenntnisse über die Zutaten und darüber, wie ich meine Brote formen und deren Oberfläche behandeln kann.

Und die schönen, neuen Küchenmaschinen?
Eine gibt es, die möchte ich nicht missen: die elektrische Getreidemühle – aber Anfängerinnen brauchen sie noch nicht.
Für Interessentinnen: siehe Bezugsquellen-Nachweis auf Seite 95.

Brotback-Warenkunde

1. Das Getreide

Weizen
Das bei uns meistverbrauchte Brotgetreide ist Weizen. «Mehl» oder «Vollkornmehl» ohne nähere Bezeichnung ist immer Weizenmehl.
Je «gereinigter» Weizenmehl ist, desto weißer ist sein optischer Aspekt – und desto weniger Vitalstoffe, also Vitamine und Spurenelemente enthält es.
In Deutschland ist der Reinheitsgrad mit einer Typenbezeichnung angegeben. Die Typen-Nummer entspricht der Quantität der Verbrennungsrückstände. Je niedriger die Typenzahl ist, um so gereinigter ist das Mehl. Beispiel: 100 g Weißmehl, also ganz gereinigtes Mehl, ergeben einen Verbrennungsrückstand von 405 mg. Folglich wird es mit Typ 405 bezeichnet. In der Schweiz heißt es einfach «Weißmehl». Das schweizerische «Ruchmehl» entspricht der deutschen Typenbezeichnung 1050.
Vollkornmehl (Grahammehl) wird ohne Typenbezeichnung verkauft.

Roggen
Roggenmehl ist auch im «gereinigten» Zustand grau. Es ist also nicht so, daß nicht weißes Brot automatisch mehr Vitalstoffe enthält. Beim Roggenmehl gibt es Typenbezeichnungen von 610 (Auszugsmehl) bis 1740.

Dinkel
Eigentlich gehört Dinkel an die erste Stelle dieser Auflistung. Dinkel ist nämlich die Urform der Weizenarten.
Hie und da findet man für Dinkel auch die Bezeichnung «Einkorn». Lange Zeit wurde Dinkel nur noch angebaut zur Herstellung von Grünkernmehl (das sich nicht zum Backen eignet und wofür das nicht ganz reife Korn verwendet wird). Der Ertrag der Dinkelpflanze ist ganz wesentlich niedriger als derjenige der Weizenpflanze. Sein Anbau war eine Zeitlang sogar verboten. Heute nimmt der Dinkelabsatz aber stetig zu, weil die Erkenntnisse der Heiligen Hildegard von Bingen wieder bekanntgemacht werden. Sie pries schon im 12. Jahrhundert die gesundheitsfördernde Wirkung des Dinkels – eine Wirkung, die jeder bestätigen kann, der sich von Dinkelbrot ernährt.

Was ist denn eigentlich Vollkornmehl?
Die Antwort liegt im Wort selbst. Vollkornmehl ist Mehl aus dem vollen Korn, also das Korn mit dem Getreidekeim und den Randschichten, sei es nun Weizen oder Roggen oder Dinkel. Vollkornmehl könnte so fein gemahlen werden wie Auszugsmehl – aber es würde sehr rasch verderben. Mit andern Worten: Wenn ich Vollkornmehl kaufe, ist es nicht so fein gemahlen und es enthält notgedrungen Konservierungsmittel. Ich kann es trotzdem nicht lange aufbewahren.
Was aber, wenn ich aus gesundheitlichen Erwägungen eben Vollkornmehl, fein gemahlen und ohne Zusätze verwenden will? Hier vereinigen sich Pfahlbauer- und neuzeitliche Methoden: Ich kaufe mir eine Getreidemühle mit Mahlsteinen aus Granit – aber elektrisch angetrieben. In meiner Küche steht eine Salzburger Getreidemühle. Bezugsquellennachweis siehe Seite 95.

Getreideschrot
ist nicht mehlfein gemahlenes Getreide – auch hier kann es wieder Weizen, Roggen oder Dinkel sein, aber auch Hirse, Hafer, Gerste, Mais, Buchweizen.

Kleie
ist die braune, äußere Schicht des Getreidekorns. Sie enthält eigentlich den gesunderen Teil des Korns und ist jener Ballaststoff, der unserer Verdauung am zuträglichsten ist.
Luftiges Brot backe ich, wenn ich mindestens zur Hälfte Weizen- oder Dinkelmehl verwende. Mehr als ein Drittel Roggenmehl (Rest wieder Weizen oder Dinkel) ist nicht empfehlenswert, es sei denn, man gibt sich mit Fladenbrot zufrieden.
Schrot weiche ich über Nacht ein und verwende auch das Einweichwasser zur Zubereitung des Teiges.

Andere Getreidearten
Hirse, Hafer, Gerste, Mais, Buchweizen, können in Form von Mehl oder Schrot oder ganzen, über Nacht eingeweichten Körnern zum Teig gegeben werden (nicht mehr als 20% des ganzen Mehlgewichtes).

2. Andere Zusätze

Kartoffeln
Kartoffeln machen unser Brot feucht. Geben wir sie frisch gekocht – also noch lauwarm – zum Teig, so wird dieser sehr luftig. Siehe Rezept Seiten 38/39.

Kastanien
Kastanienmehl (höchstens 20% des ganzen Mehlgewichtes) oder Kastanienstücke geben dem Brot einen aparten Geschmack. Siehe Rezepte Seiten 62/63!

Vorsicht: Brot mit Kastanien- und mit Kartoffelzusatz schimmelt rasch.

Samen, Kerne, Nüsse
Lauter Möglichkeiten, «unser täglich Brot» abwechslungsreich zu backen:
- Leinsamen, Sesamsamen, Mohnsamen, Sojabohnen
- Sonnenblumenkerne, Kürbiskerne
- Haselnüsse, Walnüsse, Mandeln, Pinienkerne, Erdnüsse
  Nüsse kauft man möglichst nicht bearbeitet (also nicht geschält, nicht zerschnitten oder gemahlen). Sie bleiben ganz länger haltbar und enthalten weniger oder keine Konservierungsmittel.

Gewürze
Wie schön das eingerichtet ist: Gewisse Gewürze verfeinern nicht nur den Geschmack unseres Brotes; sie halten es auch länger frisch und weniger schimmelanfällig (Kümmel, Anis, Koriander, Kardamom).
Eine geradezu ideale Gewürzmischung ist folgende:
10% Anissamen
10% Fenchelsamen
20% Koriandersamen
55% Kümmelsamen
 5% Kardamompulver
Bezugsquelle für fertige Brotgewürzmischung siehe Seite 95.
Roggenbrot schmeckt besonders gut mit Kümmel oder Anis.
Wichtig: Diese Gewürze im Tiefkühlschrank aufbewahren. Sie bleiben so viel aromatischer und sind – direkt aus dem Eis – absolut rieselfähig. Und eigentlich noch wichtiger: sie nur gelegentlich verwenden, damit ihr Geschmack nicht zur täglichen Gewohnheit wird.

Andere Aromaträger
Zwiebel, Knoblauch, Basilikum, Rosmarin, Liebstöckel, Speckwürfel, geriebener Käse, Rosinen können für bestimmte Zwecke zur Abwechslung interessant sein.

Salz
Natürlich kann ich gewöhnliches Kochsalz verwenden. Aber wenn schon selbstgebacken, womöglich frisch gemahlen, dann muß ich konsequenterweise auch Meersalz zu meinem Brot geben. Damit versorgen wir unsern Körper mit den so wichtigen Spurenelementen.

Milch und Milchprodukte
Je frischer und unbehandelter ich diese Zutaten verwende, desto schmackhafter und gesunder wird mein Brot. Joghurt und Buttermilch «treiben» die Hefe- und Sauerteigbakterien, d. h. ihr Zusatz zum Teig bewirkt luftigere Brote (siehe Rezepte S. 40/41 und S. 46/47).

Fette und Öle
Gewisse italienische Brot- und Brötchenarten brauchen den Zusatz von Olivenöl, um «richtig» zu schmecken. Zudem bleiben sie so etwas länger frisch.
Wenn in einem Rezept «Butter» angegeben ist, verwende ich auch Butter – nichts anderes. Lieber etwas weniger oft oder in kleineren Quantitäten gebacken, als Butter durch Margarine ersetzen.
Butter läßt man am besten zimmerwarm werden und arbeitet sie dann mit dem Backhorn in den Teig. Läßt man Butter schmelzen, besteht die Gefahr, daß sie zu heiß wird. Folgen: der Teig wird nicht mehr glatt, sondern rissig und geht im schlimmsten Fall überhaupt nicht mehr auf.

Zucker
Gesundheitsapostel schlagen heutzutage die Hände zusammen, wenn man mit Auszugsmehl und raffiniertem Zucker backt. Trotzdem brauche ich diese Zutaten für einen traditionellen, richtig schönen Sonntagszopf, einen Panettone oder eine Colomba. Ich bringe sie ja nicht täglich auf den Tisch, betrachte sie mehr als Genuß- denn als Nahrungsmittel.
Wieviel Zucker man zum Teig geben will, ist Geschmackssache. Meine Rezepte enthalten relativ wenig Zucker.
Rohzucker und Honig können interessante Geschmacksvarianten ins Brot bringen.

Wasser
In Gegenden mit sehr chlorhaltigem Trinkwasser empfiehlt sich die Verwendung von stillem Mineralwasser (Mineralwasser ohne Kohlensäure).

Eier
Natürlich sollen auch zum Backen verwendete Eier möglichst frisch sein. Dem Geschmack tut es aber keinen Abbruch, wenn ich Eier verwende, die zehn Tage alt sind. Hauptsache: das Eigelb zerfließt nicht, wenn ich ein Ei aufschlage. Aus diesem Grunde lasse ich jedes Ei nach dem Aufschlagen zuerst einzeln in eine Tasse gleiten.
In meinen Rezepten ist das Eigewicht in Gramm angegeben. Dies, weil die Verwendung von zu großen Eiern den Teig zu naß werden läßt. Also – um sicher zu gehen – die Eier mit der Schale ebenfalls wägen. Zu wenig Ei durch Wasser oder Milch ergänzen. Zuviel Ei durch Entfernung eines Teils Eiweiß korrigieren.
Eigelb bewirkt die schöne braun-glänzende Kruste von Gebäck.
Man kann auch Eigelb und Eiweiß vermischt zum Bestreichen von Gebäck verwenden. Die Kruste glänzt dann allerdings viel weniger.
Eiweiß ist ein idealer «Klebstoff» für den Teig.
Wichtig: Zusatz von Eiern macht den Teig trocken! Dies ist der Grund, weshalb ich z. B. beim Zopfteig keine Eier verwende.
Schließlich «treibt» die Beigabe von Eiern einen Teig. Und damit sind wir beim nächsten Kapitel angelangt:

3. Treibmittel

Hefe
Wenn ich mir vor Augen halte, daß Hefe etwas Lebendiges ist (Hefe sind Bakterien, die beim Zusammentreffen von Feuchtigkeit, Wärme und Sauerstoff Kohlensäure bilden), kann ich mir die «Umgangsformen», die die Hefe wünscht, um zu «arbeiten», besser einprägen:
– Die Hefe muß frisch sein (glatte Bruchstellen, Konsistenz etwa wie kalte Butter, hellbräunliche Farbe, frischer, appetitanregender Geruch). Ich kann frische Hefewürfel problemlos während mehrerer Wochen tiefgekühlt aufbewahren. Sie lösen sich, mit (der im Rezept angegebenen Menge!) zimmerwarmem Wasser bedeckt, in einer halben Stunde auf und sind dann gebrauchsfertig.

- In praktisch allen Kochbüchern wird davon gesprochen, daß man Hefe nur mit lauwarmen Zutaten in Berührung bringen soll, daß man sie mit lauwarmem Wasser anrühren soll. Auch ich habe das seinerzeit so gelernt.
Im Laufe meiner Pröbeleien habe ich dann gemerkt, daß Hefegebäck, mit zimmerwarmen Zutaten vermengt, mit kühlem Leitungswasser angerührt, saftiger wird und keineswegs langsamer aufgeht. Das mag daher kommen, daß in früheren Zeiten die Küchen- und vor allem die Wassertemperaturen (Wasser vom Brunnen!) niedriger waren. In meiner Küche herrscht eine Temperatur von 18° C, die beim Backen natürlich steigt.
- Wo hingegen höhere Temperaturen vorteilhaft sind: beim «Aufgehen» des Teiges. Hefeteig will einen möglichst warmen Ort, der zudem zugfrei sein soll. «Aufgegangen» ist er, wenn er die doppelte Größe aufweist. Faustregel bei 20° C Raumtemperatur 1 1/2 – 2 Stunden. Wer nun aber am Sonntagmorgen seine Lieben mit frisch gebackenen Brötchen überraschen will, stellt den Teig abends zum Aufgehen in den Kühlschrank (siehe z. B. Brioche, Rezept Seiten 56/57).
- Hefe erträgt nur Temperaturen bis zu 35° C (also Vorsicht, wenn man geschmolzene Butter zum Teig gibt).
- Hefe mag keinen direkten Kontakt mit Salz und/oder Fett. Das heißt, ich vermische die Hefe mit etwas Mehl und Flüssigkeit, bevor ich diese Zutaten beigebe.
- Wer mit Hefe backen will, muß sich Zeit nehmen: erstens, bis die Hefe, mit Wasser oder Milch aufgelöst, am Gefäßrand kleine Blasen wirft (in der Zwischenzeit bereite ich die übrigen Zutaten vor), dann bis der Vorteig Blasen wirft (ca. 15 Minuten nach dem Anrühren). Je nach Rezept rechne ich mit fünf bis fünfzehn Minuten für das Vermengen der Zutaten und das Kneten des Teiges, 1 1/2 bis 2 Stunden für das «Aufgehen», 10 – 30 Minuten für das zweite Kneten und Formen des Brotes, wiederum 30 Minuten für das Gehen (in der Zwischenzeit Backofen vorheizen) und schließlich noch die Backzeit.
- Zum Gehen aufgestellter Hefe- (auch Sauer-) teig trocknet sehr rasch aus. Deshalb sowohl die Teigschüssel beim ersten Gehen als auch die geformten Brote mit einem feuchten Tuch bedecken.
- Hefe- und Sauerteig backt schöner aus bei großer Luftfeuchtigkeit. Wer es also ganz gut machen will, stellt vor Backbeginn eine feuerfeste, mit kochendem Wasser gefüllte Schüssel auf den Backofenboden.

- Das Brot so einschieben, daß die Mitte des Laibes sich in der Mitte des Backofens befindet.
- Der Backofen (auch der Umluft-Backofen) muß beim Einschieben des Teiges bereits die richtige Backtemperatur haben. Moderne Backöfen haben zwei Signallampen. Die eine zeigt an, daß der Ofen eingeschaltet ist, die andere, daß der Ofen aufheizt. Brennt nur noch die Einschalt-Lampe, weiß ich, daß ich mein Brot einschieben kann. Die Aufheizzeit variiert je nach Stromverbrauch nicht nur in meinem Haus, auch in meiner Umgebung.
- Wenn Hefeteig zu lange aufgeht («zu reif» wird, was ich daran merke, daß der Teig nicht mehr gewölbt ist) wird das Brot flach. Um dies zu vermeiden, die im Rezept angegebenen Zeiten einhalten. Wenn mir nun plötzlich etwas dazwischen kommt, knete ich den Teig nochmals zusammen und lasse ihn neu aufgehen. Allerdings wird die Oberfläche dann oft nicht mehr so glatt.
- Hefeteig kann ich problemlos einfrieren. Dabei muß ich nur beachten, daß ich den Teig lose in eine Tiefkühltüte einbinde. Auch im Tiefkühlfach geht der Teig nämlich noch kurz. Hat er nun nicht genug Platz, so reißt die Verpackung, und er trocknet aus. 12 Stunden vor der Verwendung in der Tüte bei Zimmertemperatur auftauen lassen, nochmals durchkneten, formen, gehen lassen, backen.
- Auch Hefewürfel kann man einfrieren. Vor Gebrauch in zimmerwarmem Wasser (Quantität wie im Rezept angegeben) etwa 30 Minuten stehen lassen, gut umrühren.

Trockenhefe

Die Verwendung von Trockenhefe vereinfacht und verkürzt das Backen von Hefeteig. Aus diesem Grunde ist im allerersten Rezept die Arbeit mit Trockenhefe beschrieben. Als ich noch keinen Tiefkühlschrank hatte, gehörten ein paar Tütchen Trockenhefe zu meinem Notvorrat. Trotzdem arbeite ich viel lieber mit Frischhefe. Erstens ist mir ein frisches Produkt immer lieber, zweitens ist Trockenhefe wesentlich teurer und drittens enthält Trockenhefe noch andere Substanzen (einen Emulgator, verestertes Mono- und Diglycerid).

Sauerteig

Sauerteigbakterien sind sozusagen Verwandte der Hefebakterien. Wir können uns Sauerteig auf verschiedene Weise beschaffen:
- bei einer Freundin, die bereits mit Sauerteig backt, einen Ansatz erbitten (wieviel Sauerteig habe ich schon verschenkt!)
- beim Bäcker oder im Reformhaus einen Sauerteig-Ansatz oder Sauerteig-Extrakt kaufen
- einen eigenen Sauerteig machen (Rezept siehe Seite 45)

Beim ersten Mal backen mit Sauerteig kann man noch Hefe beigeben. Ein 150 g schweres Stück des gegangenen Teigs wird für den nächsten Backvorgang zurückbehalten, indem man ihn in einem Schüsselchen aufbewahrt, das mit einem Teller zugedeckt ist. So bleibt er drei Wochen haltbar. Will man Sauerteig für längere Zeit haltbar machen, so zerreibt man ihn mit etwas Roggenmehl zu trockenen Krümeln, die man in einem Stoffsäckchen luftig aufbewahrt.

Sauerteig kann nicht tiefgekühlt werden und ist noch hitzeempfindlicher als Hefe!

Backpulver

Backpulver besteht in der Regel aus einem Säuerungsmittel (Phosphat) einem Treibmittel (Bicarbonat) und Stärke. Neuerdings ist auch phosphatfreies Backpulver im Handel, das als Säuerungsmittel Weinstein enthält.

Für unsern europäischen Geschmack muß Brot mit Hefe oder Sauerteig gebacken sein. In Amerika dagegen verwendet man Backpulver. Deshalb schmeckt vielen Europäern jenes Brot überhaupt nicht.

Backpulver hat aber einen Vorteil: Wenn ich sehr schnell Brot brauche (Überfallbesuch!), dann backe ich Scones (Rezept siehe Seite 92).

Auch beim Backen mit Backpulver muß ich die «Umgangsformen» kennen. Die wichtigste: Je kürzer die Zeitspanne zwischen der Beigabe von Backpulver zum Teig und dem Beginn des Backvorgangs ist, desto luftiger wird mein Gebäck. Deshalb ist es auch hier wichtig, daß der Backofen beim Einschieben des Backgutes die richtige Temperatur aufweist.

Ei

Der Brandteig ermöglicht es ebenfalls, in relativ kurzer Zeit Brötchen oder ein Brot zu backen. Leider ist diese Möglichkeit viel zu wenig bekannt. Einziges Treibmittel für diesen sehr luftig werdenden Teig ist das Ei.

Brandteig gelingt problemlos, wenn man einen einzigen Punkt befolgt (also die «Umgangsregel» für Brandteig: Man muß die (zu kochenden) Zutaten unbedingt auf Handwärme abkühlen lassen, bevor man die Eier zugibt. Das ist alles! Rezept siehe Seiten 34/35.

Brot aufbewahren
Wenn keine Kinder am Tisch sind, stelle ich mein Brot als ganzen oder halbierten Leib auf einem Brett und mit einem Brotmesser auf den Tisch. Ich hasse es, wenn zuviel von meinem mit Liebe gebackenen Brot aufgeschnitten wird und die Scheiben dann vertrocknen. Mein Gast soll das Brot als Laib sehen – und ich mute jedem Erwachsenen zu, daß er fähig ist, sein Brot selbst abzuschneiden. Zudem kann er dann die Dicke der Brotscheibe selbst bestimmen.
Brot soll man in einem Tongefäß mit Decke aufbewahren. Bei uns ist es immer nur soviel, daß es in spätestens einem Tag aufgegessen wird. Bleibt – selten genug – trotzdem etwas übrig, dann zerschneide ich es in Würfel und trockne es. Auch daraus lassen sich noch gute Dinge backen (Rezepte siehe S. 88/89). Schimmliges Brot gibt es in meinem Hause nie.
Manchmal erhalte ich von gutmeinenden Leuten «Brot für meine Tiere», das verschimmelt ist. Jenes Brot landet auch bei mir – schweren Herzens – auf dem Komposthaufen. Auch Tieren bekommt verdorbenes Brot nicht!
Die meisten Brote können tiefgekühlt werden. Deshalb backe ich nur kleine Laibe. Nach dem Auskühlen werden sie luftdicht in Tiefkühlsäcken verpackt und tiefgekühlt. Mehr als drei Wochen bewahre ich sie nicht auf. Dies, weil sie sonst, wenn sie aufgetaut sind, die Kruste verlieren. Zum Auftauen lege ich sie am Abend vorher in die Brotlade.
Die Mengen der vorliegenden Rezepte sind so berechnet, daß das Backgut auf einem Kuchenblech oder -gitter Platz hat. In meinem Umluft-Backofen kann ich auf zwei Blechen gleichzeitig backen. Ich arbeite mit den doppelten Zutaten-Mengen und beachte beim Einschieben der Bleche, daß zwischen ihnen genügend Distanz für das aufgegangene Brot vorhanden ist. Was wir nicht sofort brauchen, wird tiefgekühlt.

Einen Brotteig machen

Wieviel würde mir genommen, wenn ich das Mischen und Kneten eines Brotteiges einer Maschine überlassen müßte! Nicht nur, daß ich zusätzlich zu den benötigten Zutaten lauter gute Gedanken in den Teig hineingebe. Einerseits ist es die Muskelarbeit meiner Hände, die mir Spaß macht (und diese gelenkiger erhält), andererseits läßt mein Tun meine Gedanken schweifen.

Die Fotos auf Seiten 28/29 sollen auch für jemanden, der des Backens ungewohnt ist, die einzelnen Arbeitsgänge illustrieren:

Vor Arbeitsbeginn alle Zutaten bereitstellen. Hefe in genauer Wassermenge auflösen, Butter abgewogen in die Wärme stellen, Mehl sieben. Ärmel zurückkrempeln, Schüssel am besten in den Schüttstein stellen.

1. Die aufgelöste Hefe zum Mehl geben, etwas Mehl zum Vorteig darunterrühren.
2. So schaut der Vorteig nach 15 Minuten aus.
3. Je nach Rezept abwechslungsweise in Portionen Salz, Butter, Eier, Wasser, Milch, Zucker mit Hilfe des Backhorns in den Teig arbeiten. Wenn alles vermengt ist, mit den Händen weitervermengen, dann kneten.
4. Zum Kneten brauche ich vor allem die Kraft meiner Handballen. Ich drücke mit ihnen auf den Teig, lege den oberen Teil gegen die Mitte hin um, drücke wieder, drehe wieder, drücke wieder – so lange, bis sich der Teig von der Schüssel löst. Eventuell auf dem Schüsselboden verbliebenes Mehl schabe ich mit dem Backhorn weg, gebe es auf den Teig und arbeite es ein. Schließlich knete ich auf einer Arbeitsfläche weiter.
5. Zum Aufgehen lege ich den Teig mit dem «Teigschluß» (also die Oberseite des Teiges, die nicht ganz glatt ist) nach unten in die Schüssel.
6. Ich bedecke sie mit einem feuchten Tuch und lasse sie an einem warmen Ort stehen, bis sich
7. der Teig verdoppelt hat.
8. Der Teig wird nochmals wie vorher beschrieben auf einer trockenen Arbeitsfläche gut geknetet. Sollte er an der Fläche kleben, etwas Mehl daraufgeben. Eine Kugel formen. Die Kugelform hat den Vorteil, daß sie sich mit wenig Augenmaß in ungefähr gleich große Teile teilen läßt.
9. Mit dem Backhorn in die gewünschten Teilstücke zerschneiden. Nach Wunsch formen in runde Laibe, längliche Laibe, zu Strängen rollen, diese zu Schnecken drehen, flechten, verweben.

Mit einem feuchten Tuch bedeckt, nochmals gehen lassen. Backofen einschalten!

10. Nach Rezept Oberfläche mit Wasser mit Öl, mit Eigelb bestreichen oder mit Mehl bestäuben, mit Eiweiß bestreichen und anschließend mit Sesamsamen, Mohnsamen, Hagelzucker etc. bestreuen.

11. So sehen die fertig gebackenen Brote aus. Das runde wurde mit Eigelb bestrichen, das längliche mit Öl.

Wichtig: Flüssigkeiten immer portionenweise zugeben. Je nach dem Feuchtigkeitsgehalt des Mehles kann die benötigte Menge schwanken. Teig vor zusätzlicher Flüssigkeitszugabe gut durchkneten. Dann nur eßlöffelweise mehr zugeben. Ist ein Teig zu feucht (läßt sich nicht zu einer Kugel formen), eßlöffelweise Mehl zugeben.

1 «Mein erstes Brot»

500 g Vollkornmehl — in eine Teigschüssel geben

1 Tütchen Trockenhefe
12 g Salz
und mit Hilfe des Backhorns oder des Kochlöffels gründlich unter das Mehl mischen.

330 g Wasser,
zimmerwarm
portionenweise zufügen. Zuerst mit dem Backhorn, später von Hand vermengen. In der Schüssel kneten, bis sich der Teig von dieser löst. Dann auf einer trockenen Arbeitsfläche während 5 Minuten tüchtig durchkneten. Zu einer Kugel formen. In die Schüssel zurücklegen. Diese mit einem feuchten Tuch bedeckt an einen warmen Ort stellen. 2 Std. gehen lassen. Das Teigvolumen hat sich um die Hälfte vergrößert.
Den Teig nochmals auf der Arbeitsfläche gut durchkneten, zu einem Fladen drücken. Diesen zu einem länglichen Laib formen und in eine gut gefettete Kastenform (Cakeform) legen. Mit feuchtem Tuch bedecken.
Konventionellen Backofen auf 220°, Umluft-Backofen auf 200° C, Gas-Ofen auf Stufe 4 – 5 einschalten.
Brot nochmals 30 Min. gehen lassen. Ungefähr so viel Zeit braucht der Backofen, um die gewünschte Temperatur zu erreichen.
Nun das Brot mit Öl bepinseln und in 65 Min. hellbraun backen. Aus der Form nehmen, auf einem Gitter auskühlen lassen.
Kann tiefgekühlt werden (3 Wochen).

Einen Brotteig machen

Beschreibung siehe
Seiten 25 und 26!

2 Vollkorn-Scones

	Konventioneller Backofen auf 200°, Umluft-Backofen auf 180° C, Gas-Ofen auf Stufe 4 einschalten.
500 g Vollkornmehl	in eine Schüssel geben.
100 g Butter	weich werden lassen, zum Mehl geben. Mehl und Butter zwischen beiden Händen zu einer krümeligen Masse zerreiben.
12 g Salz 225 g Milch 15 g Backpulver (1 Tütchen)	und portionenweise dazugeben. Mit den Händen rasch zu einem Teig verkneten. Zu einer Kugel formen. Diese auf einer trockenen Arbeitsfläche zu einem Fladen (Durchmesser 25 cm) drücken. Diesen wie eine Torte in acht Dreiecke zerschneiden. Die Stücke auf ein mit Öl bepinseltes oder mit Backpapier ausgelegtes Kuchenblech geben. Sofort in den Backofen schieben. Backzeit 20 Minuten. Die Scones können warm oder kalt gegessen werden. Haltbarkeit ungekühlt 3 Tage. Zum Tiefkühlen (3 Wochen) geeignet.

Übrigens ...
Ich kenne kein anderes Gebäck, das in kürzerer Arbeits- und Backzeit Brot ersetzen kann.

3 Knäckebrot

200 g Ruchmehl
(Typ 1050)
5 g Salz

in eine Schüssel sieben.

70 g weiche Butter

dazugeben. Alles zwischen den Handflächen zu einer krümeligen Masse verreiben.

70 g Wasser

nach und nach dazumischen. Den Teig durchkneten, zu einer Kugel formen, in eine Schüssel legen, mit Plastikfolie decken.
1 Std. kühlstellen.
Ein Backpapier in der Größe des Kuchenblechs auf eine Arbeitsfläche legen. Die Teigkugel daraufgeben und mit dem Wallholz auswallen, so daß der Teig das Papier möglichst gleichmäßig dick bedeckt.
Das Papier auf das Kuchenblech ziehen.
Konventionellen Backofen auf 220°, Umluft-Backofen auf 200° C, Gas-Ofen auf Stufe 4 – 5 vorheizen.

1 Eiweiß
3 EL Mohn-, Sesam- oder Kümmelsamen

verklopfen. Damit die Teigplatte bepinseln.
darüberstreuen.
Mit einem Messer, besser mit einem Teigrädchen den Teig in Rechtecke beliebiger Größe zerschneiden. Mit der Gabel jedes Stück mehrmals einstechen.
15 Minuten backen.
In einer Weißblechdose aufbewahrt, 4 Wochen haltbar.

Notizen

4 Schweizer Ruchbrot

1 kg Ruchmehl
(Typ 1050)
2 Tütchen Trockenhefe
25 g Salz

550 g Wasser

1 EL Brotgewürz oder
Kümmel

1 EL Mehl

(ergibt 2 Laibe)
in eine Schüssel sieben.

und
darüberstreuen. Alles mit Hilfe des Backhorns oder des Kochlöffels gründlich mischen.
Nach und nach
dazugeben. Anfangs mit dem Backhorn oder dem Kochlöffel, später mit den Händen vermengen, dann zuerst in der Schüssel, später auf einer trockenen Arbeitsfläche 10 Minuten kneten. Zu einer Kugel formen. Diese in die Schüssel zurücklegen. Mit einem feuchten Tuch bedeckt an einem warmen Ort 2 Stunden gehen lassen.
Von neuem durchkneten. Den Teig zu einer Kugel formen. Diese in zwei möglichst gleich große Stücke teilen.
Dem einen Stück
beigeben, indem man in den zum Fladen gedrückten Teig mit den Fingern viele Löcher drückt und das Gewürz darüberstreut. Kneten, bis es gleichmäßig im Teig verteilt ist. Beide Teigstücke zu einem länglichen Laib formen. Auf ein geöltes oder mit Backpapier belegtes Kuchenblech legen.
Konventionellen Backofen auf 220°, Umluft-Backofen auf 200° C, Gas-Ofen auf Stufe 4 – 5 einschalten
Die Brote mit einem nassen Tuch bedeckt nochmals 30 Minuten gehen lassen.
Mit kaltem Wasser bepinseln oder – mit Hilfe des Mehlsiebs – mit
bestreuen.

Jeden Laib drei- bis viermal ca. 1 cm tief einschneiden. Am besten mit einem großen Küchenmesser, das man auf das Brot legt und – ohne zu drücken – gegen sich zieht.
Wer den gewürzten Laib kennzeichnen will, bringt dort noch Querschnitte an oder streut etwas Gewürz darauf.
1 Stunde backen. Die Laibe umdrehen. Nochmals 15 Minuten backen.

Übrigens . . .
Das schweizerdeutsche Wort «Ruch» bedeutet rauh. Also Brot aus rauhem Mehl gebacken. Und noch mehr Schweizerdeutsch: Brotlaibe, die etwa ein Pfund wiegen, wie die eben gebackenen, nennt man «Pfünderli». Resultat dieses Rezepts: zwei Pfünderli Ruchbrot.

5 «Schnelles» Käsebrot

100 g Butter in
150 g Wasser aufkochen.
1 Prise Salz dazugeben.
1 Msp. Muskatnuß
1 Msp. weißer Pfeffer

Den Kochtopf vom Feuer nehmen.

150 g Mehl in einem Sturz hineinschütten. Mit dem Kochlöffel tüchtig rühren. Kochtopf wieder aufs Feuer stellen. Unter ständigem Rühren köcheln, bis eine glatte Masse entsteht, die sich vom Topfboden löst. Topf in den mit kaltem Wasser gefüllten Schüttstein stellen. Die Masse soweit abkühlen lassen, daß sie handwarm ist. Konventioneller Backofen auf 175° C, Umluft-Backofen auf 150° C, Gas-Ofen auf Stufe 3 vorheizen.

3 Eier nacheinander in den Teig schlagen. Nach jedem Ei gut rühren, aber nicht horizontal, sondern so, wie man Eiweiß unter den Teig hebt. Es soll möglichst viel Luft in den Teig hineingearbeitet werden.

100 g Parmesankäse auf die gleiche Weise einrühren. Den Teig in einem Kloß in eine gefettete Springform geben. Nicht drücken! Backofentüre nicht öffnen!
45 Minuten backen. Kann tiefgekühlt werden. Haltbarkeit 4 Wochen. Am besten schmeckt dieses Käsebrot zu grünem Salat.

Übrigens ...
Sie haben es bemerkt: Dieser Teig enthält als Treibmittel nur Eier, wenn man die eingearbeitete Luft nicht mitrechnen will. Diese Art, Backwaren herzustellen, nennt man «Brandteig».

Varianten:
Anstatt ein Brot formen, viele kleine Klößchen machen (mit Hilfe von zwei Kaffee- oder Eßlöffeln). Man muß sie mit viel Abstand auf das Blech legen, da sie sehr aufgehen. Backzeit 25 Min.
Für eine süße Art geben wir anstelle von Käse 50 g Zucker dazu, für eine «neutrale» Art anstelle der Prise Salz 5 g Salz.

Notizen

6 Kartoffelbrot

(ergibt 2 Brote)

600 g Kartoffeln mit der Schale	knapp mit Wasser bedeckt und zugedeckt aufsetzen, weichkochen.
1 Hefewürfel 100 g Wasser	auflösen in 10 Minuten stehen lassen.
500 g Ruchmehl (Typ 1050)	in eine Schüssel sieben.
150 g Vollkornmehl	dazugeben. In der Mitte eine Vertiefung machen. Die aufgelöste Hefe hineinschütten. Mit etwas Mehl zu einem dünnen Brei verrühren. 15 Minuten stehen lassen. Die weichgekochten Kartoffeln etwas auskühlen lassen, schälen, davon 400 g abwägen. Auf einer groben Raffel (Röstiraffel) raffeln. Die Kartoffeln sollen zwar noch warm, aber nicht mehr als handwarm sein, wenn wir sie zum Vorteig geben.
25 g Salz und entweder 15 g Kümmel oder 15 g Brotgewürz	
250 g Wasser	dazugeben. Mit dem Backhorn oder dem Kochlöffel bei portionenweiser Zugabe von zu einem Teig verarbeiten. Diesen zuerst in der Schüssel, bis alles Mehl hineingearbeitet ist, dann auf einer trockenen Arbeitsfläche zu einem glatten Teig kneten. Nicht mehr Wasser beigeben. Der Teig muß sehr trocken sein! 5 Minuten durchkneten. Zu einer Kugel formen. In die Schüssel zurückgeben. Mit

einem feuchten Tuch bedeckt an einem warmen Ort 1 1/2 Stunden gehen lassen.
Von neuem durchkneten. Falls der Teig an der Arbeitsfläche klebt (das hängt von der Qualität der Kartoffeln ab), diese leicht mit Ruchmehl bestäuben. Teig zu einer Kugel formen. Diese in zwei möglichst gleich große Teile zerschneiden. Jeden Teil nochmals durchkneten. Je nach Form der Brotkörbe (siehe Foto auf Seiten 36/37) zu runden oder länglichen Laiben formen und in die gut bemehlten Körbe legen. Anstatt in Brotkörben kann man das zu zwei Laiben geformte Brot auch auf einem mit Öl bepinselten oder mit Backpapier ausgelegten Kuchenblech gehen lassen. In beiden Fällen bedeckt man die Brote mit einem feuchten Tuch.
Konventionellen Backofen auf 220°, Umluft-Backofen auf 200° C, Gas-Ofen auf Stufe 4 – 5 vorheizen.
Die in den Körben aufgegangenen Brote nach 30 Minuten auf ein mit Öl bepinseltes oder mit Backpapier ausgelegtes Kuchenblech stürzen.
60 Minuten backen.
Auf einem Gitter auskühlen lassen
Zum Tiefkühlen (4 Wochen) geeignet.
Vorsicht: nicht in Plastik aufbewahren. Schimmelt leicht.

Notizen

7 Joghurtbrot

(ergibt 2 Brote)

1 Hefewürfel
100 g Wasser

auflösen in
10 Minuten stehen lassen.

1 kg Ruchmehl
(Typ 1050)

in eine Schüssel sieben. In der Mitte eine Vertiefung machen. Die aufgelöste Hefe hineinschütten, mit etwas Mehl zu einem dünnen Brei verrühren 15 Minuten stehen lassen.

150 g Joghurt
(meist 1 Glas, aber
abwägen, ev. mit Wasser
korrigieren)

zugeben.

25 g Salz und
260 g Wasser

zugeben, dann portionenweise mit Hilfe des Backhorns oder des Kochlöffels zu einem Teig verarbeiten. Diesen zuerst in der Schüssel, bis alles Mehl hineingearbeitet ist, dann auf einer trockenen Arbeitsfläche zu einem glatten Teig kneten. 5 Minuten durchkneten. In die Schüssel zurückgeben.
Mit einem feuchten Tuch bedeckt an einem warmen Ort 1 1/2 Std. gehen lassen.
Von neuem durchkneten. Eine Kugel formen. Diese in zwei Teile teilen. Jeden Teil nochmals durchkneten. Zu zwei runden oder länglichen Laiben formen. Mit Wasser bepinseln. Konventionellen Backofen auf 220°, Umluft-Backofen auf 200° C, Gas-Ofen auf Stufe 4 – 5 vorheizen.
Die Brote auf ein mit Backpapier belegtes oder mit Öl bepinseltes Kuchenblech legen. Mit einem feuchten Tuch bedeckt nochmals 30 Minuten gehen lassen.
Mit Wasser oder – besser – mit etwas Eiweiß bepinseln.

1 EL Ruchmehl   mit Hilfe des Mehlsiebes darüberstäuben.
60 Minuten backen.
Auf einem Gitter auskühlen lassen.
Zum Tiefkühlen (4 Wochen) geeignet.

Varianten:
1 EL Brotgewürz oder Anis oder Kümmel beigeben.
Oberfläche vor und nach dem Backen mit Wasser bepinseln. Dann nicht bemehlen.
Anstelle von zwei Laiben acht Brötchen formen. Dafür die gegangene Teigkugel flachdrücken, wie einen Kuchen in acht gleich große Teile zerschneiden. Jeden Teil gut durchkneten. Zu einer Kugel formen. Diese auf das Kuchenblech legen. Mit einem nassen Tuch bedeckt 30 Minuten gehen lassen. Mit Wasser bepinseln. In der Mitte einen 1 cm tiefen Schnitt anbringen. Backzeit 45 Minuten.

Notizen

8 Baguettes/ Knoblauchbrot

(ergibt 2 Brote)

1 Hefewürfel *100 g Wasser*	auflösen in 10 Minuten stehen lassen.
500 g Weißmehl *(Typ 405)*	in eine Schüssel sieben. In der Mitte eine Vertiefung machen. Die aufgelöste Hefe hineinschütten. Mit etwas Mehl zu einem dünnen Brei verrühren. 15 Minuten stehen lassen.
12 g Salz	dazugeben. Mit dem Backhorn oder dem Kochlöffel bei portionenweiser Zugabe von
250 g Wasser	zu einem Teig verarbeiten. Diesen von Hand zuerst in der Schüssel, bis alles Mehl hineingearbeitet ist, dann auf einer trockenen Arbeitsfläche zu einem glatten Teig kneten. 5 Minuten durchkneten. In die Schüssel zurückgeben. Mit einem feuchten Tuch bedeckt an einem warmen Ort 1 1/2 Std. gehen lassen. Von neuem durchkneten. Falls der Teig an der Arbeitsfläche klebt, diese leicht mit Weißmehl bestäuben. Teig zu einer Kugel formen. Diese in zwei möglichst gleich große Teile zerschneiden. Jeder Teil nochmals durchkneten, zu einem länglichen Laib formen, der – um originalgetreu zu sein – in der Mitte etwas dicker sein muß. Beide Laibe auf ein mit Öl bepinseltes oder mit Backpapier ausgelegtes Kuchenblech geben. Konventionellen Backofen auf 220°, Umluft-Backofen auf 200° C, Gas-Ofen auf Stufe 4 – 5 einschalten.

Die Brote mit einem feuchten Tuch bedeckt nochmals 30 Minuten gehen lassen. Mit kaltem Wasser bepinseln. Der Länge nach in der Mitte 1 cm tief einschneiden.
60 Minuten backen. Nach 30 Minuten Backzeit und nach dem Herausnehmen nochmals mit kaltem Wasser bepinseln.
Die Baguettes sollten nur ganz leicht goldbraun sein.
Auf einem Gitter auskühlen lassen.
Zum Tiefkühlen (3 Wochen) geeignet.
Mit dem gleichen Teig kann man auch Flûtes backen. Siehe S. 44.

Übrigens ...
Baguettes sind das ideale Brot für **Knoblauchbrot**, ein feines warmes Sommerabend-Nachtessen, zu dem es nichts anderes mehr braucht als eine große Schüssel grünen und Tomatensalat:
Den Backofen auf höchste Stufe einschalten. Die gebackenen Baguettes der Länge nach aufschneiden. Weiche Butter mit einer beliebigen Menge gepreßtem Knoblauch vermengen, auf die Baguettes streichen. Diese wieder zuklappen, mit Wasser bepinseln, 5 – 10 Minuten aufbacken.

9 Flûtes

(ergibt 4 Brote)

Teig wie Baguettes
(Seite 42)

Den gegangenen Teig durchkneten. Falls er an der Arbeitsfläche klebt, diese leicht mit Weißmehl bestäuben. Den Teig zu einer Kugel formen. Diese kreuzweise in vier möglichst gleich große Stücke teilen.
Jedes Stück durchkneten, zu einem länglichen Laib formen und zu einem möglichst regelmäßigen Strang ausrollen, der die Länge des Backbleches hat.
Alle vier Stränge auf das mit Öl bepinselte oder mit Backpapier ausgelegte Kuchenblech geben.
Konventionellen Backofen auf 200°, Umluft-Backofen auf 175° C, Gas-Ofen auf Stufe 4 einschalten.
Die Flûtes mit einem feuchten Tuch bedeckt nochmals 30 Minuten gehen lassen. Mit kaltem Wasser bepinseln.
40 Minuten backen. Nach 20 Minuten Backzeit nochmals mit kaltem Wasser bepinseln. Die Flûtes sollten nur ganz leicht goldbraun sein.
Auf einem Gitter auskühlen lassen.
Zum Tiefkühlen (3 Wochen) geeignet.

Notizen

10 Sauerteig

100 g Roggenmehl　　in ein 1-l-Konfitürenglas geben.
(Typ nicht wichtig)

　　　　　　　　　　　Gut verrühren mit
200 g Wasser　　　　und
25 g Bienenhonig

　　　　　　　　　　　Das Glas zubinden mit einem Stück Gaze
　　　　　　　　　　　oder Kaffeefilterpapier (mit Faden oder
　　　　　　　　　　　einem Gummiring). An einen warmen Ort
　　　　　　　　　　　stellen. Alle 12 Stunden gut umrühren. Nach
　　　　　　　　　　　24 Stunden zeigen sich Bläschen. Das Teig-
　　　　　　　　　　　volumen vergrößert sich. Nach 48 Stunden
　　　　　　　　　　　kann dieser Sauerteig zum ersten Mal einge-
　　　　　　　　　　　setzt werden.

Ob Sie einen wie oben beschriebenen Sauerteig oder einen gekauften Sauerteig oder -Extrakt verwenden: alle drei Arten ergeben immer wieder verwendbaren Sauerteig, wenn man ihn nicht länger als drei Wochen aufbewahrt.
Damit wir nicht vergessen, ein Stück Teig für das nächste Brot abzuzweigen, haben wir eine spezielle Schüssel dafür. Steht sie leer auf dem Tisch, mahnt sie beim Aufräumen der Backstube an den Teig.

Wichtig: Sauerteig kann man *nicht* tiefgefrieren. Er erträgt auch keine wärmeren Temperaturen als 35° C. Seine Treibkraft geht in beiden Fällen verloren.

11 Sauerteigbrot mit Vollkorn- und Roggenmehl

(ergibt 4 Brote)

250 g «neuer» Sauerteig
oder
150 g «alter» Sauerteig
und
100 g Wasser

gut vermengen und in eine Schüssel geben.

1 kg Vollkornmehl
500 g Roggenmehl

darübergeben. In der Mitte des Mehls eine Vertiefung machen. Den Sauerteig hineingeben. Noch etwas Mehl darunterrühren. Mit einem nassen Tuch bedeckt über Nacht stehen lassen.
Der Vorteig bildet eine Kruste. Das macht aber nichts.

1 EL Kümmel
38 g Salz
430 g Wasser
oder Buttermilch

dazugeben. Mit Hilfe des Backhorns oder des Kochlöffels nach und nach daruntermischen. Mit den Händen gut durchkneten. Im Gegensatz zum Hefeteig ist es besser, den Teig zum Gehen etwas feuchter zu belassen.
Mit einem nassen Tuch bedeckt mindestens 6 Stunden an einem warmen Ort stehen lassen. Tuch eventuell nochmals naß machen. Teig auf eine mit Vollkornmehl leicht bestreute Arbeitsplatte stürzen. Ein 150 g schweres Stück davon wegnehmen. Rest 5 Minuten durchkneten, zu einer Kugel formen. Diese in vier gleich große Teile teilen. Jeden Teil nochmals durchkneten. Auf ein mit Backpapier belegtes oder gefettetes Kuchenblech legen. Mit einem nassen Tuch bedecken. Mindestens 2 Stunden gehen lassen.

2 EL Sonnenblumenöl

Eine mit kochendem Wasser gefüllte Auflaufform auf den Boden des Backofens stellen. Konventionellen Backofen auf 220° C, Umluft-Backofen auf 200° C, Gas-Ofen auf Stufe 4 – 5 einschalten.
Die Brote bepinseln mit

Einschieben.
Totale Backzeit 1 Stunde. Nach 40 Minuten umdrehen (Boden gegen oben).
Auf einem Gitter auskühlen lassen.
Kann 4 Wochen tiefgekühlt werden.
Das beiseitegelegte Teigstück zu einer Kugel formen. In eine Schüssel legen. Diese mit einem Teller bedeckt im Kühlschrank für den nächsten Teig aufbewahren.

Notizen

12 Sauerteigbrot mit Roggen- und Ruchmehl

(ergibt 4 Brote)

250 g «neuer» Sauerteig
oder
150 g «alter» Sauerteig
und
100 g Wasser
600 g Ruchmehl
(Typ 1050)
400 g Roggenmehl
(Typ 1150)

25 g Salz
ev. 1 EL Brotgewürz
450 g Wasser

gut vermengen mit in eine Schüssel sieben. In der Mitte des Mehls eine Vertiefung machen. Den Sauerteig hineingeben. Etwas Mehl darunterrühren. Mit einem nassen Tuch bedeckt über Nacht stehen lassen. Der Vorteig bildet eine Kruste. Das macht aber nichts.
dazugeben. Mit Hilfe des Backhorns oder des Kochlöffels nach und nach daruntermischen. Mit den Händen gut durchkneten. Mit einem nassen Tuch bedeckt mindestens 6 Stunden an einem warmen Ort stehen lassen. Tuch eventuell nochmals naß machen.
Teig auf eine mit Ruchmehl (nicht Roggenmehl!) leicht bestreute Arbeitsplatte stürzen. 5 Minuten durchkneten. Ein 150 g schweres Stück davon wegnehmen. Rest zu einer Kugel formen. Diese in vier gleich große Teile teilen. Jeden Teil nochmals durchkneten. Auf ein mit Backpapier ausgelegtes oder gefettetes Kuchenblech legen. Mit einem nassen Tuch bedecken. Mindestens 2 Stunden gehen lassen.
Eine mit kochendem Wasser gefüllte Auflaufform auf den Boden des Backofens stellen.

2 EL Sonnenblumenöl

Konventionellen Backofen auf 220°, Umluft-Backofen auf 200° C, Gas-Ofen auf Stufe 4 – 5 einschalten.
Die Brote bepinseln mit

Kreuzweise einschneiden, einschieben. Totale Backzeit 1 Stunde. Nach 40 Minuten umdrehen (Boden gegen oben).
Auf einem Gitter auskühlen lassen.
Kann 4 Wochen tiefgekühlt werden.
Das beiseitegelegte Teigstück zu einer Kugel formen. In eine Schüssel legen. Diese mit einem Teller bedeckt im Kühlschrank für den nächsten Teig aufbewahren.

Notizen

13 Sojaschrotbrot

(ergibt 2 Brote)

1 Hefewürfel
100 g Wasser

auflösen in

10 Minuten stehen lassen.

500 g Sojaschrot
750 g Ruchmehl
(Typ 1050)

in eine Schüssel geben.
darübersieben. In der Mitte eine Vertiefung machen. Die aufgelöste Hefe hineinschütten. Mit etwas Mehl zu einem dünnen Brei verrühren. 15 Minuten stehen lassen.

25 g Salz

dazugeben. Mit dem Backhorn bei portionenweiser Zugabe von

400 g Wasser

zu einem Teig verarbeiten. Diesen von Hand zuerst in der Schüssel, bis alles Mehl hineingearbeitet ist, dann auf einer trockenen Arbeitsfläche zu einem glatten Teig kneten. 5 Minuten durchkneten. Zu einer Kugel formen. In die Schüssel zurückgeben. Mit einem feuchten Tuch bedeckt an einem warmen Ort 1 1/2 Std. gehen lassen.
Von neuem durchkneten. Falls der Teig an der Arbeitsfläche klebt, diese mit Ruchmehl leicht bestäuben.

Übrigens...
Soja ist eines der konzentriertesten Nahrungsmittel überhaupt. Durch Zugabe von Sojaschrot erhöhen wir den Eiweiß- und vermindern wir den Kohlehydratgehalt unseres Brotes.
... und wenn Sie Brot aus Sojakeimen backen wollen: siehe nächstes Rezept «Weizenkeimbrot». Genau gleich vorgehen, jedoch Sojabohnen anstelle von Weizenkörnern verwenden.

Zwei Kastenformen mit Öl bepinseln oder mit Backpapier auslegen. Den Teig zu einer Kugel formen. Diese in zwei möglichst gleich große Teile zerschneiden. Jeden Teil nochmals durchkneten, zu einem länglichen Laib formen, diesen in die Kastenform legen.
Konventionellen Backofen auf 220°, Umluft-Backofen auf 200° C, Gas-Ofen auf Stufe 4 – 5 einschalten.
Die Brote mit einem feuchten Tuch bedeckt 30 Minuten gehen lassen. Mit Wasser bepinseln.
60 Minuten backen.

Notizen

14 Weizenkeimbrot

(ergibt 2 Brote)

200 g Weizenkörner	in lauwarmem Wasser über Nacht einweichen. Einweichwasser wegschütten. Körner in ein Löchersieb geben, zugedeckt drei Tage stehen lassen. Morgens und abends mit lauwarmem Wasser überbrausen, gut schütteln. Die Körner haben nun gut 5 mm lange Keime gebildet.
1 Hefewürfel 100 g Wasser	auflösen in 10 Minuten stehen lassen.
800 g Ruchmehl (Typ 1050)	in eine Schüssel sieben. In der Mitte eine Vertiefung machen. Die aufgelöste Hefe hineinschütten. Mit etwas Mehl zu einem dünnen Brei verrühren. 15 Minuten stehen lassen. Die Weizenkörner und
25 g Salz 350 g Wasser	dazugeben. Mit dem Backhorn oder dem Kochlöffel bei portionenweiser Zugabe von zu einem Teig verarbeiten. Diesen von Hand zuerst in der Schüssel, bis alles Mehl hineingearbeitet ist, dann auf einer trockenen Arbeitsfläche zu einem glatten Teig kneten. 5 Minuten durchkneten. In die Schüssel zurückgeben. Mit einem feuchten Tuch bedeckt an einem warmen Ort 1 1/2 Std. gehen lassen.

Von neuem durchkneten. Falls der Teig an der Arbeitsfläche klebt, diese leicht mit Ruchmehl bestäuben.
Teig zu einer Kugel formen. Diese in zwei möglichst gleich große Teile zerschneiden. Jeden Teil nochmals durchkneten, zu einem runden Laib formen.
Beide Laibe auf ein mit Öl bepinseltes oder mit Backpapier ausgelegtes Kuchenblech geben.

Konventionellen Backofen auf 220°, Umluft-
Backofen auf 200° C, Gas-Ofen auf Stufe
4 – 5 einschalten.
Die Brote mit einem feuchten Tuch bedeckt
nochmals 30 Minuten gehen lassen. Kreuzweise 3 – 5mal 1 cm tief einschneiden, daß
ein Gittermuster entsteht.
70 Minuten backen.
Auf einem Gitter auskühlen lassen.
Zum Tiefkühlen (2 Wochen) geeignet.

Übrigens ...
Weizenkeime sind ein wunderbarer Lieferant von Magnesium und
Vitamin E. Magnesiummangel kann Muskelzuckungen (Waden-
krampf) und Konzentrationsschwäche bewirken. Bei Mangel an Vitamin E kann es zu Entwicklungsstörungen des Fötus kommen, zu
vermehrten Wechseljahrbeschwerden. Wer an Herz-Kreislaufer-
krankungen oder an Rheuma leidet, sollte besonders darauf achten,
viel Vitamin E-haltige Speisen zu essen.

15 Toastbrot

(ergibt 2 Brote.
Man braucht also 2 Kastenformen!)

1 Hefewürfel *100 g Wasser*	auflösen in 10 Minuten stehen lassen.
1 kg Weißmehl (Typ 405)	in eine Schüssel sieben. In der Mitte des Mehls eine Vertiefung machen, das Hefewasser hineingeben, mit etwas Mehl zu einem dünnen Brei rühren. 15 Minuten stehen lassen.
25 g Salz *500 g Wasser*	und portionenweise dazurühren. Zuerst mit dem Backhorn, dann, bis alles Mehl hineingearbeitet ist, mit den Händen kneten. Auf eine trockene Arbeitsfläche legen. 5 Minuten gut durchkneten. Zu einer Kugel formen. Diese in die Schüssel zurücklegen und mit einem feuchten Tuch zugedeckt an einem warmen Ort 1 1/2 Std. gehen lassen.

Den Teig nochmals gut durchkneten, zu einer Kugel formen. Diese in zwei gleich große Stücke teilen. Jedes Stück nochmals durchkneten, zu einem länglichen Laib formen. In eine geölte oder mit Backpapier ausgelegte Kastenform (25 cm lang) legen.
Mit einem feuchten Tuch bedeckt nochmals 1/2 Std. gehen lassen.
Konventionellen Backofen auf 220°, Umluft-Backofen auf 200° C, Gas-Ofen auf Stufe 4 – 5 vorheizen.
Die Brote mit kaltem Wasser bepinseln.
1 Stunde auf der mittleren Rille backen.
Auf einem Gitter auskühlen lassen.
Zum Tiefkühlen (3 Wochen) geeignet.

16 Käseschnitten

Natürlich brauche ich Toastbrot in erster Linie, um damit geröstete Brot‑
scheiben zu Butter und Konfitüre (am liebsten zu gesalzener Butter und
Bitterorangen-Marmelade) auf den Tisch zu bringen.
Wenn ich Toastbrot habe, dann schmuggle ich immer etwas davon bei‑
seite und serviere folgendes feine Nachtessen:

pro Person:

2 Scheiben Toastbrot	bestreichen mit
15 g Butter	Mit der Butterseite nach unten auf ein Kuchenblech legen.
	Backofen auf höchste Stufe (noch besser Grill-Schaltung) einstellen.
	Die Toastscheiben beträufeln mit je
1 EL herbem Weißwein	in den ich
5 Spritzer Maggi-Würze	verrührt habe.
	Auf die Brotscheiben lege ich je nach Größe
1 – 2 Scheiben eines gut schmelzenden Käses (z. B. Appenzeller).	3 – 5 Min. im Backofen belassen (bis der Käse goldbraune Blasen wirft).
1 Glas eingemachte Pfirsiche oder Birnen	im Saft heiß machen. Auf jede Käseschnitte 1 – 2 Früchte legen. Sofort servieren. Den Saft für ein durststillendes Getränk verwenden.

Notizen

17 Brioche

1/2 Hefewürfel (20 g) *50 g Wasser*	in auflösen. 10 Minuten stehen lassen.
375 g Weißmehl *(Typ 405)*	in eine Schüssel sieben. In der Mitte des Mehls eine Vertiefung machen. Die aufgelöste Hefe hineinschütten. Mit etwas Mehl zu einem dünnen Brei rühren. 15 Minuten stehen lassen.
200 g Butter *2 kleine Eier (100 g)*	weich werden lassen. mit der Schale wägen. Etwas Eiweiß wegnehmen (brauchen wir später) und durch Butterzusatz auf 100 g korrigieren. Die Eier mit einer Gabel verquirlen.
40 g Zucker *1 Prise Salz*	Alle diese Zutaten mit dem Mehl mischen. Den Teig zuerst mit dem Backhorn, dann von Hand gut durchkneten. Wenn alles Mehl eingearbeitet ist, den Teig auf eine mit Weißmehl bestäubte Arbeitsfläche stürzen. Nochmals 5 Minuten durchkneten. Zu einer Kugel formen. Diese in die Teigschüssel zurückgeben. Mit einem feuchten Tuch bedeckt an einem warmen Ort 2 Stunden gehen lassen *oder* (wenn Sie zum Frühstück frische Brioches servieren wollen) mit einem nassen Tuch bedeckt über Nacht in den Kühlschrank stellen. Den gegangenen Teig gut durchkneten.

In Frankreich werden Brioches meist in speziellen Brioche-Formen und -Förmchen gebacken. Diese haben einen relativ hohen und gewellten Rand. Man kann sich aber gut behelfen mit einer runden Auflaufform von etwa 20 cm Durchmesser für eine große Brioche oder mit acht kleinen Förmchen von etwa 8 cm Durchmesser.

Im ersten Fall nimmt man vom Teig ein faustgroßes Stück weg, formt den Rest des Teiges zu einer glatten Kugel und legt diese in die mit Öl bepinselte Auflaufform. Man drückt oben eine etwa 3 cm tiefe Delle in den Teig, bepinselt diese mit etwas Eiweiß und legt das kleinere, ebenfalls zu einer Kugel geformte Teigstück hinein.

Im zweiten Fall teilt man die Kugel, die man zu einem Fladen gedrückt hat, wie eine Torte in acht Stücke. Nimmt jeweils ein fingerbeergroßes Stück Teig weg, das man schließlich wie oben beschrieben auf die kleine Brioche legt.

Mit einem nassen Tuch bedeckt 30 Minuten gehen lassen.

Konventionellen Backofen auf 200°, Umluft-Backofen auf 175° C, Gas-Ofen auf Stufe 4 einschalten.

Backzeit: große Brioche 25 Minuten, kleine Brioches 15 Minuten.

Möglichst frisch essen.

Tiefkühlen nicht empfehlenswert.

Notizen

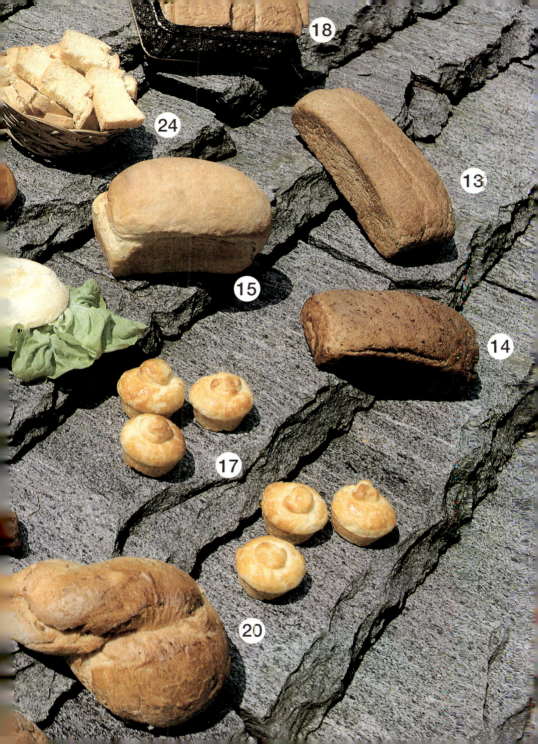

18 Spezial-Knäckebrot

Achtung: die angegebenen Mengen ergeben Teig für zwei Kuchenbleche! Im konventionellen Backofen backt man sie hintereinander.

1/2 Hefewürfel (20 g) 50 g Wasser	auflösen in 10 Minuten stehen lassen.
50 g Butter 200 g Milch	schmelzen, aber nicht heiß werden lassen. dazugeben. Temperatur des Milch-Butter-Gemisches prüfen. Es darf nicht mehr als lauwarm sein!
175 g Roggenmehl (Typ 1150) 250 g Ruchmehl (Typ 1050)	und in eine Schüssel sieben. In der Mitte eine Vertiefung machen. Die aufgelöste Hefe hineinschütten, mit etwas Mehl zu einem dünnen Brei verrühren. 15 Minuten stehen lassen.
12 g Salz 10 g Kümmelsamen	und beifügen. Unter langsamer Zugabe des Butter-Milch-Gemisches, zuerst mit dem Backhorn oder dem Kochlöffel, später mit den Händen zu einem Teig verarbeiten. Wenn alles Mehl hineingearbeitet ist, auf einer trockenen Arbeitsfläche weiterkneten. 5 Minuten durchkneten. In die Schüssel zurückgeben. Mit einem feuchten Tuch bedeckt an einem warmen Ort 2 Stunden gehen lassen. Konventionellen Backofen auf 220°, Umluft-Backofen auf 200° C, Gas-Ofen auf Stufe 4 – 5 einschalten.

15 g Hirschhornsalz *

Teig von neuem durchkneten, zu einer Kugel formen. Diese zu einem Fladen drücken. Mit den Fingern viele Löcher darin anbringen. darüberstreuen und gut einkneten. Teig zu einer Kugel formen. Diese in zwei gleiche Teile teilen. Jeden Teil nochmals rasch durchkneten.
Zwei Stücke Backpapier je auf die Größe eines Kuchenblechs abschneiden. Das Teigstück darauflegen und möglichst gleichmäßig dick auswallen. Mit einem Teigrädchen in 8 möglichst gleich große Stücke schneiden.
15 Minuten backen.
Im Ofen erkalten lassen.
In Blechdosen aufbewahren.
Haltbarkeit 3 Wochen.

Varianten: Die Mengen von Roggen- und Ruchmehl austauschen. Anstelle von Kümmel Anis- oder Fenchelsamen beigeben.

* In der Schweiz meist nur in der Apotheke oder Drogerie erhältlich. In Deutschland in jedem Lebensmittelladen.

Übrigens...
Beim Backen mit Hirschhornsalz entsteht ein starker Ammoniakgeruch. Nicht erschrecken! Er verflüchtigt sich sofort.

19 Kastanien-brötchen

1 Hefewürfel
100 g Wasser

auflösen in
10 Minuten stehen lassen.

50 g Sultaninen
100 g Wasser

einweichen in

30 Minuten stehen lassen. Wasser nicht abgießen. Wird für den Teig gebraucht.

200 g Kastanienmehl

in eine Schüssel sieben. (Eventuell auftretende Knöllchen mit einem Suppenlöffel zerdrücken.)

400 g Ruchmehl
(Typ 1050)
400 g Weizen-Vollkornmehl

dazusieben.
darübergeben. In der Mitte eine Vertiefung machen. Die aufgelöste Hefe hineinschütten. Mit etwas Mehl zu einem dünnen Brei verrühren.
15 Minuten stehen lassen.

15 g Salz
die eingeweichten Rosinen mitsamt dem Wasser

450 g Wasser

dazugeben. Mit dem Backhorn oder dem Kochlöffel bei portionenweiser Zugabe von zu einem Teig verarbeiten. Diesen von Hand zuerst in der Schüssel, bis alles Mehl hineingearbeitet ist, dann auf einer trockenen Arbeitsfläche zu einem glatten Teig kneten. 5 Minuten durchkneten. In die Schüssel zurückgeben.
Mit einem feuchten Tuch bedeckt an einem warmen Ort 1 1/2 Std. gehen lassen.
Von neuem durchkneten. Teig zu einer Kugel formen. Diese flachdrücken, wie eine Torte in acht gleichmäßig große Stücke zerschneiden. Jedes Stück nochmals durchkneten.

Zum Beispiel zu einem etwa 30 cm langen
Strang rollen, diesen zu einer Schnecke,
einem Flachszopf oder einer Brezel formen
(siehe Seiten 58/59, Bild 19).
Auf ein mit Öl bepinseltes oder mit Backpa-
pier ausgelegtes Kuchenblech legen.
Konventionellen Backofen auf 200°, Umluft-
Backofen auf 175° C, Gas-Ofen auf Stufe 4
einschalten.
Die Brötchen mit einem feuchten Tuch be-
deckt nochmals 30 Minuten gehen lassen
Mit kaltem Wasser bepinseln.
50 Minuten backen.
Auf einem Gitter auskühlen lassen.
Zum Tiefkühlen (3 Wochen) geeignet.
Ungekühlt 3 Tage haltbar. Kühl aufbewah-
ren. Kastanienmehl schimmelt rasch.

Übrigens . . .
Dieser Teig ist wunderbar geschmeidig und verlockt wie kein
anderer zur Verarbeitung in verschiedenste Formen. Siehe dazu
Seiten 58/59.

20 Verzasca-Kastanienbrot

(ergibt 4 Brote)

125 g getrocknete Kastanien	über Nacht in lauwarmem Wasser einweichen. Einweichwasser abschütten. Mit frischem Wasser bedeckt weichkochen (ca. 40 Minuten; Kastanien, die länger als ein Jahr gelagert wurden, brauchen längere Kochzeit). Kochwasser wegschütten. Die Kastanien von den Zwischenhäutchen befreien, in haselnußgroße Stücke zerbrechen.
1 Hefewürfel *100 g Wasser*	auflösen in 10 Minuten stehen lassen.
1 kg Ruchmehl (Typ 1050)	in eine Schüssel sieben. In der Mitte eine Vertiefung machen. Die aufgelöste Hefe hineinschütten. Mit etwas Mehl zu einem dünnen Brei verrühren. 15 Minuten stehen lassen.
Die Kastanien *25 g Salz* *520 g Wasser*	beifügen. Mit dem Backhorn oder dem Kochlöffel bei portionenweiser Zugabe von zu einem Teig verarbeiten. Diesen von Hand zuerst in der Schüssel, bis alles Mehl hineingearbeitet ist, dann auf einer trockenen Arbeitsfläche zu einem glatten Teig kneten. 5 Minuten durchkneten. In die Schüssel zurückgeben. Mit einem feuchten Tuch bedeckt an einem warmen Ort 1 1/2 Std. gehen lassen. Von neuem durchkneten. Teig zu einer Kugel formen. Diese in vier möglichst gleich große Stücke teilen. Jedes Stück kurz durchkneten, zu einem ca. 35 cm langen Strang rollen,

diesen zu einem Flachszopf schlingen (siehe Foto Seiten 58/59 Bild 19), diesen auf ein mit Öl bepinseltes oder mit Backpapier ausgeschlagenes Kuchenblech legen.
Konventionellen Backofen auf 200°, Umluft-Ofen auf 180° C, Gas-Ofen auf Stufe 4 einschalten.
Die Brote mit einem feuchten Tuch bedeckt nochmals 30 Minuten gehen lassen. Mit kaltem Wasser bepinseln.
1 1/2 Std. backen.

Übrigens ...
Die hier gemachten Angaben zum Formen des Brotes sind Vorschläge. Natürlich hindert Sie niemand daran, andere Formen auszuprobieren. Die Teigmengen der einzelnen Brote sind aber auf die Backzeiten abgestimmt. Kleinere Quantitäten benötigen kürzere Backzeiten, eventuell auch niedrigere Temperaturen.

21 Parmesan-Brot

(ergibt 2 Brote)

1 Hefewürfel *100 g Wasser*	auflösen in 10 Minuten stehen lassen.
1 kg Weißmehl (Typ 405)	in eine Schüssel sieben. In der Mitte eine Vertiefung machen. Die aufgelöste Hefe hineinschütten, mit etwas Mehl zu einem dünnen Brei verrühren. 15 Minuten stehen lassen.
20 g Salz *150 g Parmesankäse* *(gerieben)*	und dazugeben. Mit dem Backhorn oder dem Kochlöffel bei portionenweiser, abwechselnder Zugabe von
100 g Olivenöl *500 g Wasser*	und zu einem Teig verarbeiten. Diesen zuerst in der Schüssel, bis alles Mehl hineingearbeitet ist, dann von Hand auf einer trockenen Arbeitsfläche zu einem glatten Teig kneten. 5 Minuten durchkneten. Zu einer Kugel formen. In die Schüssel zurückgeben. Mit einem feuchten Tuch bedeckt an einem warmen Ort 1 1/2 Std. gehen lassen.

Von neuem durchkneten. Den Teig zu einer Kugel formen. Diese in zwei gleich große Stücke teilen. Jedes Stück nochmals durchkneten. Zu einem länglichen Laib formen. Diese auf ein mit Öl bepinseltes oder mit Backpapier ausgelegtes Kuchenblech legen.
Konventionellen Backofen auf 200° C, Umluft-Ofen auf 180° C, Gas-Ofen auf Stufe 4 einschalten.

Die Laibe mit einem feuchten Tuch bedeckt nochmals 30 Minuten gehen lassen. Mit kaltem Wasser bepinseln. Einmal längs 2 cm tief und dreimal quer 1 cm tief einschneiden.
Backzeit 1 Stunde.
Auf einem Gitter auskühlen lassen.
Zum Tiefkühlen (3 Wochen) geeignet.

Schmeckt am besten an einem warmen Sommerabend zu einem Tomatensalat oder — bitte nicht lachen — mit Butter und Konfitüre.

Notizen

22 Pizza-Teig und Pizzaiola-Sauce

Den Teig macht man genau gleich wie Rezept 21, läßt nur den Käse weg. Die angegebene Menge genügt für zwei Kuchenbleche (= 2 × für 4 Personen). Der Teig läßt sich problemlos tiefkühlen (6 Wochen).
Wenn die Pizza richtig italienisch schmecken soll, geben wir auf den Teig — sozusagen als «Boden» — folgende Tomatensauce:

(für 4 Personen):

1 kg Tomaten	in kochendes Wasser legen. Topf beiseite stellen. Die Tomaten mit der Schaumkelle herausheben. Schälen, in Schnitze schneiden.
2 EL Olivenöl	rauchheiß werden lassen,
1 Zwiebel	schälen, fein schneiden. Zwiebel im Öl glasig dünsten (nicht bräunen!)
1 Knoblauchzehe	schälen, durch die Presse geben, beifügen, mitdünsten.
	Die Tomaten beigeben. Würzen mit
Salz und Pfeffer	30 Min. köcheln lassen. Je nach Wassergehalt der Tomaten auch länger. Der Saft soll eindämpfen (also keinen Deckel auf den Topf legen), damit eine sämige Sauce entsteht. Abkühlen.
	Die übrigen Pizza-Zutaten bereitstellen. Den Backofen auf höchste Stufe vorheizen.
	Den Teig auswallen, mit der Sauce und den übrigen Zutaten belegen. Sofort in den Ofen schieben.

Notizen

23 Arabisches Fladenbrot

Die angegebene Teigmenge von Rezept 21 halbieren. Käse weglassen.

Den gegangenen Teig gut durchkneten. Zu einer Kugel formen. Diese in acht gleich große Stücke teilen. Zu Kugeln formen. Diese 30 Minuten gehen lassen.
Konventionellen Backofen auf 250°, Umluft-Backofen auf 225° C, Gas-Ofen auf Stufe 5 einschalten.
Die Kugeln mit dem Wallholz zu 1 1/2 cm dikken Fladen drücken. Auf ein gefettetes oder mit Backpapier belegtes Kuchenblech legen. 12 Minuten backen.
Der Kante entlang mit einer Schere aufschneiden. Mit Salat oder gebratenem Hackfleisch gefüllt servieren.

Notizen

24 Zwieback

1 Hefewürfel
100 g Milch

auflösen in
10 Minuten stehen lassen.

500 g Weißmehl
(Typ 405)

in eine Schüssel sieben. In der Mitte eine Vertiefung machen. Die aufgelöste Hefe hineinschütten. Mit etwas Mehl zu einem dünnen Brei verrühren.
15 Minuten stehen lassen.

75 g Butter

weich werden lassen. Mit dem Backhorn unter das Mehl mischen.

1 Ei
(65 g mit der Schale)
125 g Milch

mit einer Gabel verklopfen. Dazugeben. portionenweise daruntermengen. Zuerst mit dem Backhorn, dann von Hand kneten, bis sich der Teig vom Schüsselrand löst. Teig auf einer trockenen Arbeitsfläche 5 Minuten gut durchkneten. Zu einer Kugel formen.
Diese in die Schüssel zurücklegen. Mit einem feuchten Tuch bedeckt an einem warmen Ort 1 1/2 Std. gehen lassen.
Nochmals durchkneten. Zu einem länglichen Laib formen. Diesen in eine geölte Kastenform von 30 cm Länge legen. Mit einem feuchten Tuch bedeckt nochmals 30 Minuten gehen lassen.
Konventionellen Backofen auf 220°, Umluft-Backofen auf 200° C, Gas-Ofen auf Stufe 4 – 5 vorheizen.
Das Brot 30 Minuten backen. Aus der Form nehmen. Sofort der Länge nach mit einem Brotmesser aufschneiden, dann in 1 cm dicke Tranchen teilen. Die Brotscheiben auf ein Kuchenblech, das nicht gefettet sein darf, legen. Backofenhitze auf 150° C, resp. 125° C reduzieren. Weitere 30 Minuten

backen. (Die Schnitten müssen goldbraun sein), umdrehen, nochmals 30 Minuten backen, dabei die Backofentüre einen Spalt öffnen.
Die Zwiebacke im Ofen erkalten lassen. In einer Weißblechdose aufbewahrt 4 Wochen haltbar.
Ganz frisch mit Butter und Konfitüre eine Delikatesse!

Übrigens ...
Mit Zwieback kann man ein feines Blitzdessert machen:
1 Dose gezuckerte Kondensmilch
2 Handvoll grobe Haferflocken
miteinander vermengen. Dick auf Zwieback streichen. Im vorgeheizten Ofen (200°) 10 Minuten überpacken.

25 Hefezopf

1/2 Hefewürfel 50 g Wasser 75 g Butter	auflösen in 15 Minuten stehen lassen. weich werden lassen.
500 g Weißmehl (Typ 405)	in eine Schüssel sieben. In der Mitte eine Vertiefung machen. Die aufgelöste Hefe hineinschütten. Mit etwas Mehl zu einem dünnen Brei verrühren. 15 Minuten stehen lassen.
12 g Salz	beifügen. Die weiche Butter mit dem Backhorn oder dem Kochlöffel unter das Mehl arbeiten. Nach und nach
250 g Milch	dazugeben. Mit dem Backhorn oder dem Kochlöffel, später mit den Händen zu einem Teig verarbeiten. Für die süße Variante
80 g Zucker und 50 g Sultaninen	beigeben.

Auf einer trockenen Arbeitsfläche mit den Händen gut durchkneten. Zu einer Kugel formen. Mit einem feuchten Tuch bedeckt an einem warmen Ort 2 Stunden gehen lassen. Teig von neuem durchkneten. Drei Teigstücke à je ca. 300 g abwägen. Jedes Stück zu einer ca. 40 cm langen Rolle ausrollen. Die drei Stränge nebeneinander legen, oben etwas umschlagen und wie einen Haarzopf flechten, der unten wieder umgeschlagen wird.
(Geübte Bäckerinnen flechten den Zopf mit vier oder fünf Strängen; siehe Abbildungen auf Seiten 58/59 und 72/73).
Auf ein gefettetes oder mit Backpapier ausgelegtes Kuchenblech legen.

1 Eigelb

Konventionellen Backofen auf 220°, Umluft-Backofen auf 200° C, Gas-Ofen auf Stufe 4 – 5 einschalten.
Den Zopf nochmals 1/2 Std. gehen lassen. Dann mit bepinseln.
Backzeit 70 Minuten. Nach 60 Minuten umdrehen, damit auch der Boden schön gebräunt wird.
Auf einem Gitter auskühlen lassen.
Kann 4 Wochen tiefgekühlt werden.

Übrigens ...
Falls es doch einmal Reste vom Zopf geben würde: auf den Seiten 88/89/90 finden Sie Rezepte zu deren Verwertung.

26 Spitzweggli / Milchweggli

Einen Zopfteig gemäß Rezept auf Seiten 74/75 herstellen.

Den gegangenen Teig von neuem durchkneten. Eine Kugel formen. Diese in acht gleich große Teile teilen. Jedes Stück nochmals durchkneten und zu einem länglichen Wekken formen. Auf ein gefettetes oder geöltes Kuchenblech legen. Mit einem nassen Tuch bedeckt 30 Minuten gehen lassen.
Konventionellen Backofen auf 200°, Umluft-Backofen auf 175° C, Gas-Ofen auf Stufe 4 einschalten.
Die Weggli mit

1 Eigelb

bepinseln. Zum Schluß mit einer Schere jedes Stück dreimal kreuzweise einschneiden, damit Spitzen entstehen.
Backzeit 50 Minuten. Nach 40 Minuten die Weggli umkehren, damit auch der Boden schön gebräunt wird.
Auf einem Gitter auskühlen lassen.
Können tiefgekühlt werden (4 Wochen).

Übrigens: Nach dem gleichen Rezept kann man auch **Milchweggli** herstellen: die 8 Teigstücke jedoch zu Kugeln drehen und querdurch 2 cm tief einschneiden.

27 Hefeschnecken

Einen süßen Zopfteig gemäß Rezept auf Seiten 74/75 herstellen.

Konventionellen Backofen auf 200°, Umluft-Ofen auf 180° C, Gas-Ofen auf Stufe 3 – 4 vorheizen.
Den Teig auf einer bemehlten Arbeitsfläche 1 cm dick und möglichst rechteckig auswallen.

100 g Haselnüsse oder Mandeln
50 g Rahm oder Milch
50 g Zucker
Saft und abgeriebener Schale einer Zitrone

reiben. Mit

1 Apfel

geschält, gerieben vermengen.
Es soll ein weiches, aber nicht flüssiges Teiglein entstehen. Dieses auf die Teigplatte streichen.
Der Länge nach satt aufrollen. Die Rolle in 3 cm dicke Stücke schneiden. Diese mit etwas Abstand auf ein mit Backpapier belegtes Kuchenblech legen.
30 Minuten gehen lassen.
25 Minuten backen.
In der Zwischenzeit

100 g Puderzucker
2 EL Zitronensaft

sieben. Vermengen mit
Die Schnecken damit bestreichen, solange sie noch warm sind.
Auf einem Gitter auskühlen lassen.
Schmecken möglichst frisch am besten.

28 Grättimann / Tannenbaum / Osterkranz

Grättimann

Einen süßen Zopfteig gemäß Rezept auf Seiten 74/75 herstellen.
Den gegangenen Teig von neuem durchkneten. Je nach gewünschter Größe des Grättimanns den Teig zu einem oder mehreren länglichen Teigstücken formen. Etwa einen Fünftel des Teiges für Verzierungen zurückbehalten. Das oder die Teigstücke auf ein mit Backpapier belegtes Kuchenblech legen. Mit einer Schere Arme und Beine einschneiden und diese etwas nach außen biegen. Den Kopf rundlich ausziehen.
Aus dem zurückbehaltenen Teig formt man dünne Stränge oder Kordeln oder Teigplatten oder Kügelchen und klebt diese mit etwas verklopftem Eiweiß an als Krawatte, Knopf, Halsschleife, Schürze, Hut, Nase, Mund.
Mit zwei Rosinen deutet man Augen an oder bringt mit Rosinen Knopfverzierungen an.
Ist das Werk vollendet (auch Kinder mitmachen lassen!), läßt man es mit einem feuchten Tuch bedeckt 30 Minuten gehen, bestreicht sorgfältig mit verklopftem Eigelb und backt je nach Größe 20 bis 40 Minuten.

Tannenbaum

Man stellt einen süßen Zopfteig gemäß Rezept auf Seiten 74/75 her.
Während dieser Teig aufgeht, macht man eine Kartonschablone in Form eines Tannenbaums, 1/4 kleiner als die Größe des Kuchenblechs. Der gegangene Teig wird zur Schablonengröße ausgewallt, die Schablone daraufgelegt, der Teig entsprechend ausgeschnitten. Mit einem feuchten Tuch bedeckt 30 Minuten gehen lassen.
Ein Eigelb mit dem Pinsel verrühren. Den Baum sorgfältig damit bestreichen. Die Äste mit Hagelzucker bestreuen und mit feingeschnittenem Orangeat verzieren. Man kann den Baum auch nach dem Backen und – solange er noch warm ist – mit folgender Glasur teilweise bemalen (Schnee auf den Ästen!):
30 g Puderzucker sieben, mit 1/4 Eiweiß und einigen Tropfen Zitronensaft verrühren. Evtl. noch mit Silberkügelchen garnieren.

Osterkranz

Um den Osterkranz aus Hefeteig winden sich – je nach Land – viele Traditionen. In Süddeutschland wird er aus gesüßtem Teig (siehe Rezept Seiten 74/75) geflochten. Anderswo backt man Vertiefungen hinein, in die man ein gefärbtes Ei legt.

Das Flechten eines schönen Osterkranzes braucht einige Übung. Die kann man sich zum Beispiel holen, indem man aus möglichst dicken Kordeln das Flechten mit drei, vier oder fünf Strängen probt.

Beim Formen eines Kranzes achtet man darauf, daß die Teigstränge möglichst gleichmäßig dick sind. Da, wo sich Anfang und Ende des Kranzes zum Kreis schließen, kann man eine quergelegte Teigrolle wie ein Band um die Anschlußstelle legen.

Eine weitere Variation besteht darin, daß man die einzelnen Teigstränge mit verschiedenen Samen (z. B. Mohn, Sesam und Leinsamen) bestreut. In diesem Fall ziehe ich ungesüßten Teig vor.

Wir legen unseren Osterkranz auf ein mit einem hübschen Tuch bedecktes Tablett und füllen die Öffnung des Kranzes mit gefärbten Eiern.

Grättimannen heißen in Süddeutschland Dampedei.

29 Panettone

Panettone ist ein aus Italien stammendes Weihnachtsgebäck. Gute Nachbarn tauschen ihn zur Weihnachtszeit aus – mitsamt den verschiedenen Rezeptvarianten. Längst kann man in Italien und auch in der italienischen Schweiz während des ganzen Jahres Panettone kaufen. In ihm sind die Düfte der Alpensüdseite eingebacken, die dann Urlaubsstimmung in deutsche und deutschschweizerische Stuben bringen.
Zum Namen «Panettone» gibt es eine hübsche Geschichte: Eigentlich müßte er «Pan d'Antonio», also «Brot des Antonio» heißen. Da habe es nämlich einmal einen Bäckerlehrling namens Antonio gegeben, der sich unsterblich in eine reiche Bürgerstochter verliebte. Um deren Vater zu beeindrucken, beschloß er, ein ganz, ganz gutes Brot zu erfinden. Er tat es, wurde damit reich – und durfte natürlich seine Angebetete heiraten. Und wenn sie nicht gestorben sind ...
Wie für alle traditionellen Gebäcke gibt es auch für Panettone unzählige Varianten. Hier die originellste, die mir aber auch am besten schmeckt:

Man nehme:

1 irdenen Blumentopf, oberer ⌀ 20 cm
2 Stücke Backpapier Diese so zuschneiden, daß ein Stück, etwas übereinanderlaufend, die Wand des Topfs bedeckt und etwa 5 cm über den Rand hinausragt. Das zweite Stück muß ein Quadrat von ca. 20 cm Seitenlänge sein. Es dient als Bodenbelag des Topfes.
Papier beiseitelegen, Blumentopf in kaltes Wasser legen.

2 Hefewürfel auflösen in
200 g Wasser 10 Minuten stehen lassen.

800 g Weißmehl in eine Schüssel sieben. In der Mitte des
(Typ 405) Mehls eine Vertiefung machen. Die aufgelöste Hefe hineinschütten. Mit etwas Mehl zu einem dünnen Brei verrühren.

250 g Sultaninen	in einer Schüssel mit lauwarmem Wasser einweichen.
200 g Butter	weich werden lassen. Mit Hilfe des Backhorns oder des Kochlöffels unter das Mehl mischen.
6 Eigelb *100 g Zucker* *(je nach Geschmack auch mehr)*	miteinander verrühren, bis die Masse hell wird und Blasen wirft.
5 g Salz	dazugeben. Dann das Ei-Zuckergemisch portionenweise in den Teig arbeiten. Den Teig mit den Händen gut durchkneten.
100 g Wasser	portionenweise zum Teig geben. Er darf feucht sein. Mit einem feuchten Tuch bedeckt an einem warmen Ort 2 Stunden gehen lassen.
	Die Sultaninen ausdrücken. Vermengen mit
60 g Orangeat *60 g Zitronat* *1 EL Mehl*	darüberstreuen. Mischen. Dies, damit diese Zutaten nicht auf den Teigboden sinken. Zum Teig geben.
1 Vanilleschote	der Länge nach aufschlitzen. Die Kerne auskratzen, zum Teig geben.
Schale einer *ungespritzten Zitrone**	in den Teig reiben. Alles von Hand gründlich durchkneten. Eventuell die Arbeitsfläche mit etwas Mehl bestäuben. Eine Kugel formen. Den gewässerten Blumentopf mit dem Backpapier auskleiden. Die Teigkugel in den Blumentopf legen. Mit einem nassen Tuch bedeckt 30 Minuten stehen lassen. Konventionellen Backofen auf 220°, Umluft-Backofen auf 200° C, Gas-Ofen auf Stufe 4 – 5 vorheizen. Den Panettone mit weicher Butter bepinseln. 20 Minuten backen. Dann die Hitze reduzieren auf 200° resp. 175° C, resp. Stufe 4.

Nochmals 1 Stunde backen. Oberfläche mit Alufolie abdecken, falls sie zu dunkel wird.
Aus dem Topf nehmen. Oberfläche nochmals mit Butter bepinseln.
Auf einem Gitter erkalten lassen.
Zum Verschenken eventuell wieder in den Topf zurücklegen (Backpapier nicht entfernen).
Kann tiefgekühlt werden, wird aber schon nach ein paar Tagen sehr trocken.

Natürlich kann man einen Panettone auch wie einen Kuchen in einer 22 cm-Durchmesser-Springform backen. Die Backzeit verkürzt sich für die zweite Phase auf 35 Minuten.
Hier werden wir zur Weihnachtszeit mit Panettone förmlich überhäuft. Dann schneiden wir ihn in Stücke und trocknen diese. Sie werden in einer Blechdose aufbewahrt. Bei Überfallbesuch machen wir dann Spezial-Zabaglione:
Man nehme pro Person:

1 Eigelb
1/2 Eischale trockenen Weißwein
1/2 Eischale Marsala oder Weinbrand oder Fruchtsaft
1 KL Zucker

Alles im Wasserbad schaumig schlagen, bis die Masse fest wird.

1 EL Panettone-Brösel

daruntermischen. In einem hohen Glas anrichten. Sofort servieren.

* Um ehrlich zu sein: Mir stehen nicht immer ungespritzte Zitronen zur Verfügung. Seitdem ich aber von einem Zitronenpflanzer weiß, daß es praktisch unmöglich ist, nicht gespritzte Zitronen in unsere Gegend zu verschicken, ohne daß sie faulen, ist mein Gewissen etwas beruhigter. Ich verwende Zitronenschale in Massen. Wer den unfreiwilligen Konsum von Spritzmitteln also ganz vermeiden will, müßte also «naturidentisches», d. h. künstlich hergestelltes Zitronenaroma verwenden.

30 Dreikönigs-Kuchen

Einen süßen Zopfteig gemäß Rezept auf Seiten 74/75 herstellen.

Den gegangenen Teig von neuem durchkneten. Eine Kugel formen. Diese in drei möglichst gleich große Teile teilen. Einen Teil zu einer gleichmäßig dicken Rolle formen. Diese in eine gefettete Springform (Durchmesser 24 cm) legen. Die restlichen Teile in je vier Stücke teilen. Jedes zu einer Kugel drehen. In einer Kugel

eine weiße Bohne verstecken.

Den Teigkranz in regelmäßigen Abständen mit acht Vertiefungen versehen.

1 Eiweiß mit einer Gabel verklopfen. Die Vertiefungen damit auspinseln. Die Teigkugeln darauf legen.

Konventionellen Backofen auf 200°, Umluft-Backofen auf 180° C, Gas auf Stufe 3 – 4 einstellen.

Den Teig mit einem feuchten Tuch bedeckt 30 Minuten gehen lassen.

1 Eigelb mit einem Pinsel verrühren. Damit den Kuchen bestreichen.

Auf die Mitte jeder Kugel

1 Prise Zucker –
wenn möglich Hagel-
zucker – streuen.

40 Minuten backen.

Aus

Goldfolie eine Krone basteln. Diese auf den fertigen Kuchen legen.

Wer die Teigkugel mit der Bohne erwischt, ist König für einen Tag und die ganze Familie muß tun, was er befiehlt.

31 Pitta

Die Pitta ist das traditionelle Bündner Neujahrsbrot. Man stellt es – mit Milchkaffee oder einem Glas Veltiner Wein – dem Besuch auf, der die Neujahrswünsche bringt. Ein zweiter Termin, zu dem jede gute Bündner Hausfrau Pitta backt, ist die «Bsatzig», die Landsgemeinde, die in verschiedenen Teilen Graubündens alle zwei Jahre (denjenigen mit den ungeraden Zahlen) stattfindet. Meine Großmutter behauptete, nichts trockne den Wein so zuverlässig auf wie Pitta – am besten, wenn man sie noch mit Butter bestreicht.
Interessant: Das arabische Wort für Brot ist Pitta ...

1/2 Hefewürfel (20 g) *50 g Milch*	auflösen in 10 Minuten stehen lassen.
500 g Weißmehl *(Typ 405)*	in eine Schüssel sieben. In der Mitte des Mehls eine Vertiefung machen. Die aufgelöste Hefe hineinschütten. Mit etwas Mehl zu einem dünnen Brei verrühren. 15 Minuten stehen lassen.
50 g Mandeln	mit kochendem Wasser überbrühen. Einige Minuten stehen lassen, schälen, grob hakken. Zum Mehl geben.
125 g Butter	weich werden lassen. Mit dem Backhorn oder dem Kochlöffel unter das Mehl arbeiten.
175 g Milch *20 g Rosenwasser* *(in der Apotheke erhältlich. Ev. durch 20 g Milch ersetzen)* *1 Prise Salz* *100 g Zucker* *abgeriebene Schale einer ungespritzten Zitrone*	dazugeben. Zuerst mit dem Backhorn oder dem Kochlöffel, dann von Hand zu einem glatten Teig verarbeiten.

50 g Weißmehl	auf eine trockene Arbeitsfläche geben. Den Teig darauf stürzen und 10 Minuten mit den Händen gut durchkneten. Zu einer Kugel formen. Diese in die Teigschüssel zurückgeben. Mit einem feuchten Tuch bedeckt an einem warmen Ort 2 Stunden gehen lassen. Eine Spring- oder Auflaufform (mindestens 20 cm Durchmesser) mit Öl bepinseln.
1 EL Grieß	dazugeben. Die Form auf alle Seiten drehen, damit die Innenfläche inklusive Rand überall mit Grieß bedeckt ist. Den Teig nochmals durchkneten. Zu einer Kugel formen. Diese in die Springform legen. Etwas flachdrücken. Mit einem feuchten Tuch bedeckt nochmals 30 Minuten gehen lassen. Den konventionellen Backofen auf 200°, Umluft-Backofen auf 175° C, Gas-Ofen auf Stufe 4 einschalten.
1 Eiweiß	mit der Gabel verklopfen. Die Pitta damit bestreichen.
50 g Hagelzucker*	darüberstreuen. 1 Stunde backen, aber nach 45 Minuten mit Alu-Folie abdecken, damit die Oberfläche nicht zu dunkel wird. Auf einem Gitter abkühlen lassen. Möglichst frisch essen. Tiefkühlen nicht empfehlenswert.

* Anstelle von Hagelzucker kann man auch entsprechende Mengen Würfelzucker verwenden, den man mit dem Wallholz zerkleinert.
Pitta trocknet sehr rasch aus. Keine Sorge. Auch damit läßt sich noch ein ganz leckeres Dessert machen, siehe Rezept Vanillesauce oder -pudding auf Seiten 90/91.

32 Ostertaube

(Colomba pasquale)

Die Colomba enthält ähnliche Zutaten wir der Panettone. Interessanterweise wird die aber strikt nur in der Karwoche bis an Ostern verkauft. Das mag damit zusammenhängen, daß sie in ihrer typischen Form eben Ostern versinnbildlicht. Sie schmeckt so gut, daß man sie zum Beispiel einfach als Brotlaib geformt, auch zu einem Geburtstag backen kann. Frisch gebackene Ostertaube ist sowieso ein Fest!

1 Hefewürfel *100 g Wasser*	auflösen in 10 Minuten stehen lassen.
550 g Weißmehl *(Typ 405)*	in eine Schüssel sieben. In der Mitte eine Vertiefung machen. Die aufgelöste Hefe hineinschütten. Mit etwas Mehl zu einem dünnen Brei verrühren. 15 Minuten stehen lassen.
180 g Butter *3 Eier (180 g)*	weich werden lassen. mit der Schale wägen. Entweder etwas Eiweiß wegnehmen oder durch etwas Milch ergänzen. Mit einer Gabel verquirlen.
120 g Orangeat *1 EL Mehl*	überpudern mit (damit das Orangeat nicht auf den Boden des Backwerks rutscht).
100 g Zucker *1 Prise Salz* *abgeriebene Schale einer ungespritzten Zitrone*	Alle diese Zutaten mit dem Mehl mischen. Den Teig zuerst mit dem Backhorn oder dem Kochlöffel, dann von Hand gut durchkneten. Eventuell die Arbeitsfläche mit etwas Mehl bestäuben. Zu einer Kugel formen. Diese in die Teigschüssel zurückgeben. Mit einem feuchten Tuch bedeckt an einem warmen Ort 2 Stunden gehen lassen. Den Teig nochmals durchkneten. Zu einer Kugel formen. Ein Viertel abtrennen, beiseite legen.

	Das große Teigstück zu einem länglichen Laib (dem Körper einer Taube) formen. Auf ein gefettetes oder mit Backpapier bedecktes Kuchenblech legen. Aus dem kleineren Teigstück zwei Kugeln drehen. Diese so an den Leib legen, daß das Ganze mit etwas Phantasie als Vogel gelten kann. Mit einem nassen (naß, nicht feucht!) Tuch bedeckt 1/2 Stunde gehen lassen. Konventionellen Backofen auf 200°, Umluft-Backofen auf 175° C, Gas-Ofen auf Stufe 4 vorheizen.
2 Rosinen	als Augen in den Teig drücken. Die «Taube» bestreichen mit
1 Eigelb	Mit einer Gabel Zierstriche (Federn) anbringen.* 25 Minuten backen. Auf einem Gitter auskühlen lassen. Möglichst frisch (sogar noch ein bißchen warm) servieren. Tiefkühlen nicht empfehlenswert.

* Die Taube kann auch mit 50 g geschälten Mandeln verziert oder – ohne Eigelb-Bepinselung – mit Puderzucker bestreut werden.

Notizen

Das allerbeste Rezept zur Verwendung von altbackenem Brot

33 Tessiner Brottorte

(torta di pane)

Diese Torte schmeckt so gut, daß es sich eigentlich lohnen würde, extra dafür Brot zu backen und es dann zu trocknen!

450 g altbackenes Brot	in feine Stücke geschnitten, in eine Schüssel geben.
1 Vanilleschote	der Länge nach aufschneiden. Die Schote und die ausgekratzten Kerne in
1,5 l Milch	aufkochen. Alles über die Brotstücke leeren. Über Nacht stehen lassen. Schote entfernen. Mit den Händen oder mit einem Stabmixer alles zu einem homogenen Teig verarbeiten.
10 bittere Mandeln, gerieben, oder	
10 Tropfen Bittermandelöl	
150 g Zucker	
3 EL Kakaopulver	
3 EL Grappa oder anderen Branntwein	
150 g Rosinen	
Saft und Schale einer Zitrone	
50 g Orangeat	dazumischen. Eine Springform von 24 cm Durchmesser gut einölen. Den Teig hineingeben. (Er wird nicht mehr aufgehen).
50 g Zitronat	
50 g Zucker	und
50 g Pinienkerne	darüberstreuen. Mit der nassen Handfläche andrücken. In den kalten Backofen stellen. 2 1/2 Stunden im konventionellen Backofen bei 180°, im Umluft-Backofen bei 150° C, resp. Stufe 2 des Gas-Ofens backen. Im Ofen erkalten lassen. Ist etwa 1 Woche haltbar. Tiefkühlen am besten in Tortenstücken (4 Wochen) möglich.

34 Weiße Brottorte

300 g altbackenes Weißbrot

in feine Stücke geschnitten, in eine Schüssel geben.

1 l Milch

aufkochen. Über die Brotstücke leeren. Über Nacht stehen lassen. Mit den Händen oder mit dem Stabmixer zu einem homogenen Teig verarbeiten.

200 g getrocknete Aprikosen

in lauwarmem Wasser einweichen.

200 g Mandeln

mit kochendem Wasser übergießen. Einige Minuten stehen lassen. Schälen. Auf ein Kuchenblech schütten. Dieses in den auf 100° C eingeschalteten Backofen schieben. Mandeln 30 Minuten trocknen. Reiben. Zum Teig geben.

100 g Rosinen
100 g Zucker
3 Eier
Saft und Schale einer Zitrone
3 EL Kirschwasser

beigeben.

2 Äpfel

schälen, fein raffeln, ebenfalls beigeben.
Eine Springform von 24 cm Durchmesser gut einölen. Den Teig hineingeben, glattstreichen.
Das Einweichwasser der Aprikosen abschütten. Die Aprikosen kranz- oder sternförmig auf den Kuchen legen.
In den kalten Backofen stellen.
2 1/2 Stunden im konventionellen Backofen bei 180°, im Umluft-Backofen bei 150° C backen. Im Ofen erkalten lassen.
Etwa 1 Woche haltbar. Tiefkühlen am besten in Tortenstücken (4 Wochen) möglich.

35 Apfelrösti

250 g altbackenes Brot	in feine Scheiben schneiden.
50 g Rosinen	in lauwarmem Wasser einweichen.
8 saftige, säuerliche Äpfel	schälen, in Scheibchen schneiden.
40 g Butter	in einer Bratpfanne schmelzen. Das Brot und die Apfelscheiben dazugeben, mischen. Zugedeckt 10 Minuten dämpfen. Von Zeit zu Zeit Stückchen von weiteren
40 g Butter	dem Pfannenrand entlang beigeben.
100 g Zucker	darüberstreuen.
1 Msp. Zimt	in
1 dl Apfelsaft	auflösen.

Die ausgedrückten Rosinen und den Apfelsaft darübergeben.
Schmeckt warm, lauwarm, auch ausgekühlt besonders Kindern.
Am besten ist Apfelrösti mit der folgenden

Notizen

36 Vanillesauce

4 dl Milch
75 g Zucker
1 Vanilleschote   der Länge nach aufgeschlitzt, die Kerne ausgekratzt, miteinander aufkochen.

2 dl Milch   in eine Schüssel geben.
1 EL Maisstärke   dazugeben. Mit dem Schwingbesen gut verrühren. Dann

3 Eigelb   ebenfalls darunterrühren. Die Vanillemilch in einigen Portionen dazuschütten. Jedesmal gut rühren. Schote entfernen.
Alles zurück in die Pfanne geben. Unter ständigem Rühren (Achtung: brennt leicht an!) nochmals aufkochen.

3 Eiweiß   mit Zugabe von
1 Prise Salz und   ganz steif schlagen. Vor dem Servieren unterziehen.
1 EL Wasser

Wenn man auf dieselbe Art Vanillepudding machen will, läßt man das Eiweiß weg, nimmt aber dafür 3 EL Maisstärke. Spezial-Vanillepudding wird – sobald er gekocht ist, mit 100 g Pittabröseln vermischt. Man gießt die heiße Puddingmasse in eine kalt ausgespülte Form, läßt sie erkalten und stürzt sie auf eine Platte.

37 Muttertags-Scones

Mama frischgebackene Scones zum Muttertag ans Bett bringen? Mit diesem Rezept schafft das auch ein koch- und backungewandter Mann, natürlich mit Hilfe seiner Kinder ...

Erste Handlung: Backofen einschalten! Haben Sie einen Backofen mit Ober- und Unterhitze ohne Ventilator, dann stellen Sie ihn auf 220° C und Unterhitze ein. Bei einem Backofen mit Umluft genügen 200° C, Gas-Ofen auf Stufe 4 – 5.

500 g Weißmehl (Typ 405) in eine möglichst große Schüssel geben (am besten sieben).

12 g Salz (knapp 2 Kaffeelöffel)
1 Tüte Backpulver darüberstreuen, ebenso

125 g Butter in kleine Stückchen schneiden, über das Mehl geben. Mit den Händen Butter und Mehl zu einer krümeligen Masse verreiben. Nach und nach

250 g Milch dazumischen. Es entsteht ein glatter Teig. Diesen zu einer Kugel formen und auf einer trockenen Arbeitsfläche zu einem Fladen von etwa 20 cm Durchmesser drücken. Diesen durch kreuzweise Schnitte in acht Stücke (wie einen Kuchen) schneiden.

Auf ein gefettetes oder mit Backpapier ausgelegtes Kuchenblech legen. In den Ofen schieben. 15 Minuten backen.

Warm servieren zu Kaffee oder Tee, Butter und Konfitüre. Blumenstrauß dazu nicht vergessen.

Wichtig: Gewichte genau abwägen!

Hiiilfe: Was mache ich falsch?

Der Teig ist krümelig und klebt am Schüsselrand:
In Eßlöffel-Portionen noch mehr der im Rezept vorgeschriebenen Flüssigkeit zugeben. Jedesmal ganz gut durchkneten.

Der Teig läßt sich nicht zu einer Kugel formen:
In Eßlöffel-Portionen noch mehr des im Rezept vorgeschriebenen Mehls zugeben. Jedesmal gut durchkneten.

Der Teig klebt auf der Arbeitsfläche:
Diese mit wenig des im Rezept vorgeschriebenen Mehls bestäuben.

Der Hefeteig geht nicht auf:
Die Schüssel an einen wärmeren Ort stellen. Mit einem warmen feuchten Tuch bedecken. Prüfen, ob er nicht im Durchzug steht. Nochmals tüchtig durchkneten. Kam der Teig in Berührung mit einer zu heißen Flüssigkeit? In diesem Fall können die Hefebakterien nicht mehr «arbeiten». Den Ofen auf 200° C vorheizen. Den Teig auf ein gefettetes oder mit Backpapier ausgelegtes Kuchenblech geben. Flach drücken. Auf den Boden des Ofens eine mit kochendem Wasser gefüllte feuerfeste Form stellen. Hellbraun backen. Sofort in Stücke schneiden. Diese gut trocknen. Für Brottorte (siehe Seiten 88/89) verwenden.

Der Hefe- oder Sauerteig geht nur ganz schwach auf:
Den Teig nach der vorgeschriebenen Zeit nochmals gut durchkneten. Zu den gewünschten Laiben formen. Mit einem feuchten Tuch bedeckt nochmals 30 Minuten gehen lassen. Den Ofen entsprechend vorheizen. Auf den Boden des Ofens eine mit kochendem Wasser gefüllte feuerfeste Form stellen. Nach Rezept backen.

Die Oberfläche des noch nicht fertig gebackenen Brotes wird zu dunkel:
Temperatur des Backofens kontrollieren, evtl. reduzieren. Oberfläche des Brotes mit einer Alufolie bedecken. Diese Folie kann zu diesem Zweck immer wieder gebraucht werden.

Das Brot ist nach der vorgeschriebenen Backzeit noch zu hell:
Temperatur des Backofens kontrollieren, evtl. erhöhen. Durchgebackenes Brot tönt hohl, wenn man auf seinen Boden klopft.

Die Oberfläche des Brotes ist schwarz geworden:
Verbrannte Rinde schmeckt bitter. Man kann sie, sofern sie nur oberflächlich verbrannt ist, mit einer Raffel entfernen. Tiefer verbrannte Rinde muß man wegschneiden. Dieses Brot kann man für Käseschnitten (siehe Seite 55), Apelrösti (Seite 90) oder Brottorte verwenden. Man sollte aber vorsichtshalber prüfen, ob es nicht verbrannt schmeckt.

In der gleichen Buchreihe:

Kathrin Rüegg's Guetzlibäckerei, Band 2
Weitere Bände in Vorbereitung!

Weitere Werke von Kathrin Rüegg:

Tessiner Tagebücher: Kleine Welt im Tessin, Band 1
Dies ist mein Tal – dies ist mein Dorf, Band 2
Mit herzlichen Tessiner Grüßen, Band 3
Nach jedem Winter kommt ein Sommer, Band 4
Von Lämmern und Leuten in Froda, Band 5
Großer Stall – kleines Haus, Band 6
Ein Dach überm Kopf, Band 8
Vom Morgen bis zum Abend, Band 10
Begegnungen, Band 11

Bild-Tagebücher: Mit meinen Augen, Band 7
Lauter schöne Jahreszeiten, Band 9
Kein Tag wie der andere, Band 12

Großmutter-Bände: Was die Großmutter noch wußte, Band 1
Als die Großmutter noch jung war, Band 2
Vom Apfel bis zur Zwiebel, Band 3
Essen wie damals, Band 4

Brigitte
KOCHEN FÜR GÄSTE

Brigitte
KOCHEN FÜR GÄSTE

Einfache und raffinierte Menüs, Büffets und Empfänge.

Mit Tips für die Planung.

Von Inge Schiermann

Brigitte Edition

NAUMANN & GÖBEL

Die Autorin
Inge Schiermann war nach ihrer Ausbildung zur Hauswirtschaftsleiterin u. a. bei Brigitte als Redakteurin tätig. Heute arbeitet sie als freie Food-Journalistin. Von ihr stammen auch die beiden Brigitte-Bücher »Kochen für zwei« und »Bistro«.

Herausgeberin: Anne Volk
Lektorat: Marita Heinz
Titelfoto: Renate Fritsch,
Styling mit Gunther Lambert Collection
Gestaltung: Dietmar Meyer, Rainer Sennewald
Fotos: Jens Schiermann
Produktion: Bernd Bartmann, Druckzentrale G + J
DTP: Rainer Sennewald
Lithografie: Offset Repro Technik, Hamburg
Umschlaggestaltung: WirtzCologne
Gesamtherstellung: Naumann & Göbel
Verlagsgesellschaft mbH, Köln
Brigitte Edition in der Naumann & Göbel
Verlagsgesellschaft mbH, Köln
© Gruner + Jahr AG & Co., Hamburg
ISBN 3-625-10214-5

Inhalt

Vorwort 6

1. Einfache Bewirtung 8
2. Menüs für 4 bis 8 Gäste 32
3. Menüs für 12 bis 16 Gäste 90
4. Büffets für 10 bis 30 Gäste 126
5. Die besondere Einladung 156

Menü-Verzeichnis 188

Verzeichnis aller Rezepte 190

Dies ist ein Buch für alle, die gern Gäste verwöhnen, dabei aber nicht in Streß geraten möchten. Für Gäste ist eine Einladung dann ein besonderes Vergnügen, wenn auch die Gastgeber sie entspannt genießen können. Unsere Rezepte, Vorschläge und Planungsdetails sind gedacht für Menschen mit normalen Kochkennntissen und einer normalen Kücheneinrichtung. Da Vorbereitung, Zutaten und Garzeiten nur schwer einzuschätzen sind, wenn Sie für mehr Menschen kochen als üblich, haben wir jede Einzelheit getestet – vom Einkauf bis zum letzten Handgriff zwischen den Gängen eines Menüs. Sie wollen ja ein Gästeessen nicht ausprobieren müssen, um im »Ernstfall« keine Pannen zu erleben!

Vorschläge für jede Gelegenheit

Im Kapitel »Einfache Bewirtung« geht es um Unkompliziertes für überraschende Gäste. Einen Schwerpunkt des Buches bilden die beiden großen Menükapitel. Im ersten haben wir fünfzehn sehr verschiedene Menüs für 4 bis 8 Gäste durchgeplant. Bei den Rezepten sind die Zutaten zunächst für 6 Personen angegeben, am Ende stehen die Mengenveränderungen für 4 und für 8 Personen. Das zweite Menükapitel enthält zehn Menüs für 16 und für 12 Personen. Nach unseren Erfahrungen lassen sich ohne Streß bis zu 16 Personen zu Hause mit einem Menü bewirten. Denn alles, was etwas mehr Zeit und Mühe kostet, kann schon vorher in aller Ruhe zubereitet werden. Unsere Menüs bestehen aus drei Gängen. Natürlich sind sie, wenn Sie das wollen, durch zusätzliche Gänge zu erweitern, durch eine fertig gekaufte Terrine etwa oder die Rezepte des italienischen Büffets von Seite 149.

Wichtig bei Menüs

▲ Die Gänge sollten sich ergänzen, damit sie Ihren Gästen gut bekommen. Drei Fisch- oder Käsegänge können zu Magendrücken führen.

▲ Die Gänge sollten geschmacklich verschieden sein. Das gilt auch für Gewürze: Dill an Suppe und Fisch, das macht Ihr Menü langweilig.

▲ Die Gänge sollten sich optisch unterscheiden – in den Farben und auch in der Art des Anrichtens.

▲ Die Zubereitung der einzelnen Gänge muß praktikabel sein. Wenn die Crêpes eigentlich schon in den Backofen müßten, in dem noch der Braten gart, läßt sich Nervosität kaum vermeiden.

Was setzen wir in Ihrer »normalen Küche« voraus?

Einen gewöhnlichen Herd mit vier Platten und einem Backofen mit Grill. Sie brauchen für unsere Rezepte keine Mikrowelle. Wo sie Ihnen in Ausnahmefällen die Arbeit erleichtert, ist das als Tip angemerkt. Wichtig sind vernünftige Töpfe, scharfe Messer und Schüsseln in jeder Größe.
Folgende Küchenutensilien sollten Sie besitzen oder ausleihen, wenn Sie für viele Gäste kochen:

▲ ein bis zwei große Töpfe mit einem Fassungsvermögen von acht bis zehn Litern zum Kochen von Kartoffeln, Gemüse, Suppen, Nudeln und zum Schmoren;

▲ zwei große Bratpfannen von 30 Zentimeter Duchmesser. Eine sollte 6 cm tief sein und einen Deckel besitzen. Sie dient zum Braten, Dünsten, Schmoren und Kochen. Die andere Pfanne sollte beschichtet sein;

▲ eine zweite Fettfangschale zum Schmoren im Backofen. Das ist besonders wichtig, wenn mehr als 12 Personen bewirtet werden;

▲ einen Pürier- und Schneidstab für Cremesuppen und -soßen;
▲ ein elektrisches Messer zum Aufschneiden von Terrinen und großen Braten;
▲ einen Blitzhacker zum Zerkleinern von Fleisch, Gemüse, Nüssen und Parmesankäse;
▲ je einen Satz kleine und große Arbeitsschüsseln;
▲ einen großen Durchschlag, möglichst mit Standfläche, zum Abgießen von Gemüse, Kartoffeln und Nudeln;
▲ zwei mittelgroße Haarsiebe;
▲ zwei Kastenformen für Terrinen und Gelees, die später gestürzt und portioniert werden sollen. Übrigens: Große Platten, auf denen Sie großzügig anrichten können, sind nicht nur für viele Gäste praktisch, sondern immer eine Augenweide.

Büffets, Empfänge und Außergewöhnliches

Selbstverständlich gehören in ein Kochbuch für Gäste auch Rezepte und Planungshilfen für Büffets jeder Art. Ab Seite 126 finden Sie sehr verschiedene Vorschläge für 10 bis 30 Personen. Und im Kapitel »Die besondere Einladung« können Sie entscheiden, ob Sie auf ein besonders originelles Essen mit Freunden Lust haben.

Für Büffets, Empfänge oder ein Grillfest reicht Ihr Geschirr in der Regel nicht aus, es sei denn, Sie kaufen einmal preiswert größere Mengen Teller und Gläser ein. Für Wegwerfgeschirr sind Ihre Gerichte zu schade. (Und die Umwelt für den Abfallberg...) Sie können auch alles ausleihen, was Sie für ein Fest brauchen. Adressen finden Sie in den Gelben Seiten unter »Partyservice«.

Wir geben in diesem Buch keine Kalorien an. Beim gemütlichen Essen mit Freunden sollte, meinen wir, der Genuß im Vordergrund stehen. Ihre Gäste können aber sicher sein: Alles, was Sie ihnen anbieten, ist leicht, bekömmlich und macht nicht dick!

Getränke

Die Auswahl der Getränke möchten wir Ihnen überlassen. Erlaubt ist, was schmeckt! Daher nur einige Hinweise:
▲ Zu allen nicht süßen Speisen passen trockene Weine am besten.
▲ Der Wein sollte qualitativ angemessen sein: Zum deftigen Eintopf paßt kein Spitzenwein.
▲ Je konzentrierter und sahniger die Speisen und Soßen, desto kräftiger und voller sollte der Wein sein.
▲ Weißwein, Sekt und Champagner immer gut gekühlt servieren – am besten im Kühler.
▲ Rotwein sollte zwischen 15 und 18 Grad haben – je nach Schwere und Süße.
▲ Die Flaschen vor dem Servieren offen stehen lassen, damit der Wein »belüftet« wird. Ältere Rotweine ein paar Stunden vorher dekantieren.
Wasser werden Sie ohnehin in ausreichender Menge bereithalten.

Wir wünschen Ihnen und Ihren Gästen viel Spaß und guten Appetit!

1. KAPITEL
Einfache Bewirtung

Sie bekommen überraschend Besuch? Hier erfahren Sie, wie Sie mit Ihrem Vorrat improvisieren können. Sie wollen spontan Gäste einladen? Dann brauchen Sie Vorschläge mit wenigen Zutaten, die ohne großen Aufwand zu besorgen sind. Mit den Rezepten dieses Kapitels können Sie ohne besondere Kochkenntnisse und ohne Aufwand jederzeit gastfreundlich sein.

Frisches Gemüse mit Dip

FÜR 6 PERSONEN

Dieses Rezept ist ideal für Gäste, die vegetarisches Essen lieben. Alles ist schnell gemacht. Vorkenntnisse sind nicht nötig: Gemüse putzen, Eier kochen und eine kalte Soße rühren kann jeder.

750 g Kartoffeln, 6–8 Eier, 1 Bund junge Möhren, 1 Stangensellerie, 1 rote und 1 gelbe Paprikaschote, 1 Chicoréestaude, 200 g weiße Champignons, 1 Bund Radieschen.

Quark: 750 g Speisequark, 1/4 l Milch, 1 Eßl. Tomatenmark, 1 Schalotte, 2 Prisen Cayennepfeffer, Kräutersalz, 1 Prise Zucker, 100 g Butter.

Vinaigrette: 1 Schalotte, 3 Eßl. Gemüsebrühe (Instant), 2 Eßl. Weinessig, 1 Prise Zucker, Salz, frisch gemahlener Pfeffer, 8 Eßl. Olivenöl extra vergine, je 1 Eßl. gehackte glatte Petersilie und Schnittlauchröllchen.

1. Das Gemüse zum Dippen vorbereiten: Die Kartoffeln mit der Schale kochen, die Eier in acht Minuten hartkochen. Die Möhren schälen – die kleinen ganz lassen, die großen längs vierteln. Die Selleriestangen entfädeln. Paprika in Streifen schneiden. Die Chicoréestaude in Blätter zerlegen, die Champignons evtl. halbieren. Die Radieschen so putzen, daß ein kleines grünes Büschel zum Anfassen stehen bleibt.

2. Den Quark mit Milch cremig rühren. Tomatenmark, geriebene Schalotte und die Gewürze dazugeben. Die Butter schmelzen und zum Schluß unter den Quark rühren; abschmecken.

3. Für die Vinaigrette die Schalotte fein hacken und mit Brühe, Essig, Zucker, Salz, Pfeffer verrühren. Das Öl mit dem Schneebesen darunterschlagen. Die Soße 15 Minuten ziehen lassen, dann die Kräuter dazugeben.

4. Die Eier schälen und halbieren, die gekochten Kartoffeln bis zum Essen in einem Küchentuch warmhalten.

5. Zum Servieren das rohe Gemüse, Kartoffeln und Eier auf einer großen Platte anrichten. Den Quark und die Kräuter-Vinaigrette in mehrere Schälchen füllen.

PLANUNG

1 Stunde vor dem Essen:
▲ Das Gemüse putzen, waschen und in handliche Stücke schneiden; abgedeckt beiseite stellen.
▲ Kartoffeln und Eier kochen (den Küchenwecker einstellen). Quark und Vinaigrette fertigmachen.

Direkt vor dem Servieren:
▲ Gemüse auf eine Platte, Quark und Vinaigrette in kleine Schüsseln füllen.

TIP

Alles, was sich »handlich« dippen läßt, ist geeignet: Gurkenscheiben, Avocadospalten, Blumenkohlröschen und Kirschtomaten etwa. Und auch Kräcker, Knäckebrot, geröstetes Schwarzbrot, Toast und Baguette.

Frisches Gemüse mit Dip

1. KAPITEL

Eierpfannkuchen mit allerlei drauf

FÜR 4 PERSONEN – ETWA 12 PFANNKUCHEN

Diese Pfannkuchen lassen sich ohne Vorbereitung »aus dem Stand« machen. Mehl und Eier sind im Vorrat, und Ihre Speisekammer bestimmt auch über den Belag: Wurst, Schinken oder Käse, Äpfel, Honig, Zucker oder Marmelade. Gegessen wird am besten gleich in der Küche. Wer Lust hat, belegt sich seinen Pfannkuchen selbst.

300 g Mehl, 1 gehäufter Eßl. Speisestärke (30 g), 4 Eier, 1 Prise Salz, 1/2 l Milch, Butterschmalz zum Braten.
  BELAG: *Schnittkäse, Wurst, Zwiebeln, Äpfel, Salbeiblätter.*

  1. Mehl, Speisestärke, Eier, Salz und Milch (oder Wasser) verrühren. 30 Minuten stehen lassen.
  2. Inzwischen alles für den Pfannkuchenbelag vorbereiten: Käse und Wurst in dünne Scheiben schneiden, Zwiebeln abziehen und in Ringe schneiden, Äpfel schälen.
  3. Butterschmalz in der Pfanne erhitzen, eine Suppenkelle Teig hineingeben. Die Pfanne sofort leicht schwenken, damit sich der Teig gleichmäßig verteilt. Sofort nach Wunsch belegen.
  4. Beim Wenden noch etwas Fett in die Pfanne geben.
  5. Die fertigen Pfannkuchen jeweils gleich servieren oder im vorgewärmten Backofen bei 100 Grad/Gas Stufe 1 warmhalten.

TIP

Als Belag kann fast alles verwendet werden, was Ihr Vorrat hergibt.

Für salzige Pfannkuchen: Fein zerbröselter Schafkäse, Zucchini und Paprika fein gewürfelt, Kräuter und Knoblauch vermischt, hauchdünne Schinken- oder Speckstreifen, Sesam, Sonnenblumen- und Kürbiskerne.

Für süße Pfannkuchen: Birnen, Kirschen, Beerenfrüchte, Aprikosen, Zwetschen. Die fertigen Pfannkuchen mit Honig, Ahornsirup oder Zucker süßen und gleich essen.

ABWANDLUNG

Wenn Sie außer Kartoffeln auch Apfelmus im Vorrat haben oder schnell ein paar Äpfel dünsten, können Sie Ihren Überraschungsgästen auch Kartoffelpfannkuchen machen:

Für 4 Personen etwa 1,5 kg Kartoffeln grob und 1 kleine Zwiebel fein reiben. Sofort mit 3 Eiern, 3 Eßl. Mehl und etwas Salz verrühren. Reichlich Butterschmalz in einer großen weiten Pfanne erhitzen und jeweils etwa 3 kleine Teigportionen hineinsetzen. Etwas flachdrücken und so lange braten, bis der Rand knusprig ist. Heiß aus der Pfanne mit Apfelmus servieren.

Eierpfannkuchen mit allerlei drauf

Frühlingssalat

FÜR 4 PERSONEN

Dieser köstliche Salat läßt sich problemlos und schnell in der kleinsten Küche zubereiten. Salat und Fleisch sind auf dem Nachhauseweg schnell eingekauft, und die Arbeit ist in weniger als einer halben Stunde getan.

1 großer fester Kopfsalat, 1/2 Staudensellerie, 4 Hähnchenbrustfilets, Cayennepfeffer, Curry, Kräutersalz, Mehl, 30 g Butterschmalz, 100 g Soja- oder Mungosprossen, 250 g Erdbeeren.

VINAIGRETTE: *2 Eßl. Weinessig, 1 Eßl. Balsamessig, Salz, Pfeffer, Zucker, 1/2 Teel. Senf, 6 Eßl. Olivenöl.*

1. Den Salat waschen und trockenschleudern. Die Stangen vom Staudensellerie mit einem Sparschäler dünn abschälen und in Stifte schneiden.

2. Die Hähnchenfilets abspülen und trockentupfen. Leicht mit Cayennepfeffer, Curry, Kräutersalz und Mehl bestäuben. Butterschmalz in einer Pfanne erhitzen und die Filets in etwa fünf Minuten goldbraun braten.

3. Die Pfanne vom Herd ziehen, zudecken. Etwa zehn Minuten in der heißen Pfanne nachgaren lassen – so bleibt das Fleisch zart und saftig.

4. Die Sprossen mit kaltem Wasser abspülen und gut abtropfen lassen. Die Erdbeeren vierteln.

5. Essig, Salz, Pfeffer, Zucker und Senf verrühren und das Öl darunterschlagen. Die Vinaigrette mit allen Salatzutaten vermischen und auf vier Teller verteilen.

6. Die warmen Filets in Scheiben schneiden und obendrauf anrichten.

Dazu: Baguette und Butter

TIPS

Der Jahreszeit entsprechend eignet sich statt Kopfsalat auch jeder andere Blattsalat. Und statt Erdbeeren schmecken Birnen, Melonen oder frische vollreife Pfirsiche sehr gut.

Vegetarier können statt Hähnchenfilet frischen weißen Käse von Kuh, Schaf oder Ziege nehmen.

Frühlingssalat

Scharfe Mais-Bohnensuppe

FÜR 6 PERSONEN

Scharfe Suppen sind besonders gut für späte Stunden geeignet. Hier schmeckt die Kombination von süßem Mais und scharfem Pfeffer besonders pikant. Ein 5-Liter-Topf reicht zum Kochen.

1 rote und 1 grüne Paprikaschote, 1 große Gemüsezwiebel, 1 Knoblauchzehe, 1 Paket Bacon (150 g), 500 g Rinderhackfleisch, 1 große Dose rote Bohnen (850 g), 1 Dose Maiskörner (280 g), 1 Packung Tomaten in Stücken (500 g), 2 l heiße Fleischbrühe (Instant), 1/2 Teel. Cayennepfeffer, Kräutersalz, frisch gemahlener Pfeffer.

1. Die Paprikaschoten putzen und klein würfeln. Zwiebel und Knoblauchzehe abziehen. Zwiebel in Würfel schneiden.

2. Bacon mit einer Schere gleich in den Topf in Streifen schneiden. Zwiebelwürfel dazugeben, Knoblauch darüberpressen. Unter gelegentlichem Wenden glasig braten.

3. Das Hackfleisch dazugeben und unter Wenden mitbraten, bis es grau geworden ist.

4. Bohnen und Maiskörner abgießen, zusammen mit den Tomaten in den Topf geben. Die Brühe dazugießen. Mit Cayennepfeffer würzen.

5. Alles offen etwa 30 Minuten köcheln lassen. Die Suppe mit Kräutersalz und Pfeffer abschmecken.

6. Käse fein reiben und Petersilie hacken; beides mischen und zur Suppe servieren.

Dazu: Baguette

PLANUNG

1 Stunde vor dem Essen:
▲ Die Suppe fix und fertig machen. Auf kleiner Stufe bis zum Servieren warmhalten. Den Käse reiben und mit der gehackten Petersilie vermischen.

Direkt vor dem Servieren:
▲ Das Baguette im Ofen aufbacken.

TIP

Ein einfacher, aber köstlicher Nachtisch: 500 g Mandelkekse grob zerkrümeln und in eine flache Schüssel geben. 2 Ananasfrüchte schälen, in Stücke schneiden und darüber verteilen. Einen halben Liter Schlagsahne mit 2 Eßlöffel Zucker steifschlagen, Sahne mit 2 cl Rum würzen und über allem verteilen. Mit Krokant bestreut servieren.

Wenn's besonders schnell gehen soll: Auch Ananas aus der Dose sind geeignet.

Scharfe Mais-Bohnensuppe

1. KAPITEL

Italienischer Käsekuchen (Focaccia con Formaggio)

FÜR 6 PERSONEN

Laden Sie spontan Freunde ein und überraschen Sie sie mit diesem italienischen Käsekuchen. Ein einfaches und preiswertes Rezept für alle, die gerne backen und etwas Neues ausprobieren wollen.

300 g Weizenmehl Typ 405, 100 ml kaltgepreßtes Olivenöl, 1/8 l kaltes Wasser, 100 g Appenzeller Käse, 100 g Bergkäse, 200 g frischer weißer Ziegenkäse, 1 Bund glatte Petersilie (oder 2 Päckchen TK-Petersilie), Olivenöl zum Einpinseln, Salz, eventuell frische Salbeiblätter und Rosmarinnadeln.

1. Teig: Das Mehl mit dem Öl und kaltem Wasser in eine Schüssel geben und mit den Händen zu einem weichen, geschmeidigen Teig kneten. In Folie einschlagen und bei Zimmertemperatur etwa 30 Minuten ruhen lassen.

2. Den Käse in daumendicke Würfel schneiden. Die Kräuter abspülen und fein hacken; mit dem Käse vermischen. Das Backblech mit Öl einpinseln.

3. Den Teig halbieren. Eine Hälfte so dünn ausrollen, daß die Arbeitsfläche durchschimmert; auf das Backblech legen. Die Käsewürfel darauf verteilen, Pfeffer darübermahlen. Den restlichen Teig ebenfalls dünn ausrollen und über die Käsewürfel legen. Die Ränder zusammenfalten und kniffen.

4. Mit einem spitzen Messer mehrere Löcher von der Größe eines Zehnpfennigstücks in den Teigdeckel schneiden. Die Oberfläche mit Olivenöl einpinseln und sparsam mit Salz bestreuen. Eventuell frische Salbeiblätter und Rosmarinnadeln darübergeben.

5. Den Käsekuchen im vorgeheizten Backofen bei 250 Grad/Gas Stufe 5 etwa 25 Minuten goldbraun backen. Während des Backens die Ofentür nicht öffnen. Sofort servieren.

PLANUNG

1 Stunde vor dem Essen:
▲ Den Teig anrühren, kneten und in Folie einschlagen.
▲ Den Käse würfeln, die Petersilie hacken. Das Backblech fetten.
▲ Den Teig ausrollen und belegen.
▲ Den Käsekuchen wie beschrieben mit Olivenöl einpinseln, salzen und eventuell mit Salbei und Rosmarin bestreuen. Schieben Sie ihn erst in den Backofen, wenn alle Gäste eingetroffen sind

---

DAZU

RAUKESALAT

(auch Senfsalat oder italienisch: Ruccola) 500 g Rauke waschen und schleudern. Mit einer Soße aus 4 Eßlöffel Weinessig, 2 zerdrückten Sardellenfilets, etwas Salz, Pfeffer und 8 Eßlöffel Olivenöl anmachen. 4 Eßlöffel Pinienkerne ohne Fett in der Pfanne rösten und heiß darüberstreuen.

Es passen auch andere Blattsalate. Raukesalat wird zwar inzwischen bei uns angebaut, jedoch noch nicht überall angeboten.

Italienischer Käsekuchen

Curryfleisch mit Wildreismischung

FÜR 6 PERSONEN

Dieses kräftig gewürzte Currygericht mit Ananas dauert zwar ein bißchen länger, aber es macht nicht viel Arbeit: Nach den vorbereitenden Arbeiten schmort es etwa eine Stunde vor sich hin – genügend Zeit für Sie, um sich auf den Besuch vorzubereiten und den Tisch zu decken.

1,5 kg Schweinenacken ohne Knochen, 1 große Gemüsezwiebel, Saft von 2 Orangen, 4 Eßl. Öl, 1/2 Teel. Cayennepfeffer, 1 Eßl. Mehl, 30 g Butter, 2 Eßl. Curry, 1/8 l Fleischbrühe (Instant), 8 Scheiben Ananas (Dose), Salz, 1 Lauchzwiebel.

1. Das Fleisch in Würfel schneiden. Die Zwiebeln abziehen und grob würfeln. Orangen auspressen.

2. In einem breiten, flachen Topf oder in einer großen Pfanne (siehe Tip) mit Deckel das Öl erhitzen. Fleisch mit Cayennepfeffer und Mehl bestäuben. Nacheinander in etwa zwei bis drei Portionen kräftig anbraten; aus der Pfanne nehmen.

3. Zwiebelwürfel und Butter in die Pfanne geben und unter Wenden weichdünsten. Curry darunterrühren, eine Minute mitdünsten, dann mit Orangensaft und Brühe ablöschen; aufkochen lassen.

4. Das Fleisch zurück in die Pfanne geben. Alles zugedeckt bei kleiner Hitze eine Stunde schmoren.

5. Ananas in Stücke schneiden, dazugeben und offen zehn Minuten weiterschmoren. Mit Salz abschmecken. Die Lauchzwiebel putzen, dabei das knackige grüne Ende nicht wegwerfen. Schräg in lange dünne Stücke schneiden. Zum Servieren über das Gericht streuen.

Wildreismischung: Nehmen Sie 50 Gramm Reis pro Person; nach Anweisung auf der Verpackung zubereiten.

ABWANDLUNG
Statt mit Schweinefleisch kann dieses Gericht auch sehr gut mit Lammfleisch zubereitet werden.

TIP
Für dieses Gericht brauchen Sie eine tiefe Pfanne mit Deckel (Durchmesser etwa 28 Zentimeter) oder einen entsprechend großen Schmortopf. Sie können nach dem Anbraten aber auch die Fettfangschale des Backofens zum Garschmoren benutzen: Alles gut mit Alufolie abdecken und bei 200 Grad eine Stunde schmoren.

EINFACHE BEWIRTUNG

Curryfleisch mit Wildreismischung

Risotto mit Krabben

FÜR 6 PERSONEN

Unter gedünsteten Reis kann man bei unverhofftem Besuch vieles aus dem Vorrat mischen. Ein gutes Risotto muß kräftig, saftig und würzig schmecken. Wichtig ist fleißiges Rühren; eine halbe Stunde müssen Sie dafür aufwenden.

2 Zwiebeln, 2 Knoblauchzehen, 200 g kleine feste Zucchini, 1 l Geflügelbrühe (Instant), 3 Eßl. Öl, 300 g Risottoreis (Avorio- oder Vialone-Reis), etwa 1/8 l Weißwein (oder 3 Eßl. Zitronensaft und Wasser), 300 g Tiefseekrabben-Fleisch, Salz, Pfeffer, 1 Bund glatte Petersilie, 50 g Butter.
DAZU: *Parmesankäse*

1. Die Zwiebeln und Knoblauchzehen abziehen und fein hacken. Die Zucchini in feine Würfel schneiden. Die Geflügelbrühe erhitzen.

2. In einer großen tiefen Pfanne (Durchmesser etwa 28 Zentimeter) oder im Topf das Öl erhitzen. Zwiebeln und Knoblauch dazugeben und bei mäßiger Hitze glasig dünsten.

3. Den Reis einstreuen und ebenfalls unter Rühren glasig dünsten. Die Zucchiniwürfel dazugeben und etwa eine Minute dünsten.

4. Mit dem Wein oder Zitronenwasser ablöschen; unter Rühren verdampfen lassen. Etwa ein Viertel der heißen Hühnerbrühe angießen. Aufkochen lassen und rühren, bis die Flüssigkeit fast aufgenommen worden ist.

5. Die restliche Brühe nach und nach dazugießen und unter Rühren köcheln lassen.

6. Zum Schluß das Krabbenfleisch unter den Reis rühren und heißwerden lassen. Mit Salz und Pfeffer abschmecken. Die Petersilie fein hacken.

7. Zum Servieren Butter und Petersilie unter den Reis rühren.

Frisch geriebenen Parmesankäse dazureichen.

Dazu paßt ein frischer grüner Salat.

ABWANDLUNG

Je nach Vorrat und Geschmack können statt Tiefseekrabben auch verwendet werden: Schinkenwürfel, Pilze, Tomaten, Zwiebeln und Kräuter, Erbsen, Möhren oder Paprika. Gemüse muß immer sehr fein gewürfelt werden, damit es beim Dünsten gar wird.

TIP

Für ein Risotto rechnet man pro Person etwa 50 g Reis und jeweils die dreifache Menge heiße Flüssigkeit.

EINFACHE BEWERTUNG

Risotto mit Krabben

Hähnchen im Maisbett

FÜR 4 PERSONEN

Die Hähnchenkeulen werden mit einer scharfwürzigen Knoblauchpaste eingepinselt. Dazu gibt es süßen Mais und Kartoffeln. Das macht wenig Arbeit und braucht keine Vorbereitung. Ein junger, leicht gekühlter Rotwein macht die Mahlzeit komplett.

4 große Hähnchenkeulen, 4 Zwiebeln,
1 Eßl. Honig, 1 Eßl. Senf, 1 Teel. Sambal Oelek,
2 durchgepreßte Knoblauchzehen,
1 Teel. Kräutersalz, 750 g kleine Kartoffeln,
1 Dose Maiskörner (280 g),
1/4 l Geflügelbrühe (Instant).

1. Den Backofen auf 200 Grad/Gas Stufe 3 vorheizen. Die Hähnchenkeulen waschen und trockentupfen.
2. Die Zwiebeln vierteln, abziehen und die Schalen voneinander trennen. Honig, Senf, Sambal Oelek, zerdrückte Knoblauchzehen und Kräutersalz verrühren.
3. Die Hähnchenkeulen mit dreiviertel der Würzpaste einpinseln und mit der Innenseite nach oben nebeneinander in eine flache feuerfeste Form legen. Die Zwiebeln zugeben. Offen in den Backofen schieben.
4. Die Kartoffeln schälen und längs vierteln. Den Mais abtropfen lassen.
5. Nach 20 Minuten beides zu den Keulen geben und mit Kräutersalz würzen. Die Keulen wenden, so daß sie oben auf dem Gemüse liegen; mit der restlichen Würzpaste einpinseln. Die Brühe angießen. Alles offen 45 Minuten weitergaren. In der Form auf den Tisch bringen.

Abwandlung

Sie können das Rezept einfach verdoppeln, um acht Personen zu bewirten. Benutzen Sie dann statt einer feuerfesten Form die Fettfangschale des Backofens.

Statt mit Maiskörnern kann dieses Rezept auch sehr gut mit Kichererbsen zubereitet werden.

Tip

Ein schneller Nachtisch: 1 kleine Dose Pfirsiche abgetropft im Mixer pürieren, eventuell mit Orangenlikör und Zucker abschmecken. 3 Becher Sahnejoghurt verrühren und abwechselnd mit dem Pfirsichpüree in Dessertschüsseln füllen. Mit einer Gabel durchziehen. Mit Nußkrokant oder Schokostreusel bestreut servieren.

EINFACHE ZUBEREITUNG

Hähnchen im Maisbett

Quiche Lorraine

FÜR 6 PERSONEN

Der Lothringer Speckkuchen wurde früher traditionell am 1. Mai aufgetischt. Für überraschenden Besuch ist dieser Kuchen ideal, da man nicht viele Zutaten braucht. Sehr gut dazu paßt ein leicht gekühlter junger Rotwein oder ein Riesling.

TEIG *(für eine Form von etwa 26 cm ø): 250 g Mehl, 125 g Butter, 1 kleines Ei, 2–3 Eßl. Weißwein oder Wasser, 1/2 Teel. Salz, Fett für die Form.*

FÜLLUNG: *150 g Bacon, 3 Eier, 2 Becher Schmand (à 200 g), Salz, frisch gemahlener Pfeffer, Muskat, 1 Lauchzwiebel, 1 Eßl. Öl.*

1. Mehl, Butter, Ei und Salz zuerst mit den Knethaken des elektrischen Handrührers, danach mit den Händen zu einem geschmeidigen Teig verkneten. Den Teig abgedeckt 30 Minuten ruhen lassen.

2. Backofen auf 225 Grad/Gas Stufe 4 vorheizen. Den Teig zwischen zwei Bögen Klarsichtfolie ausrollen und den Boden und Rand der gefetteten Quiche-, Pie- oder Springform auskleiden; mehrmals mit einer Gabel einstechen.

3. Die Hälfte der Speckscheiben auf dem Teigboden verteilen. Die Eier mit Schmand, Salz, Pfeffer und Muskat verquirlen und auf den Teigboden gießen.

4. Die Form auf der unteren Schiene in den vorgeheizten Backofen schieben. Etwa 30 Minuten backen.

5. Etwa zehn Minuten vor Ende der Backzeit die restlichen Speckscheiben auf den Kuchen legen und fertig backen.

6. Zum Servieren die Zwiebel in Streifen schneiden, in Öl andünsten und über dem Kuchen verteilen.

PLANUNG

1 1/4 Stunden vor dem Essen:
 ▲ Den Teig zubereiten und abdecken.
 ▲ Die Form mit Butter fetten.
 ▲ Den Eier-Sahneguß fertigstellen.

45 Minuten vor dem Essen:
 ▲ Den Backofen auf 225 Grad/Gas Stufe 4 vorheizen.
 ▲ Teig ausrollen und in die Form legen. Den Eier-Sahneguß eingießen, die Quiche in den Backofen schieben und 30 Minuten bakken. Die Quiche etwa 15 Minuten abkühlen lassen. Die Zwiebel andünsten und zwischen den Speckstreifen verteilen.

Dazu: Grüner Salat mit Vinaigrette

Die Quiche läßt sich auch vorbacken. Vor dem Servieren etwa zehn Minuten bei 200 Grad erwärmen.

ABWANDLUNG

2 bis 3 fein gewürfelte Zwiebeln in Butter glasig dünsten und auf den Teigboden geben.
Dem Guß 50 bis 100 g geriebenen Parmesan- oder Pecorinokäse zufügen.
Statt Speck etwa 150 g Sonnenblumenkerne darüberstreuen und mitbacken.

Quiche Lorraine

Spaghettini-Pizza mit Salat

FÜR 8 PERSONEN

Spaghetti und Pizza sind gleichermaßen beliebt. Hier bieten Sie Ihren Gästen beides! Diese Spaghettini (besonders dünne Spaghetti) vom Backblech sind preiswert und machen acht Gäste satt. Die »Pizza« hat eine Knusperkruste, und alles schmeckt würzig und saftig.

400 g Spaghettini, 2 Eßl. Öl, 250 g gekochter Schinken, 200 g Edamer Käse, 1 Bund Lauchzwiebeln, 1 Eßl. Butter, 1 große Dose geschälte Tomaten (850 g), 100 g entsteinte Oliven (schwarze oder grüne), 6 Eier, 1/4 l Milch, 1 1/2 Teel. Kräutersalz, 1/4 Teel. Cayennepfeffer, 50 g frisch geriebener Parmesankäse, 2 Teel. getrockneter Oregano.

1. Die Spaghettini in reichlich Salzwasser mit einem Eßlöffel Öl »al dente« kochen. Den Backofen auf 225 Grad/Gas Stufe 4 vorheizen.
2. Inzwischen Schinken und Edamer Käse in Würfel schneiden. Die Lauchzwiebeln in Ringe schneiden. Das Backblech mit Öl einstreichen.
3. Die abgetropften Spaghettini kurz in der Butter schwenken. Schinken, Käsewürfel und Zwiebeln daruntermischen und alles auf das Backblech verteilen.
4. Die Tomaten abtropfen lassen, halbieren und darauflegen, mit Oliven belegen.
5. Eier, Milch, Kräutersalz, Cayennepfeffer und Parmesankäse verrühren. Über die Spaghettini gießen. Mit Oregano bestreuen.
6. Die »Pizza« in den vorgeheizten Backofen schieben und etwa 20 Minuten backen. Heiß aus dem Ofen servieren.

Dazu

BUNTER BLATTSALAT
1 Kopfsalat, 1 krauser Endiviensalat, 1 kleiner Radicchio, 1 Löwenzahnsalat.

DRESSING: *4 Eßl. Weinessig, 1 Teel. milder Senf, 1 durchgepreßte Knoblauchzehe, 1 durchgepreßte Schalotte, 1 Prise Zucker und Kräutersalz, 4 Eßl. Olivenöl, 4 Eßl. Sonnenblumenöl.*

1. Salat verlesen, waschen und trockenschleudern.
2. Alle Zutaten für das Dressing in einer großen Salatschüssel aufschlagen. Das Salatbesteck über Kreuz darüberlegen.
3. Den Salat kleingezupft darübergeben. Das Besteck verhindert, daß der Salat in das Dressing fällt. Bis zum Servieren so stehen lassen. Erst unmittelbar bei Tisch so gut durchheben, daß alle Blätter glänzen.

Tip

Richten Sie sich bei den Blattsalaten nach Angebot und Jahreszeit. Mischen Sie zum Beispiel würzige Sorten wie Radicchio, Kresse, Löwenzahn und Rauke mit Kopfsalat oder Eisbergsalat. Aber auch geraspelte Möhren, Radieschen und fein gewürfelte Paprikaschoten passen zu Blattsalaten.

Planung

1 Stunde vor dem Essen:
▲ Für die Pizza Schinken, Käse und Lauchzwiebeln kleinschneiden. Die Eiermilch verschlagen.
▲ Den Salat putzen, waschen, trockenschleudern und kleinzupfen.
▲ Das Dressing anrühren.
▲ Die Spaghettini kochen, abgetropft mit allen Zutaten wie beschrieben aufs Backblech geben. Erst wenn die Gäste da sind, in den Backofen schieben und backen.

EINFACHE BEWIRTUNG

Spaghettini-Pizza

Matjesfilets mit Ofenkartoffeln

FÜR 6 PERSONEN

Dieses Essen ist ebenso schnell wie einfach zubereitet – fast aus dem »Stegreif«. Sie brauchen weder spezielle Küchengeräte noch große Kochkenntnisse. Und die Zutaten können Sie nach der Arbeit auf dem Nachhauseweg besorgen.

18 zarte Matjesfilets, 1 Kopfsalat, 1/2 Salatgurke, 2 rote Zwiebeln, 1 Zitrone in Scheiben, evtl. Borretschblüten.

APFEL-ZWIEBEL-SOSSE: *3 Zwiebeln, 3 große säuerliche Äpfel, 3 Eßl. geriebener Meerrettich, 2 Becher Schmand (400 g), 2 Becher saure Sahne (300 g), 1 Becher Joghurt natur (150 g), Salz, Pfeffer, 2 Eßl. Weinessig, 1 Tablett Kresse.*

OFENKARTOFFELN: *18 mittelgroße Kartoffeln (à ca. 100 g), 2 Eßl. Butterschmalz, 1 Eßl. Kümmel, 2 Eßl. Sesam, 1 Teel. Salz.*

1. Die Matjesfilets probieren. Wenn sie zu salzig sind, eine Stunde in kaltes Wasser legen.

2. Inzwischen die Apfel-Zwiebel-Soße zubereiten: Die Zwiebeln abziehen, halbieren und in dünne Scheiben schneiden. Die Äpfel schälen, entkernen und in Stücke schneiden. Meerrettich, Schmand, saure Sahne und Joghurt mit Salz, Pfeffer und Essig verrühren. Äpfel und Zwiebeln sofort daruntermischen. Bis zum Essen durchziehen lassen.

3. Den Backofen für die Kartoffeln auf 200 Grad/Gas Stufe 3 vorheizen. Die Kartoffeln gründlich bürsten. Das Backofenblech mit etwas weichem Butterschmalz einfetten; mit Kümmel, Sesam und Salz bestreuen. Die Kartoffeln längs halbieren und die Schnittflächen mehrmals über Kreuz etwa einen halben Zentimeter tief einschneiden. Mit der Schnittfläche nach unten auf das Backblech legen. Kartoffeln mit dem restlichen Butterschmalz einpinseln und mit etwas Salz bestreuen.

4. Die Kartoffeln in den Backofen schieben und 30 Minuten backen.

5. Den Kopfsalat verlesen, waschen und trockenschleudern; die Salatblätter auf eine große Platte legen. Die Gurke waschen und in dünne Scheiben schneiden oder hobeln. Die roten Zwiebeln in hauchdünne Ringe schneiden und die Kräuterblüten abspülen.

6. Die Matjesfilets abgießen, trockentupfen und auf den Salat legen. Mit Gurke, Zwiebel, Zitrone und eventuell Borretschblüten dekorieren. Die Kresse mit einer Schere über die Apfel-Zwiebel-Soße schneiden. Mit den heißen Kartoffeln servieren.

PLANUNG

Eineinhalb Stunden vor dem Essen:

▲ Die Matjesfilets probieren und eventuell bis zum Anrichten etwa eine Stunde wässern.

▲ Die Kartoffeln bürsten, halbieren, einschneiden und aufs Backblech legen.

▲ Apfel-Zwiebel-Soße zubereiten und bis zum Servieren durchziehen lassen. Gurke und rote Zwiebeln für die Matjesplatte in Scheiben und Ringe schneiden.

40 Minuten vor dem Essen:

▲ Den Backofen auf 200 Grad/Gas Stufe 3 vorheizen.

▲ Die Apfel-Zwiebel-Soße mit Kresse dekorieren.

▲ Die Matjes auf dem Salat anrichten und mit Gurke, Zwiebel, Zitrone und den Borretschblüten dekorieren.

▲ Die Kartoffeln in den Backofen schieben, den Küchenwecker auf 30 Minuten einstellen.

TIPS

Ein schneller Nachtisch: 500 g TK-Himbeeren zugedeckt bei kleiner Hitze auftauen lassen und erhitzen. Mit je 2 Eßlöffel Vanilleeis auf Teller füllen.

EINFACHE BEWIRTUNG

Zum Verzieren der Matjes-Platte sehen Blüten der Kapuzinerkresse oder Kerne vom Granatapfel schön aus.

Für Gäste, die keine Matjes mögen, können Sie Kasseler, geräuchertes Putenbrustfilet oder Geflügelsülze (etwa 200 g pro Person) mit ein paar Gurkenscheiben und Zwiebelringen zu den Ofenkartoffeln servieren.

Matjesfilets mit Ofenkartoffeln

31

2. KAPITEL

Menüs für 4 bis 8 Gäste

Wie möchten Sie Ihre Gäste bewirten? Ganz festlich? Oder wollen Sie in kulinarischen Urlaubserinnerungen schwelgen? Vielleicht haben Sie Lust, Ihre Freunde einmal mit einem besonders raffinierten oder ungewöhnlichen Essen zu überraschen? Auf der Speisekarte stehen 15 verschiedene Menüs – für jede Jahreszeit, jeden Geldbeutel und jeden Anlaß.

Menü 1

FÜR 6 PERSONEN

1/SPARGELCREMESUPPE

2/GEBACKENE FORELLEN MIT ZUCCHINIGEMÜSE

3/ERDBEER-WEINGELEE

Ein feines leichtes Frühlingsmenü mit frischem Spargel und den ersten Erdbeeren. Es ist leicht zuzubereiten und erfreut nicht nur den Gaumen, sondern auch das Auge.

1/SPARGELCREMESUPPE

500 g grüner Spargel, 3 Stangen zarter junger Porree, 3 Kartoffeln, Salz, 1 Prise Zucker, 40 g Butter, 2 Teel. Instant-Gemüsebrühe, 25 g frischer Kerbel, 1 Becher Schmand (200 g), 5 Eßl. Sahne.

1. Den Spargel waschen und nur das untere Drittel der Stangen dünn schälen. Die Spargelköpfe auf etwa fünf Zentimeter abschneiden. Die Stiele in kleine Stücke schneiden; getrennt beiseite stellen.

2. Den Porree putzen, waschen und in feine Ringe schneiden. Kartoffeln schälen und würfeln.

3. Die Spargelköpfe in einer Tasse Wasser mit etwas Salz und Zucker etwa vier Minuten kochen. Anschließend abgießen, das Spargelwasser auffangen. Die Köpfe sofort in einem Topf mit Eiswasser abkühlen lassen. Die Köpfe abgetropft quer halbieren und mit Folie abdecken.

4. Die Butter in einem Topf erhitzen. Spargelstücke, Porree und Kartoffelwürfel hineingeben und unter Wenden etwa drei Minuten andünsten. Einen Liter heißes Wasser und die Spargelkopf-Brühe angießen; mit Gemüsebrühe würzen. Zugedeckt etwa 20 Minuten sanft köcheln lassen.

5. Den Kerbel waschen und ein paar schöne Blättchen für die Garnitur aufheben. Den Rest und drei Viertel vom Schmand zur Suppe in den Topf geben und alles mit dem Schneidstab pürieren. Die Suppe mit Salz abschmecken.

6. Schmand und Sahne verschlagen. Zum Servieren die Suppe auf vorgewärmte Teller verteilen und mit den Spargelköpfen, Kerbelblättchen und der Sahne garnieren.

2/GEBACKENE FORELLEN MIT ZUCCHINIGEMÜSE

6 küchenfertige Forellen (à etwa 350 g), Salz, frisch gemahlener Pfeffer, 1 Zweig frischer Rosmarin, 1 Bund Lauchzwiebeln, 250 g braune Champignons, 1 Bund glatte Petersilie, 1 Zitrone, 50 g Butter, 8 Eßl. kalt gepreßtes Olivenöl.

1. Die Forellen abspülen, trockentupfen und innen und außen salzen und pfeffern. In jeden Fisch ein Stück vom Rosmarinzweig stecken.

2. Die Lauchzwiebeln putzen, waschen und in feine Ringe schneiden. Die Champignons mit einem Pinsel putzen und in feine Scheiben schneiden. Die Petersilie waschen und fein hacken. Die Schale von einer halben Zitrone mit einem Sparschäler hauchdünn abschälen und in feine Streifen schneiden. Den Backofen auf 225 Grad/Gas Stufe 4 vorheizen.

3. Etwa die Hälfte der Butter in einer Pfanne erhitzen und die Zwiebeln unter gelegent-

2. KAPITEL

Spargelcremesuppe

lichem Wenden etwa drei Minuten dünsten. Champignons dazugeben und eine Minute mitdünsten. Alles salzen, pfeffern und in der Fettfangschale des Backofens verteilen. Die Hälfte der Petersilie und Zitronenschale darüberstreuen.

4. Die Forellen nebeneinander daraufsetzen. Eine Hälfte der Zitrone in dünne Scheiben schneiden und zwischen die Fische stecken. Die restliche Petersilie und Zitronenschale obendrüber streuen.

5. Einen Bogen Pergamentpapier auf einer Seite mit der restlichen Butter bestreichen und über die Fische legen.

6. Die Forellen in den vorgeheizten Backofen schieben und 30 Minuten backen. Die Forellen sind gar, wenn sich die Rückenflosse leicht aus dem Fisch ziehen läßt.

7. Die zweite Zitronenhälfte auspressen, den Saft mit etwas Salz und Olivenöl verschlagen.

8. Die Forellen mit etwas Zwiebeln und Champignons auf vorgewärmte Teller geben. Das Zitronenöl dazureichen.

ZUCCHINIGEMÜSE

1 kg kleine feste Zucchini, 1 l Gemüsebrühe (Instant), Saft von 1 Zitrone, 1 Bund Dill, 1 Becher Sahnejoghurt (150 g), 1 Eigelb, Salz.

1. Die Zucchini waschen und den Stielansatz entfernen. In etwa fingerdicke Scheiben schneiden. Gemüsebrühe und Zitronensaft aufkochen, die Zucchini hineingeben und offen etwa drei Minuten kochen.

2. Den Dill waschen, fein schneiden und mit Joghurt und dem Eigelb verrühren. Das Gemüse abgießen und sofort mit der Soße vermischen. Bis zum Servieren warmhalten. Mit Salz abschmecken.

3/ERDBEER-WEINGELEE

500 g Erdbeeren, 75 g Zucker, 6 Blatt weiße und 2 Blatt rote Gelatine, 1/2 l Weißwein.
   VANILLESOSSE: *1/2 l Milch, 1 Päckchen Vanille-Soßenpulver, 50 g Zucker, 2 cl Grappa oder Weinbrand oder Zitronensaft, 1/8 l Schlagsahne.*

1. Die Erdbeeren putzen, waschen, halbieren und mit dem Zucker bestreuen; abdecken. Zwei Stunden Saft ziehen lassen.

2. Die Gelatine einweichen. Fünf Eßlöffel Wein in einem Topf erhitzen und die abgetropfte Gelatine darin auflösen.

3. Den restlichen Wein zu den Erdbeeren in die Schüssel gießen und vermischen. Die aufgelöste Gelatine durch ein Sieb gießen und in die Schüssel unter die Erdbeeren rühren. In eine kalt ausgespülte Kastenform (1 1/2 Liter) füllen. Über Nacht im Kühlschrank festwerden lassen.

4. Für die Vanillesoße die Milch aufkochen und das angerührte Soßenpulver und den Zucker einrühren. Einmal unter Rühren aufkochen. Abkühlen lassen.

5. Zum Servieren Grappa oder Weinbrand und die Sahne zur Soße geben und mit dem Schneidstab schaumig aufmixen. Das Weingelee mit einem Messer am Formrand entlang lösen, die Form kurz ins heiße Wasserbad stellen und sofort herausstürzen. In Portionsscheiben schneiden (das geht sehr gut mit einem elektrischen Messer).

6. Zum Servieren je ein Stück Erdbeergelee auf Dessertteller legen; von der Soße nimmt sich jeder selbst.

Abwandlung

Das Erdbeergelee mit Traubensaft statt mit Wein zubereiten, dann den Zucker auf die Hälfte reduzieren. Die Vanillesoße statt mit Alkohol mit Zitronensaft würzen. Das Gelee kann auch mit tiefgekühlten Erdbeeren zubereitet werden: mit Zucker bestreut bei Zimmertemperatur auftauen lassen. Weiter geht's dann wie beschrieben.

Planung

Am Vortag:
▲ Das Erdbeer-Weingelee nach Rezept fertigstellen und abgedeckt über Nacht in den Kühlschrank stellen.

▲ Die Vanillesoße kochen; abgekühlt zugedeckt in den Kühlschrank stellen.

▲ Das Gemüse für die Suppe bis auf die Kartoffeln putzen und kleinschneiden; abgedeckt kaltstellen.

2 Stunden vor dem Essen:
▲ Für die Suppe die Kartoffeln schälen und kleinschneiden, die Spargelköpfe kochen und in Eiswasser abschrecken. Das Gemüse andünsten, ablöschen und kochen wie im Rezept beschrieben. Kerbel verlesen und waschen. Schmand und Sahne verrühren. Alles zum Pürieren bereitstellen. Die Suppe erst kurz vorm Servieren fertigstellen.

▲ Die Forellen waschen und würzen, alles bis zum In-den-Backofen-Schieben fertigstellen. Zucchini in Scheiben schneiden, Dill fein zerkleinern.

▲ Das Zitronenöl anrühren.

▲ Das Erdbeer-Weingelee aus der Form stürzen, wieder in den Kühlschrank stellen.

30 Minuten vor dem Essen:
▲ Den Backofen auf 225 Grad/Gas Stufe 4 vorheizen. Für das Gemüse Brühe und Zitronensaft zum Kochen bringen, Zucchinischeiben darin kochen. Joghurt, Dill und Eigelb verrühren. Die abgetropften Zucchini unter die Soße mischen, mit Salz abschmecken. Die Forellen in den Backofen schieben; Küchenwecker einstellen.

Direkt vor dem Servieren:
Vor dem 1. Gang:
▲ Die Suppe erhitzen. Kerbel und Schmand dazugeben. Alles pürieren, mit Salz abschmecken. Auf Teller füllen und garnieren – oder in einer Terrine auf den Tisch stellen.

Vor dem 2. Gang:
▲ Die Forellen aus dem Backofen nehmen, sofort die Teller zum Anwärmen hineinstellen. Zucchinigemüse in eine Servierschüssel füllen. Die Forellen auf die Teller legen und servieren.

Gebackene Forellen

Vor dem 3. Gang:

▲ Das Erdbeer-Weingelee in Scheiben schneiden und die Vanillesoße mit Grappa (oder Weinbrand oder Zitronensaft) und Sahne aufmixen.

MENGENÄNDERUNGEN

FÜR 4 PERSONEN

SUPPE: *nur 2 kleine Kartoffeln und 1 Stange Porree, die Hälfte der Butter, nur 3/4 l Wasser und 1/2 Becher Schmand.*

HAUPTGANG: *4 Forellen, 150 g Champignons, 2 Lauchzwiebeln, 1 Knoblauchzehe, 30 g Butter und die Hälfte Olivenöl. Gemüse: 500 g Zucchini.*

DESSERT: *Erdbeer-Weingelee und Vanillesoße bleiben unverändert; die Portionen fallen etwas größer aus. Wenn etwas übrig bleibt, schmeckt's auch noch am nächsten Tag.*

FÜR 8 PERSONEN

SUPPE: *750 g grüner Spargel und 1 1/4 l Wasser; Sahnemenge und Instantbrühe verdoppeln.*

FISCHGANG: *8 Forellen, alles andere bleibt. Gemüse: zusätzlich 200 g geraffelte Möhren.*

DESSERT: *Erdbeer-Weingelee bleibt wie beschrieben, die Soße wird gehaltvoller: statt mit Sahne mit 250 g Vanilleeis aufmixen wie beschrieben. Feines Waffelgebäck dazureichen.*

2. KAPITEL

Menü 2

FÜR 6 PERSONEN

1/APFELSINEN-FENCHEL-SALAT MIT WALNUSSBROT

2/GEBACKENE HÄHNCHENKEULEN MIT MÖHREN-SELLERIE-GEMÜSE

3/BUTTERMILCH-GELEE

Ein von der Jahreszeit unabhängiges, preiswertes Menü. Salat und Walnußbrot sind eine vollwertige Vorspeise. Die süß-scharfen Hähnchenkeulen schmoren zusammen mit dem Gemüse bis zum Servieren im Backofen. Die Buttermilchspeise wird am Vortag zubereitet.

1/APFELSINEN-FENCHEL-SALAT MIT WALNUSSBROT

3 große Fenchelknollen, 4 Apfelsinen, 100 g Radicchiosalat, 2 Eßl. Weinessig, Salz, frisch gemahlener Pfeffer, 6 Eßl. kalt gepreßtes Olivenöl, 50 g Walnußkerne.
   DAZU: *Walnußbrot, Butter*

1. Von den Fenchelknollen alle äußeren harten Blätter entfernen und nur den inneren zarten Teil verwenden. Halbieren, waschen und abgetropft auf einem Gurkenhobel in eine Schüssel hobeln.

2. Die Apfelsinen mit einem scharfen Messer bis aufs Fruchtfleisch schälen und die einzelnen Schnitze zwischen den weißen Trennwänden herausschneiden (filetieren). Den Saft auffangen.

3. Den Radicchiosalat verlesen, waschen, trockenschleudern und in Streifen schneiden.

4. Für die Salatsoße den Abtropfsaft der Apfelsinen, Essig, Salz, Pfeffer und Olivenöl in ein Schraubdeckelglas geben und schütteln, bis sich alles vermischt hat.

5. Die Soße über den Fenchel geben, durchmischen und 15 Minuten durchziehen lassen. Die Walnüsse grob zerschneiden.

6. Erst unmittelbar vor dem Servieren die Apfelsinenfilets und den Radicchiosalat darunterheben. Die Walnüsse darüberstreuen.

2/GEBACKENE HÄHNCHENKEULEN MIT MÖHREN-SELLERIE-GEMÜSE

250 g Möhren, 1 kleiner Staudensellerie, 3 Bund Lauchzwiebeln, 12 kleine Hähnchenkeulen (à etwa 225 g), Kräutersalz, frisch gemahlener Pfeffer, 1 Eßl. Butter, 3 Eßl. Honig, 6 Eßl. Sojasoße, 1 Eßl. Sambal Oelek, 1 Eßl. Curry, 4 Eßl. Öl, 1 kleiner Zweig Rosmarin, 1/4 l Hühnerbrühe (Instant), 2 Eßl. Zitronensaft, 50 g Butter.
   DAZU: *Fladenbrot*

1. Das Gemüse putzen und waschen. Die Möhren in kleine Stücke schneiden oder würfeln. Die Selleriestange mit einem Sparschäler schälen, um so die Fäden zu entfernen; in kleine Stücke schneiden. Die Lauchzwiebeln ganz lassen.

2. Die Keulen waschen und trockentupfen. Mit Kräutersalz und Pfeffer würzen. Die Fettfangschale des Backofens mit Butter einfetten, leicht salzen und pfeffern und Möhren und Sellerie darauf verteilen. Den Backofen auf 200 Grad/Gas Stufe 3 vorheizen.

3. Honig, Sojasoße, Sambal Oelek, Curry und Öl verrühren. Die Keulen rundherum damit einpinseln und nebeneinander auf das Gemüse in die Fettfangschale legen. Mit Rosmarinnadeln bestreuen.

Gebackene Hähnchenkeulen

4. Die Fettfangschale in den Backofen schieben. Die Keulen 60 Minuten backen. Nach 20 Minuten die Brühe angießen.

5. Die Lauchzwiebeln in kochendes Salzwasser geben und drei Minuten kochen. Zitronensaft und Butter langsam erhitzen. Die abgetropften Zwiebeln auf eine Platte legen und mit der Zitronenbutter übergießen.

Fladenbrot acht Minuten vor Ende der Garzeit mit in den Backofen schieben und knusprig backen.

3/BUTTERMILCH-GELEE

6 Blatt weiße und 2 Blatt rote Gelatine,
1 Vanilleschote, 6 Eßl. Ahornsirup,
1/2 l Buttermilch, 1 Becher Sahnejoghurt
(150 g), 1/8 l Schlagsahne, 1 Teel. Zucker,
2 Teel. bunte Zuckerstreusel
(oder gehackte Pistazien).

1. Die Gelatine einweichen. Die Vanilleschote aufschlitzen und das Vanillemark herauskratzen. Mit dem Ahornsirup in einer Schüssel mischen. Buttermilch und Joghurt darunterrühren.

2. Die Gelatine abgetropft in zwei Eßlöffel heißem Wasser in einem Topf bei kleiner Hitze auflösen, unter die Buttermilch rühren. In sechs Dessertschälchen oder in eine Dessertschüssel gießen. Über Nacht im Kühlschrank festwerden lassen.

3. Sahne und Zucker steifschlagen. Die Speise mit der Schlagsahne und den Zuckerstreuseln (oder Pistazien) garnieren.

PLANUNG

Am Vortag:
▲ Das Buttermilch-Gelee nach Rezept zubereiten und abgedeckt über Nacht in den Kühlschrank stellen.
▲ Möhren und Sellerie putzen und kleinschneiden, abgedeckt kühlstellen.
▲ Würzpaste für die Hähnchenkeulen anrühren, abdecken.

2 Stunden vor dem Essen:
▲ Salat vorbereiten: Den Fenchel hobeln, die Apfelsinen filetieren, den Radicchio in Streifen schneiden. Die Nüsse grob schneiden, die Salatsoße fertigstellen. Die Hähnchenkeulen bis zum Backen zubereiten. Schlagsahne steifschlagen. Salatsoße und Fenchel mischen und durchziehen lassen.

Direkt vor dem Servieren:
Vor dem 1. Gang:
▲ Die Hähnchenkeulen in den vorgeheizten Backofen schieben; Küchenwecker auf 20 Minuten einstellen (die Brühe muß dann angegossen werden). Apfelsinenfilets und Radicchio zum Fenchel geben, alles sorgfältig vermischen, die Walnüsse darüberstreuen. Mit Walnußbrot und Butter servieren.

Vor dem 2. Gang:
▲ Salzwasser für die Lauchzwiebeln zum Kochen aufsetzen.
▲ Butter und Zitronensaft in eine Pfanne geben. Das Fladenbrot zu den Hähnchenkeulen in den Backofen legen. Lauchzwiebeln kochen, abgetropft mit der erhitzten Zitronenbutter auf eine Platte geben. Hähnchenkeulen aus dem Backofen nehmen, das Brot in Stücke schneiden.

Vor dem 3 Gang:
▲ Das Buttermilch-Gelee mit der Sahne und den Zuckerstreuseln garnieren.

MENGENÄNDERUNGEN
FÜR 4 PERSONEN
SALAT: *2 Fenchelknollen, 3 Apfelsinen und 75 g Radicchiosalat. Soße: 1 Eßl. Weinessig und 5 Eßl. Olivenöl.*
HAUPTGERICHT: *8 Hähnchenkeulen, alles andere bleibt.*
DESSERT: *bleibt unverändert, wird erfahrungsgemäß immer aufgegessen!*

FÜR 8 PERSONEN
SALAT: *zusätzlich 2 Chicoréestauden und insgesamt 100 g Walnußkerne*

MENÜS FÜR 4–8 GÄSTE

HAUPTGERICHT: *16 Hähnchenkeulen, für die Würzpaste 4 Eßl. Honig, 9 Eßl. Sojasoße, 1 1/2 Eßl. Sambal Oelek, 1 1/2 Eßl. Curry, 6 Eßl. Öl. Außerdem 4 Bund Lauchzwiebeln und 3 Fladenbrote.*

DESSERT: *Zutaten verdoppeln.*

Buttermilch-Gelee

41

2. KAPITEL

Menü 3

FÜR 6 PERSONEN

1/MELONE MIT SCHAFKÄSE

2/KANINCHEN-STIFADO IM TOMATENSUGO

3/CREME CARAMEL

Ein kontrastreiches Menü, das an Griechenland erinnert. Die Vorspeise schmeckt leicht und raffiniert. Zum kräftigen, würzigen Schmortopf mit dem appetitanregenden Duft gibt's Brot fürs Aufdippen des Tomatensugos. Nach einer angemessenen Pause wird's fein und lieblich – mit Creme Caramel.

1/MELONE MIT SCHAFKÄSE

2 Fleischtomaten, 2 große reife Melonen (Ogen-, Honig- oder Galiamelonen), 1 Topf Minze, frisch gemahlener Pfeffer, 100 g milder Schafkäse.

1. Die Tomaten einritzen und mit kochendem Wasser überbrühen. Dann abziehen, entkernen und das Fruchtfleisch würfeln.

2. Die Melonen halbieren und die Kerne herauskratzen. Anschließend das Fruchtfleisch mit einem Teelöffel herausschälen. Bis zum Servieren abgedeckt kaltstellen. Die Minzeblättchen von den Stielen zupfen.

3. Kurz vor dem Servieren Melone und Tomatenwürfel auf Portionsteller verteilen. Pfeffer darübermahlen und den Schafkäse fein darüberreiben. Mit kleinen Minzeblättern garnieren.

2/KANINCHEN-STIFADO IM TOMATENSUGO

3 Möhren, 1 Stück Sellerie (etwa 150 g), 1 kg kleine Zwiebeln, 1 Kaninchen (etwa 2 kg; in 8–12 Stücke zerteilen lassen), 2 Eßl. Mehl, 1 Teel. Cayennepfeffer, 6 Eßl. Sonnenblumenöl, 1 Glas Weißwein, 1 Packung Tomaten in Stücken (500 g), 3 Lorbeerblätter, Majoran, 1 Teel. Salz, frisch gemahlener Pfeffer, 1–2 Teel. Instant-Hühnerbrühe.
DAZU: *2 Baguettes*

1. Das Gemüse putzen, waschen und in kleine Würfel schneiden. Die Zwiebeln mit kochendem Wasser überbrühen, nach drei Minuten abgießen. Sie lassen sich nun mühelos abziehen.

2. Die Kaninchenteile abwaschen und eventuell Knochensplitter entfernen; trockentupfen.

3. Mehl mit Cayennepfeffer mischen und die Kaninchenteile damit bestäuben; überschüssiges Mehl abklopfen. Öl im Schmortopf erhitzen und die Kaninchenteile in drei Partien rundherum kräftig anbraten; herausnehmen.

4. Anschließend das Gemüse und die ganzen Zwiebeln etwa 15 Minuten darin andünsten. Wein und den Inhalt der Tomatenpackung dazugeben. Alles offen etwa fünf Minuten köcheln lassen.

5. Die Kaninchenteile salzen, in den Topf geben und alles einmal durchheben. Lorbeerblätter, Majoran, Brühe und Pfeffer dazugeben. Den Topf schließen und in den Backofen schieben.

6. Das Stifado bei 175 Grad/Gas Stufe 2 etwa zwei Stunden schmoren. Mit Salz, Pfeffer und Brühe abschmecken.

Melone mit Schafkäse

3/CREME CARAMEL

*150 g Zucker, 4 Eigelb, 3 Eier,
1 Vanilleschote, 1/2 l Milch.*

1. Eine Kastenform aus Porzellan oder Glas (1–1 1/2 Liter) oder sechs kleine, ofenfeste Förmchen mit geraden Wänden bereitstellen.

2. 100 Gramm Zucker in einen Topf geben und auf die Herdplatte stellen. Bei mittlerer Hitze ohne Rühren schmelzen lassen und bräunen. In die Kastenform oder auf die Portionsförmchen verteilen.

3. Eigelb, Eier, den restlichen Zucker, das ausgekratzte Vanillemark und die Milch verrühren. In die Kastenform gießen oder auf die Förmchen verteilen. In die Fettfangschale des Backofens stellen. Soviel warmes Wasser angießen, daß die Form(en) bis zur Hälfte im Wasser steht (stehen).

4. In den Backofen schieben und auf 175 Grad/Gas Stufe 2 schalten. Die Creme Caramel 45–60 Minuten stocken lassen. Mit einem Messer prüfen, ob die Creme schnittfest ist. Die Form/Förmchen aus dem Wasserbad nehmen und kaltstellen.

5. Wenn Sie eine Kastenform benutzt haben: Zum Servieren die Creme mit einem Messer am Formrand entlang lösen und stürzen, in Portionsscheiben schneiden und mit etwas Caramel-Sirup beträufeln.

Planung
Am Vortag:
▲ Die Creme Caramel zubereiten und abgedeckt kaltstellen.

4 Stunden vor dem Essen:
▲ Das Kaninchen-Stifado backofenfertig vorbereiten; das dauert etwa eine Stunde. Zwei Stunden vor dem Essen in den Backofen schieben.
▲ Die Melone zubereiten, abgedeckt in den Kühlschrank stellen, die Tomaten schälen und würfeln, Minze entblättern.
▲ Creme Caramel aus der Form stürzen.

Direkt vor dem Servieren:
Vor dem 1. Gang:
▲ Die Melone und Tomate auf Tellern verteilen, pfeffern, den Schafkäse darüberreiben und mit Minze garnieren.

2. KAPITEL

Vor dem 2. Gang:

▲ Stifado aus dem Backofen nehmen, Baguettes hineingeben. Das Stifado umrühren und mit Salz, Pfeffer und Brühe abschmecken. Baguettes in Scheiben schneiden.

Vor dem 3. Gang:

▲ Creme Caramel eventuell in Scheiben schneiden und auf Teller verteilen. Caramelsirup darüberträufeln.

MENGENÄNDERUNGEN

FÜR 4 PERSONEN

VORSPEISE: *2 kleine Melonen, 1 Tomate und nur 50 g Schafkäse.*

STIFADO: *bleibt. Ein Rest läßt sich sehr gut einfrieren.*

CREME CARAMEL: *bleibt; Übriggebliebenes kann noch 2 Tage im Kühlschrank aufbewahrt werden.*

FÜR 8 PERSONEN

VORSPEISE: *2 1/2 Melonen und etwa 150 g Schafkäse.*

STIFADO: *Zu dem Kaninchen kommen noch 2 Keulen, die Sie jeweils in 2 Teile schneiden. Besorgen Sie ein Brot mehr.*

CREME CARAMEL: *in 8 Scheiben aufteilen. Zusätzlich 5 Orangen filetieren, die Filets um die Creme anrichten. Die fruchtige Säure paßt gut zu ihrer feinen Süße.*

Kaninchen-Stifado im Tomatensugo

Menü 4

FÜR 6 PERSONEN

1/SCHNECKENSUPPE MIT ROGGENTOAST

2/OCHSENBRUST MIT KRÄUTERSOSSE UND GEBACKENEN KARTOFFELN

3/CREME BAVAROISE MIT FRÜCHTEN

Ein Menü aus verschiedenen deutschen Landen: Die Schneckensuppe kommt aus dem Badischen, die Ochsenbrust mit grüner Soße wird um Frankfurt bevorzugt, und die Creme ist – wie der französische Name sagt – im Bayrischen beheimatet. Die beim Sieden der Ochsenbrust entstandene Fleischbrühe wird für die Vorsuppe verwendet.

1/SCHNECKENSUPPE MIT ROGGENTOAST

1 Möhre, 1 Stück Sellerie (50 g), 1 kleine Stange Porree, 2 Dosen Schnecken (à 24 Stück), 30 g Kerbel, 30 g Butter, 1/8 l Weißwein, 1 l Fleischbrühe (von der Ochsenbrust), 2 Eigelb, 1/8 l Schlagsahne, Salz.

DAZU: *Roggentoastscheiben*

1. Möhre, Sellerie und Porree putzen, waschen und sehr fein würfeln. (Das Grün vom Sellerie für die Ochsenbrust verwenden.)

2. Die Schnecken auf ein Sieb geben und den Sud auffangen. Die Hälfte des Schneckenfleisches fein hacken. Den Kerbel verlesen, waschen und ein paar schöne Blättchen für die Garnitur abnehmen. Den Rest grob zerhacken.

3. Butter in einem Topf erhitzen und das Gemüse etwa vier Minuten darin andünsten. Die ganzen Schnecken, Schneckensud, den Wein und die Brühe dazugeben; zehn Minuten köcheln lassen. Dann die kleingehackten Schnecken zur Suppe geben und zwei Minuten mitkochen.

4. Eigelb und Schlagsahne verschlagen und unter die nicht mehr kochende Suppe rühren. Mit Salz abschmecken.

5. Den Kerbel mit etwas heißer Suppe in einen schmalen, hohen Topf geben und alles mit dem Schneidstab fein pürieren. Unter die Suppe rühren. Mit Kerbelblättchen garnieren und auftragen.

2/OCHSENBRUST MIT KRÄUTERSOSSE UND GEBACKENEN KARTOFFELN

1 Bund Suppengrün, 500 g Rinderknochen, 2 Teel. schwarze Pfefferkörner, 1 Zwiebel, 2 Teel. Salz, 2 kg Ochsenbrust.

1. Die Suppenknochen in kochendes Wasser geben und fünf Minuten ziehen lassen. Abgießen.

2. Das Suppengrün putzen und waschen. Ein kleines Stückchen Möhre und Porree in feine Streifen schneiden, abgedeckt beiseite stellen. Das übrige Gemüse grob zerkleinern. Die blanchierten Knochen, das grob zerkleinerte Gemüse, Pfefferkörner und Salz in etwa zwei Liter kochendes Wasser geben.

3. Das Fleisch salzen und in die kochende Brühe geben. Das Fleischstück muß von der Brühe bedeckt sein, eventuell noch etwas kochendes Wasser nachgießen. Den Topf bis auf einen kleinen Spalt zudecken. Alles sanft köcheln lassen, denn sprudelndes Kochen macht das Fleisch faserig und trocken und die Brühe trüb.

Ochsenbrust mit Kräutersoße

4. Das Fleisch etwa drei Stunden bei mäßiger Hitze (unter dem Siedepunkt) garziehen lassen. Wird das Fleisch am Vortag gegart, in der Brühe abkühlen lassen.

5. Möhren- und Porreestreifen in etwas Brühe drei Minuten dünsten. Das Fleisch in dünne Scheiben schneiden und mit etwas heißer Brühe und dem Gemüse auf einer vorgewärmten Platte anrichten.

KRÄUTERSOSSE

je 1 Bund Dill, glatte Petersilie, Borretsch, Zitronenmelisse, Schnittlauch, 3 hartgekochte Eier, 1 Teel. scharfer Senf, Kräutersalz, frisch gemahlener Pfeffer, 1/8 l Sonnenblumenöl, 1 Becher Schmand (200 g), 2 Eßl. Essig.

1. Die Kräuter waschen und hacken. Die Eier schälen, halbieren und das Eigelb herauslösen. Das Weiße fein hacken, das Gelbe durch ein feines Sieb in eine Rührschüssel streichen. Mit Senf, Salz und Pfeffer verrühren.

2. Das Öl unter ständigem Rühren dazugeben. Schmand, Kräuter und das Eiweiß darunterrühren. Mit Salz und Essig abschmecken. Bis zum Servieren kaltstellen.

TIP

Wenn Fleisch übrig bleibt, können Sie es in etwas Brühe erkalten lassen. Daraus läßt sich in den nächsten Tagen ein feiner Fleischsalat zubereiten.

GEBACKENE KARTOFFELN

1,2 kg kleine ovale Kartoffeln, 1 Teel. Kümmel, 60 g Butterschmalz, Salz, frisch gemahlener Pfeffer.

1. Die Kartoffeln mit Kümmel (eventuell am Vortag) in der Schale kochen. Die Schale abziehen.

2. Die Kartoffeln längs vierteln. Die Fettfangschale des Backofens mit weichem Butterschmalz einfetten. Die Kartoffeln daraufgeben und wenden.

3. In den auf 225 Grad/Gas Stufe 4 vorgeheizten Backofen schieben. Zehn Minuten backen, dann die Kartoffeln vorsichtig umrühren; auf 150 Grad/Gas Stufe 1 zurückschalten und noch 25 Minuten weiterbacken.

4. Die fertigen Kartoffeln mit Salz und Pfeffer würzen und zur Ochsenbrust reichen.

3/CREME BAVAROISE MIT FRÜCHTEN

3 Blätter weiße Gelatine, 3 Eigelb, 60 g Zucker, 1 Vanilleschote, 300 ml Schlagsahne, 2–3 Eßl. Grappa oder Apfeldicksaft, 250 g Blaubeeren, 250 g rote Johannisbeeren, 3 Eßl. Ahornsirup, 4 Eßl. Zitronensaft, frische Minze.

1. Die Gelatine einweichen. Eigelb mit Zucker und dem ausgekratzten Mark der Vanilleschote dick und cremig rühren.

2. Die Gelatine ausdrücken und mit zwei Eßlöffel Wasser in einem kleinen Topf bei kleiner Hitze auflösen.

3. Die Sahne steifschlagen. Einen Eßlöffel Schlagsahne mit der Gelatine verrühren und unter die Eicreme rühren. Restliche Sahne darunterheben. Mit Grappa oder Apfeldicksaft abschmecken.

4. Die Creme in eine Schüssel füllen und über Nacht (jedoch mindestens vier Stunden) kaltstellen.

5. Die Beeren waschen. Die Hälfte beiseite stellen, die restlichen zerdrücken und durch ein Sieb streichen. Das Fruchtmark mit Ahornsirup und Zitronensaft verrühren. Die Früchte untermischen, abgedeckt kaltstellen und durchziehen lassen – mindestens eine Stunde.

6. Zum Servieren die Creme mit einem Eßlöffel abstechen und auf bereitgestellte Dessertteller verteilen. Die Früchte drumherum geben. Mit Minzeblättchen garnieren.

ABWANDLUNG

Je nach Jahreszeit können Sie auch andere Früchte nehmen. Zum Beispiel Orangenfilets, Kiwis oder frische Feigen. Statt mit Grappa können Sie die Creme auch mit Rum oder Kirschwasser würzen.

PLANUNG

Am Vortag:

▲ Die Kartoffeln mit dem Kümmel kochen. Wenn Sie etwas abgekühlt sind, die Schale abziehen.

▲ Die Creme fertigstellen und abgedeckt in den Kühlschrank stellen.

▲ Die Ochsenbrust wie beschrieben garen. In der Brühe abkühlen lassen.

▲ Das Suppengrün für die Schneckensuppe in kleine Würfel schneiden. Schnecken abgießen, die Hälfte der Menge klein hacken.

▲ Drei Eier hartkochen.

2 Stunden vor dem Essen:

▲ Die Kräutersoße zubereiten.

▲ Das Fleisch in Scheiben schneiden und bei kleiner Hitze langsam in etwas Fleischbrühe heiß werden lassen.

▲ Die Früchte waschen, das Fruchtmark zubereiten.

▲ Die Schneckensuppe mit der Ochsenbrustbrühe zubereiten. Eigelb und Sahne verschlagen – jedoch noch nicht unterrühren. Kerbel waschen und grob zerhacken.

▲ Die Kartoffeln vierteln und auf die mit Butterschmalz bestrichene Fettfangschale geben. Den Backofen auf 225 Grad/Gas Stufe 4 vorheizen.

Direkt vor dem Servieren:
Vor dem 1. Gang:

▲ Die Kartoffeln in den Backofen schieben, Küchenwecker auf zehn Minuten einstellen, dann wenden und weiterbacken wie beschrieben.

▲ Die Suppe erhitzen, vom Herd nehmen und die Ei-Sahne-Mischung einrühren. Etwas Suppe und Kerbel pürieren; unter die Suppe rühren. Die Suppe mit Salz abschmecken. Das Brot toasten und diagonal halbieren

Vor dem 2. Gang:

▲ Das Fleisch mit etwas Brühe und dem Gemüse auf eine vorgewärmte Platte legen. Die Kartoffeln würzen und in eine Schüssel füllen. Alles mit der Kräutersoße servieren.

Vor dem 3. Gang:

▲ Creme bavaroise auf Teller geben, Früchtepüree und Früchte drumherum verteilen, mit Minzeblättchen garnieren.

MENGENÄNDERUNGEN

FÜR 4 PERSONEN

SCHNECKENSUPPE: *1 Dose Schnecken, 3/4 l Fleischbrühe und 1 Eigelb.*

HAUPTGANG: *1,2 kg Ochsenbrust (ohne Knochen), für die Soße die Hälfte an Öl und Kräutern, 200 g Kartoffeln pro Person.*

VANILLECREME: *bleibt.*

FÜR 8 PERSONEN

SCHNECKENSUPPE: *1 Bund Suppengrün, 1 1/2 l Fleischbrühe, 1/4 l l Schlagsahne, 3 Eigelb und 50 g Kerbel.*

HAUPTGANG: *2 1/2 kg Ochsenbrust.*

KRÄUTERSOSSE: *2 Becher Schmand. 200 g Kartoffeln pro Person, 80 g Butter.*

DESSERT: *Zutaten verdoppeln.*

Creme bavaroise mit Früchten

Menü 5

FÜR 6 PERSONEN

1/GURKENRAHMSUPPE MIT GERÖSTETEN BROTWÜRFELN

2/LACHSKOTELETT AUF LINSENGEMÜSE

3/OBSTSALAT MIT MASCARPONE-CREME

Frisch, leicht und bekömmlich ist dieses Menü. Die Gurkenrahmsuppe hat eine sanfte Schärfe. Der Hauptgang, Lachs auf Linsengemüse, ist eine ungewöhnliche und sehr raffinierte Kombination. Fruchtig und fein: der Abschluß durch frisches Obst und die Süße der Mascarpone-Creme.

1/GURKENRAHMSUPPE MIT GERÖSTETEN BROTWÜRFELN

1 Bund Lauchzwiebeln, 1 Salatgurke, 30 g Butterschmalz, 3/4 l Geflügelbrühe (Instant), Cayennepfeffer, Kräutersalz, 4 Eßl. Zitronensaft, 50 g Weißbrot, 20 g Butter, 1/4 l Schlagsahne.

1. Die Lauchzwiebeln putzen, waschen und in feine Ringe schneiden. Die Gurke schälen und zwei Drittel davon in Würfel schneiden.

2. Butterschmalz erhitzen, Zwiebeln und Gurkenwürfel etwa fünf Minuten unter Wenden darin andünsten. Mit heißer Geflügelbrühe ablöschen.

3. Die Suppe etwa acht Minuten sanft kochen lassen. Danach mit dem Schneidstab pürieren. Mit Cayennepfeffer, Kräutersalz und Zitronensaft abschmecken.

4. Das Weißbrot sehr fein würfeln und in heißer Butter bräunen; dabei ständig wenden, damit die Würfel gleichmäßig braun werden und nicht verbrennen.

5. Die restliche Gurke längs halbieren und die Kerne herauskratzen; in feine Würfel schneiden. Die Schlagsahne steifschlagen.

6. Zum Servieren die Suppe erhitzen und die Sahne darunterziehen. In vorgewärmte Suppentassen anrichten, Gurkenwürfel und geröstetes Brot darüber verteilen.

2/LACHSKOTELETT AUF LINSENGEMÜSE

1 kleine Stange Porree, 2 Möhren, 6 mittelgroße Kartoffeln, etwa 30 g Butter, Salz, frisch gemahlener Pfeffer, 6 Scheiben Lachs (à 20 g), 100 g flache grüne Linsen (über Nacht einweichen lassen), 1/4 l Geflügelbrühe (Instant), 1/8 l Weißwein (oder ungesüßter Apfelsaft), 1 Bund glatte Petersilie, 3–4 Eßl. Zitronensaft

1. Das Gemüse putzen, schälen, waschen und in kleine Würfel schneiden.

2. Die Fettfangschale des Backofens mit einem Teelöffel Butter einfetten, mit etwas Salz und Pfeffer bestreuen. Die Fischkoteletts abspülen, trockentupfen und nebeneinander darauf setzen; leicht pfeffern und salzen. Den Backofen auf 225 Grad/Gas Stufe 4 vorheizen.

3. Die restliche Butter in einer Pfanne (mit Deckel) erhitzen und das gewürfelte Gemüse zwei Minuten darin andünsten. Die abgetropften Linsen und Brühe dazugeben. Zugedeckt bei kleiner Hitze in 15 Minuten gardünsten.

4. Inzwischen den Wein zum Fisch geben und die Fettfangschale mit Pergamentpapier abdecken; in den vorgeheizten Backofen schieben und 15 Minuten backen. Die Petersilie hacken.

2. KAPITEL

Lachskotelett auf Linsengemüse

5. Den Fisch aus dem Backofen nehmen, den Garsud abgießen und zum Gemüse geben. Vorsichtig umrühren und mit Salz und Zitronensaft abschmecken.

6. Gemüse und Lachs auf Teller verteilen und mit Petersilie bestreuen.

3/OBSTSALAT MIT MASCARPONE-CREME

1 Galia- oder Ogenmelone, 3 Nektarinen, 250 g Erdbeeren, 250 g kernlose Weintrauben, 250 g Blaubeeren, 1/8 l Maraschino oder frisch gepreßter Orangensaft, 4 Eßl. Zitronensaft, 2 Eigelb, 5 Eßl. Ahornsirup, 250 g Mascarpone.

1. Das Melonenfleisch in Stücke, die Nektarinen in schmale Streifen schneiden. Erdbeeren halbieren oder vierteln. Weintrauben und Blaubeeren waschen. Je etwa 100 g Erdbeeren und Blaubeeren für die Creme abnehmen. Das Obst in einer großen Schüssel mischen. Maraschino oder Orangensaft darüberträufeln und alles abgedeckt kaltstellen.

2. Für die Creme Zitronensaft, Eigelb und Ahornsirup schaumig rühren. Mascarpone darunterrühren. Zurückbehaltene Früchte pürieren und dazugeben.

3. Zum Servieren die Früchte auf Dessertschalen füllen und die Creme locker darüber verteilen.

50

Planung

Am Vorabend:
▲ Linsen in einem halben Liter Wasser einweichen.

Etwa 3 Stunden vor dem Essen:
▲ Das Obst kleinschneiden, mit Maraschino oder Orangensaft beträufeln und abgedeckt kaltstellen. Die abgenommenen Früchte pürieren. Mascarpone-Creme anrühren, abgedeckt kaltstellen.

▲ Für die Suppe Zwiebeln und Gurke kleinschneiden, andünsten, kochen und pürieren. Das Weißbrot fein würfeln und in Butter rösten. Die restliche Gurke fein würfeln, Sahne steifschlagen.

▲ Für den Hauptgang das Gemüse würfeln, den Fisch vorbereiten und in die Fettfangschale legen. Das Gemüse andünsten, die Linsen dazugeben und 15 Minuten garen. Petersilie hacken.

Direkt vor dem Servieren:
Vor dem 1. Gang:
▲ Die Suppe erhitzen und die geschlagene Sahne darunterziehen; auf Teller füllen und mit den Gurken und Brotwürfeln bestreut servieren.

▲ Den Backofen für den Fisch auf 225 Grad/Gas Stufe 4 vorheizen.

Vor dem 2. Gang:
▲ Den Lachs in den Backofen schieben, Küchenwecker auf 15 Minuten einstellen. Das Gemüse erhitzen, den Fischsud zum Gemüse geben, mit Kräutersalz und Zitronensaft abschmecken. Gemüse und Lachs auf Teller verteilen, mit Petersilie bestreuen.

Vor dem 3. Gang:
▲ Früchte und Creme in Dessertschälchen füllen.

Mengenänderungen

FÜR 4 PERSONEN
SUPPE: *1/2 Bund Lauchzwiebeln, 3/4 Gurke 1/2 l Geflügelbrühe und 1/8 l Schlagsahne*
HAUPTGANG: *4 Scheiben Lachs, 4 Kartoffeln und 75 g Linsen. Die Flüssigkeit um etwa die Hälfte reduzieren; nur 1/2 Bund Petersilie.*
NACHTISCH: *Obstmenge um die Hälfte reduzieren; die Creme bleibt.*

FÜR 8 PERSONEN
SUPPE: *1 l Geflügelbrühe und 1 1/2 Gurke, Brotmenge verdoppeln.*
HAUPTGANG: *8 Scheiben Lachs, 8 Kartoffeln und 150 g Linsen.*
OBSTSALAT: *bleibt, bei der Creme kommen 150 g Crème fraîche und eventuell etwas Zitronensaft und Ahornsirup dazu.*

Obstsalat mit Mascarpone-Creme

2. KAPITEL

Menü 6

FÜR 6 PERSONEN

1/FEINE KARTOFFELCREMESUPPE MIT NORDSEEKRABBEN

2/ENTENBRUST MIT APFEL-TRAUBEN-KRAUT UND RÖSTKARTOFFELN

3/ORANGEN-CRÊPES

Dieses festliche Menü macht großen Eindruck, ist geschmacklich besonders ausgewogen und auch noch sehr schön anzusehen. Aber keine Angst: Die Zubereitung ist nicht kompliziert, wenn Sie sich genau an die Angaben halten.

1/FEINE KARTOFFELCREMESUPPE MIT NORDSEEKRABBEN

500 g Kartoffeln, 1 Stange Porree (ca. 200 g), 50 g Butter, etwa 1 1/2 l Geflügelbrühe (Instant), 1 Bund Schnittlauch, 1/4 l Schlagsahne, Kräutersalz, Cayennepfeffer, 200 g Nordseekrabben.

1. Die Kartoffeln schälen, waschen und in Würfel schneiden. Porree putzen, waschen und in feine Ringe schneiden.
2. Etwa einen Teelöffel Butter im Topf erhitzen und den Porree in etwa drei Minuten darin weichdünsten. Kartoffeln dazugeben und knapp mit Brühe bedecken.
3. Den Topf bis auf einen kleinen Spalt zudecken und alles etwa 15 Minuten köcheln lassen. Den Schnittlauch in Röllchen schneiden.
4. Die Suppe mit dem Schneidstab fein pürieren und dabei heiße Brühe angießen, bis eine leicht cremige Konsistenz erreicht ist.
5. Kurz vor dem Servieren die Sahne und restliche Butter einpürieren. Die Suppe mit Kräutersalz und Cayennepfeffer abschmecken.
6. Zum Servieren die Suppe auf vorgewärmte Teller füllen, Krabben und Schnittlauch darüber verteilen.

2/ENTENBRUST MIT APFEL-TRAUBEN-KRAUT UND RÖSTKARTOFFELN

6 kleine Entenbrüste (à ca. 250 g), Salz, frisch gemahlener Pfeffer, 2 Eßl. Honig, 2 Eßl. Senf, 1/4 Teel. Cayennepfeffer.

1. Die Entenbrüste abspülen und mit Küchenpapier trockentupfen; mit Salz und Pfeffer einreiben.
2. Die Bruststücke mit der Hautseite nach unten nebeneinander in zwei Pfannen legen. Das Fett bei kleiner Hitze etwa 20 Minuten ausbraten lassen. Anschließend wenden und bei starker Hitze etwa vier Minuten auf der Fleischseite weiterbraten.
3. Die Fleischstücke aus der Pfanne nehmen. Mit der Hautseite nach oben nebeneinander auf das Backblech legen. Den Backofen auf 175 Grad/Gas Stufe 2 schalten.
4. Honig, Senf und Cayennepfeffer verrühren und die Haut damit einpinseln. Die Entenbrüste in den Backofen schieben und 30 Minuten backen.
5. Zum Servieren die Entenbrüste auf vorgewärmte Teller geben.

APFEL-TRAUBEN-KRAUT

1,5 kg Sauerkraut, 3 große Boskop-Äpfel, 1/8 l Weißwein (oder Apfelsaft),

Kartoffelcremesuppe mit Nordseekrabben

Zucker nach Geschmack, 500 g blaue oder grüne kernlose Weintrauben.

1. Das Sauerkraut kleinschneiden und in einen Kochtopf geben.

2. Die Äpfel schälen, entkernen, grob zerschneiden und dazugeben. Den Wein angießen und das Kraut zugedeckt bei mittlerer Hitze etwa eine Stunde schmoren lassen. Eventuell etwas Zucker dazugeben.

3. Die Weintrauben halbieren und die Kerne herauslösen. Kurz vor dem Servieren unter das Kraut rühren.

RÖSTKARTOFFELN

1,2 kg kleine, festkochende Kartoffeln, 50 g Butterschmalz, 1/2 Teel. getrockneter Majoran, Kräutersalz, frisch gemahlener Pfeffer.

1. Die Kartoffeln am Abend vorher kochen. Noch warm pellen.

2. Die Kartoffeln halbieren und in einer großen Pfanne (Durchmesser 28 Zentimeter) in heißem Butterschmalz langsam auf mittlerer Hitze goldgelb braten. Mit Majoran, Kräutersalz und Pfeffer würzen.

3/ORANGEN-CRÊPES

TEIG: 40 g Butter, 150 g Mehl, 1 Eßl. Speisestärke, 1 Prise Salz, 1 Eßl. Puderzucker, 4 Eier, 1/4 l Milch.

FÜLLUNG: 125 g Zucker, 1/4 l frisch gepreßter Orangensaft, Schale von 1 unbehandelten Orange, 4 cl Orangenlikör oder 3 Eßl. Birnendicksaft.

1. Butter schmelzen, dann lauwarm abkühlen lassen. Mehl, Speisestärke, Salz, Puderzucker, Eier und Milch verrühren. Die Butter darunterziehen. 30 Minuten ruhen lassen.

2. In einer (möglichst beschichteten) Pfanne von 16 bis 18 Zentimeter Durchmesser etwa 24 sehr dünne Crêpes backen. 8 Crêpes zu einem Viertel zusammenklappen und ne-

beneinander auf einen ofenfesten Teller legen. (Eine beschichtete Pfanne braucht grundsätzlich nicht gefettet zu werden, weil der Teig Butter enthält.)

3. Für die Soße den Zucker in eine Kasserolle geben und ohne umzurühren bei starker Hitze schmelzen und braun werden lassen (karamelisieren). Orangensaft und Streifen der Orangenschale dazugeben und verrühren. Alles offen etwas einkochen. Orangenlikör oder Birnendicksaft dazugeben.

4. Den Backofen auf etwa 100 Grad/Gas Stufe 1 vorheizen. Die Orangensoße über die Crêpes gießen; für etwa fünf Minuten in den Backofen schieben und erwärmen.

5. Zum Servieren je drei Crêpes auf Dessertteller verteilen; etwas Soße darüberträufeln.

TIP

Die Crêpes reichen für acht Personen. Bei weniger Gästen frieren Sie am besten einen Teil für später ein.

PLANUNG

Am Vortag:
- ▲ Das Kraut mit den Äpfeln schmoren wie beschrieben.
- ▲ Die Kartoffeln in der Schale kochen und pellen.
- ▲ Die Crêpes backen.
- ▲ Die Orangensoße kochen, Likör oder Birnendicksaft noch nicht dazugeben.

1 Stunde vor dem Essen:
- ▲ Die Kartoffeln schälen, den Porree putzen und beides kleinschneiden; in Butter andünsten. Mit Brühe 15 Minuten köcheln lassen.
- ▲ Die Entenbrüste in die Pfanne legen und das Fett ausbraten lassen – 20 Minuten. Honig, Senf und Cayennepfeffer verrühren.
- ▲ Den Backofen auf 175 Grad/Gas Stufe 2 vorheizen.
- ▲ Die Suppe pürieren. Schnittlauch in Röllchen schneiden.

Entenbrust mit Apfel-Trauben-Kraut und Röstkartoffeln

Orange Crêpes

▲ Die Entenbrüste nebeneinander auf das Backblech legen, mit der Honigpaste einpinseln und in den vorgeheizten Backofen schieben; den Küchenwecker auf 20 Minuten einstellen.

▲ Das Kraut erhitzen und die Trauben entkernen.

▲ Die Kartoffeln halbieren und in Butterschmalz goldgelb braten.

▲ Die Crêpes zusammenfalten und auf einen ofenfesten Teller legen.

Direkt vor dem Servieren:
Vor dem 1. Gang:

▲ Die Suppe erhitzen, mit Butter und Sahne pürieren, mit Kräutersalz und Cayennepfeffer abschmecken. Auf Teller füllen, mit Krabben und Schnittlauch bestreuen.

Vor dem 2. Gang:

▲ Die Trauben unter das Kraut heben, abschmecken. Die Entenbrustfilets auf die Teller legen. Kraut und Kartoffeln in Schüsseln füllen. Den Backofen auf 100 Grad/Gas Stufe 1 zurückschalten.

Vor dem 3. Gang:

▲ Die Orangensoße mit dem Likör verrühren und über die Crêpes gießen; fünf bis zehn Minuten im Backofen erwärmen. Zum Servieren auf Teller verteilen.

Mengenänderungen

FÜR 4 PERSONEN

SUPPE: *350 g Kartoffeln, 30 g Butter, knapp 1 l Geflügelbrühe, 1/8 l Schlagsahne und 150 g Nordseekrabben.*

HAUPTGANG: *4 Entenbrüste, etwas weniger Honig und Senf. 1 kg Sauerkraut, 2 Äpfel und 350 g Weintrauben. 800 g Kartoffeln, etwas weniger Butterschmalz zum Braten.*

DESSERT: *3 Crêpes pro Person. Die Orangensoße bleibt.*

FÜR 8 PERSONEN

SUPPE: *bleibt.*

HAUPTGANG: *Die 6 Entenbrüste in fingerdicke Scheibchen tranchieren und auf 8 Teller verteilen. 2 kg Kraut und 2 kg Kartoffeln.*

DESSERT: *alle 24 Crêpes nehmen. Die Orangensoße nicht so stark einkochen, dafür zum Schluß 60 g Butter einschwenken.*

Menü 7

FÜR 6 PERSONEN

1/ENDIVIENSALAT MIT VOLLKORNCROUTONS

2/HÄHNCHENFILET MT ROQUEFORTHAUBE UND ZITRONENREIS

3/KIWIPÜREE MIT WALNUSSEIS UND WAFFELGEBÄCK

Ein üppiger Salat leitet dieses sehr moderne Menü ein. Die Hähnchenfilets werden dann mit Roquefortkäse überbacken, einerseits, weil der Fleischgeschmack besonders gut zum pikanten Käsearoma paßt, und andererseits, weil das magere Fleisch auf diese Weise zart und saftig bleibt. Schnell zubereitet: Kiwipüree mit Walnußeis.

1/ENDIVIENSALAT MIT VOLLKORNCROÛTONS

6 Eier, 2 Endiviensalate,
6 Scheiben Vollkornbrot mit Sonnenblumenkernen, 40 g Butterschmalz.
VINAIGRETTE: *3 Eßl. Weinessig,*
1 1/2 Teel. Senf, 1 Prise Zucker und Salz,
8 Eßl. kalt gepreßtes Olivenöl, 1 durchgepreßte Knoblauchzehe, 1 Bund Schnittlauch.

1. Die Eier in sechs bis sieben Minuten wachsweich kochen; kurz mit kaltem Wasser abschrecken.
2. Vom Salat alles dunkle Grün entfernen, sorgfältig waschen und trockenschleudern. Die Blätter in fingerbreite Streifen schneiden.
3. Das Brot klein würfeln. Butterschmalz in einer Pfanne erhitzen und die Brotwürfel goldgelb und knusprig braten.
4. Alle Zutaten für die Vinaigrette in ein Glas mit Schraubdeckel geben und kräftig schütteln. Die Eier pellen. Den Schnittlauch in feine Röllchen schneiden.
5. Kurz vor dem Servieren den Salat mit der Vinaigrette vermischen. Den Salat auf Teller füllen, Brotwürfel, Eier und Schnittlauch darüber verteilen.

ABWANDLUNG

Wem der Geschmack von Endiviensalat zu bitter ist, der mischt ihn am besten mit anderen Blattsalaten, z. B. Römersalat, Kopfsalat, Eichblattsalat, Feldsalat.

2/HÄHNCHENFILET MIT ROQUEFORTHAUBE UND ZITRONENREIS

2 Zwiebeln, 6 Eßl. Öl, 5 in Öl eingelegte Sardellenfilets, 6 getrocknete Aprikosen,
2 Packungen Tomaten in Stücken (à 500 g),
2 Knoblauchzehen, 2 Teel. getrockneter Majoran, frisch gemahlener Pfeffer, 1/8 l Rotwein oder Hühnerbrühe, Kräutersalz,
1,2 kg Hähnchenbrustfilet (ohne Haut und Knochen), Cayennepfeffer, 2 Eßl. Mehl,
25 g Butterschmalz, 2 Eßl. saure Sahne,
200 g Roquefortkäse, 50 g Mandelblättchen, ein paar Salbeiblätter.

1. Die Soße zubereiten: Die Zwiebeln abziehen, würfeln und in drei Eßlöffel Öl andünsten. Die Sardellenfilets abspülen und dazugeben, unter Rühren kurz mitdünsten, sie lösen sich dabei auf. Die Aprikosen in Würfel schneiden, das Tomatenfruchtfleisch dazugeben und verrühren. Knoblauchzehen ungeschält halbieren und darüberpressen. Mit Majoran und Pfeffer würzen. Rotwein oder

Hähnchenfilet mt Roqueforthaube

Brühe angießen. Alles offen um die Hälfte einkochen. Das Sugo mit Kräutersalz abschmecken. In eine gefettete, ofenfeste Form geben.

2. Die Hähnchenfilets waschen und mit Küchenpapier abtupfen, mit Kräutersalz und Cayennepfeffer würzen. Dann mit Mehl bestäuben (das geht gut mit einem feinen Sieb).

3. Butterschmalz in einer großen Pfanne erhitzen, darin Filets von jeder Seite kurz und kräftig anbraten. Nebeneinander in die Form auf das Tomatensugo legen.

4. Saure Sahne und Roquefort mit einer Gabel mischen und über die Filets verteilen. Mit Mandelblättchen bestreuen.

5. Die Form in den auf 225 Grad/Gas Stufe 4 vorgeheizten Backofen schieben und alles 15 Minuten backen.

6. Salbeiblätter in einer Pfanne im restlichen Öl knusprig braten und über dem fertigen Gericht verteilen.

ZITRONENREIS

50 g Butter, abgeriebene Schale und 2 Eßl. Saft von 1 Zitrone, 1 Bund glatte Petersilie, 250 g Langkornreis.

1. Die Butter mit der abgeriebenen Zitronenschale und dem Zitronensaft verkneten. Die Petersilie hacken.

2. Einen halben Liter Wasser mit Kräutersalz und Reis in einem flachen, weiten Topf zum Kochen bringen. Den Reis auf der ausgeschalteten Herdplatte in etwa 20 Minuten ausquellen lassen.

3. Kurz vor dem Servieren die Zitronenbutter und die Petersilie unter den heißen Reis rühren.

3/KIWIPÜREE MIT WALNUSSEIS UND WAFFELGEBÄCK

4 reife, weiche Kiwis, 1 1/2 Eßl. Puderzucker, 3 Waffeln (à 20 g), 1 Packung Walnußeis (250 g), 1 Topf Minze.

1. Die Kiwis schälen und grob zerschneiden. Mit einem Eßlöffel Puderzucker im Mixer pürieren. Die Waffeln im noch warmen Backofen erhitzen.

2. Zum Servieren je eine Kugel Eis auf Dessertteller geben und Kiwipüree drumherum gießen. Mit Minzeblättchen und je einer halben Waffel garnieren. Durch ein feines Sieb mit einem Hauch Puderzucker bestäuben.

PLANUNG

Am Vortag:

▲ Das Tomatensugo zubereiten.

▲ Die Vinaigrette für den Salat fertigmachen, kühlstellen.

▲ Zitronenbutter für den Reis zubereiten.

2 Stunden vor dem Essen:

▲ Die Hähnchenfilets anbraten, in die Backform auf das Sugo setzen. Roquefort und saure Sahne vermischen und darüber verteilen, mit Mandelblättchen bestreuen.

▲ Kiwis pürieren.

▲ Endiviensalat waschen, zerkleinern, trockenschleudern.

▲ Eier kochen und pellen, Brot würfeln, Schnittlauch schneiden.

Direkt vor dem Servieren:
Vor dem 1. Gang:

▲ Das Brot in Butter rösten, den Salat mit der Vinaigrette vermischen. Salat, Brotwürfel, halbierte Eier und Schnittlauch auf Tellern oder einer großen Platte anrichten.

▲ Die Hähnchenfilets in den vorgeheizten Backofen schieben.

▲ Den Reis aufkochen lassen und ausschalten; den Küchenwecker auf 20 Minuten einstellen – während der Salat gegessen wird, gart das Hauptgericht.

Vor dem 2. Gang:

▲ Die Zitronenbutter und die Petersilie unter den Reis mischen. Die Hähnchenfilets aus dem Backofen nehmen, in der Form aufra-

2. KAPITEL

gen. Die Waffeln einige Minuten im ausgeschalteten Backofen erwärmen.

Vor dem 3. Gang:
▲ Das Eis portionieren und mit dem Kiwipüree und den Waffeln auf Teller verteilen.

MENGENÄNDERUNGEN

FÜR 4 PERSONEN

SALAT: *4 Eier, 4 Scheiben Brot und etwas weniger Butter zum Braten.*

HAUPTGERICHT: *800 g Hähnchenfilet. Sugo: 1 1/2 Packungen Tomaten, 1/2 Glas Rotwein oder Brühe. Beilage: 200 g Reis, 30 g Butter, 1 Eßl. Zitronensaft, etwas weniger geriebene Schale und 1/2 Bund Petersilie.*

KIWI-PÜREE: *3 Kiwis, 2 Teel. Puderzucker und 2 Waffeln.*

FÜR 8 PERSONEN

SALAT: *1 Römersalat zusätzlich, 8 Eier und 8 Scheiben Brot; die Vinaigrette bleibt.*

HAUTGERICHT: *1,8 kg Hähnchenfilet, alles andere bleibt. Reis: 350 g.*

DESSERT: *5 Kiwis, 2 Eßl. Puderzucker und 8 Waffeln.*

Kiwipüree mit Walnußeis und Waffelgebäck

Menü 8

FÜR 6 PERSONEN

1/GRIECHISCHE VORSPEISEN

2/GESPICKTE LAMMKEULE MIT KICHERERBSENGEMÜSE

3/FRÜCHTE IN PORTWEIN

Ein Menü, das an den Urlaub irgendwo im Süden Europas erinnert. Es ist ausgewogen, macht aber nicht viel Mühe. Ein Teil der Vorspeisen wird fertig gekauft und auf einer großen Platte angerichtet. Jeder bedient sich selbst. Die gekräuterte und gespickte Lammkeule duftet schon während des Backens unwiderstehlich. Ihre Garzeit sollte eingehalten werden, damit das Fleisch zart und saftig bleibt. Die Früchte in Portwein werden leicht gekühlt serviert und schmecken frisch und sehr würzig.

1/GRIECHISCHE VORSPEISEN

2 mittelgroße Auberginen (etwa 450 g),
4 Eßl. Zitronensaft, 6 Eßl. kalt gepreßtes Olivenöl,
2 Knoblauchzehen, Cayennepfeffer, Salz,
250 g milder Fetakäse, 3 große Fleischtomaten,
150 g schwarze Oliven, 2 Dosen gefüllte
Weinblätter (18 Stück), Majoran, Dill.
  DAZU: *1 Fladenbrot*

1. Die Auberginen der Länge nach halbieren und mit der Schnittfläche nach unten auf ein Backblech legen. Bei 225 Grad/Gas Stufe 4 etwa 35 Minuten backen. Etwas abkühlen lassen, dann das Fruchtfleisch mit einem Löffel in eine Schüssel kratzen. Sofort mit Zitronensaft, Öl und durchgepreßten Knoblauchzehen pürieren. Mit Cayennepfeffer und Salz abschmecken.

2. Den Fetakäse würfeln, die Tomaten in Scheiben schneiden. Auf einer großen, flachen Platte die Tomatenscheiben mit je einem Eßlöffel Auberginenpüree, den Fetakäse, die Oliven und die gefüllten Weinblätter anrichten. Etwas Majoran über den Feta streuen und die Tomaten mit Dill garnieren. Das Fladenbrot aufbacken und in Stücke schneiden.

2/GESPICKTE LAMMKEULE MIT KICHERERBSENGEMÜSE

1 Lammkeule (etwa 3 kg), 5 Knoblauchzehen,
Salz, frisch gemahlener Pfeffer, 2 Eßl. Kräutersenf,
1 Eßl. Rosmarinnadeln, 2 Lorbeerblätter,
1 Eßl. getrockneter Oregano, 2 Zwiebeln,
2 Möhren, 3 Eßl. Sahne, 1 Teel. Speisestärke.

1. Die Lammkeule abspülen und mit Küchenpapier trockenreiben. Die Knoblauchzehen abziehen, in Stifte schneiden.

2. Lammkeule rundherum spicken: Mit einem spitzen Küchenmesser tief einstechen und je ein Stück Knoblauch hineinstecken.

3. Lammkeule rundherum mit Salz und Pfeffer einreiben und mit Senf bestreichen. Rosmarinnadeln, Lorbeerblätter und Oregano auf einem Brett fein hacken.

4. Lammkeule in die Fettfangschale des Backofens legen, die Kräutermischung darüberstreuen; etwas andrücken.

5. Die Keule in den auf 190 Grad/Gas Stufe 2 bis 3 vorgeheizten Backofen schieben und drei Stunden braten. Während der gesamten Garzeit nicht wenden, nicht begießen.

6. Die Zwiebeln abziehen und vierteln, die Möhren putzen und längs vierteln. Beides

Griechische Vorspeisen

nach einer Stunde um den Lammbraten herum verteilen und eine Tasse heißes Wasser angießen.

7. Den fertigen Braten vor dem Anschneiden 15 Minuten mit Alufolie abgedeckt ruhen lassen. Den Bratensud durch ein Sieb in einen Topf gießen und sorgfältig entfetten. Offen etwas einkochen. Sahne und Speisestärke verrühren und in die Soße rühren. Mit Salz abschmecken.

KICHERERBSENGEMÜSE

*1 Bund Lauchzwiebeln, 4 Eßl. Öl,
2 Knoblauchzehen, 2 Packungen Tomaten in Stücken (à 500 g), 1 große und 1 kleine Dose Kichererbsen (zusammen 1275 g), Salz, frisch gemahlener Pfeffer, 1 Teel. getrockneter Majoran, 1 Bund glatte Petersilie.*

1. Die Lauchzwiebeln putzen und in Ringe schneiden. Öl im Topf erhitzen und die Zwiebeln kurz darin andünsten; Knoblauchzehen ungeschält halbiert darüberpressen. Die Tomatenstücke dazugeben, sieben Minuten offen schmoren.

2. Die Kichererbsen abgießen, dazugeben und mit Salz, Pfeffer und Majoran würzen; umrühren. Zugedeckt 15 Minuten schmoren lassen. Petersilie waschen und hacken.

3. Das Gemüse mit gehackter Petersilie bestreut servieren.

3/FRÜCHTE IN PORTWEIN

*2 reife Honigmelonen, 500 g Erdbeeren,
3 Eßl. Puderzucker, 1/4 l weißer Portwein.*

1. Melonen halbieren, die Kerne herauskratzen. Mit einem Kugelausstecher oder mit einem Teelöffel das Fruchtfleisch herausschälen. Erdbeeren waschen, putzen, die größeren Früchte halbieren.

2. Beides in einer Schüssel mischen und durch ein feines Sieb mit Puderzucker bestäuben. Den Portwein darübergießen. Eine Stunde kühlstellen und durchziehen lassen. In Dessertschälchen anrichten.

ABWANDLUNG

Eventuell den Portwein durch frisch gepreßten Orangensaft ersetzen. Nach Wunsch mit Ahornsirup süßen.

PLANUNG

Am Vortag:
▲ Die Lammkeule spicken und bis zum Braten fertig vorbereiten; abgedeckt kaltstellen.

3 Stunden vor dem Essen:
▲ Die Auberginen wie beschrieben backen. Den Backofen auf 190 Grad zurückschalten, die Lammkeule einschieben; Küchenwecker auf eine Stunde stellen. Möhren schälen, Zwiebeln abziehen und vierteln.
▲ Das Auberginenpüree zubereiten und abgedeckt kaltstellen. Feta würfeln. Gefüllte Weinblätter, Tomatenscheiben, Oliven und Feta auf einer Platte anrichten; das Auberginenpüree erst kurz vorm Auftragen auf die Tomaten geben.
▲ Das Kichererbsengemüse fertig zubereiten, warmhalten. Petersilie hacken.
▲ Das Dessert zubereiten und abgedeckt kaltstellen.
▲ Zwiebeln und Möhren um den Braten herum verteilen. Wasser angießen.

Direkt vor dem Servieren:
Vor dem 1. Gang:
▲ Das Fladenbrot für zehn Minuten zur Lammkeule in den Backofen legen. Das Auberginenpüree auf die Tomatenscheiben verteilen; mit Dill garnieren.

Vor dem 2. Gang:
▲ Die Lammkeule aus dem Backofen nehmen; 15 Minuten abgedeckt ruhen lassen, erst dann tranchieren; die Soße zubereiten.
▲ Das Kichererbsengemüse in eine Schüssel füllen; mit Petersilie bestreuen.

2. KAPITEL

Vor dem 3. Gang:

▲ Die gut gekühlten Früchte auf Dessertschälchen verteilen oder in der Schüssel auftragen.

MENGENÄNDERUNGEN

FÜR 4 PERSONEN

VORSPEISEN: *für das Auberginenpüree 1 große Aubergine, 2 Eßl. Zitronensaft und 4 Eßl. Öl, eventuell nur 1 Knoblauchzehe. Nur 150 g Feta und 2 große Tomaten.*

LAMMKEULE: *gut 2 kg.*

DESSERT: *250 g Erdbeeren. Für vier Personen können Sie die Früchte sehr schön in den vier Melonenhälften servieren.*

FÜR 8 PERSONEN

VORSPEISEN: *300 g Fetakäse, 3 Dosen Weinblätter (24 Stück) und zwei Fladenbrote. Das Auberginenpüree reicht.*

LAMMKEULE: *etwa 3,5 kg. Kichererbsengemüse: zusätzlich 2 grüne Paprikaschoten, in Würfel geschnitten, mit den Zwiebeln anschmoren.*

DESSERT: *zusätzlich 500 g entsteinte, süße Kirschen.*

Gespickte Lammkeule mit Kichererbsengemüse

Menü 9

FÜR 6 PERSONEN

1/TOMATEN-ZUCCHINI-SALAT MIT HEISSEM KNOBLAUCHBROT

2/ITALIENISCHE ROULADEN MIT MÖHREN UND BROCCOLI

3/ANANAS UND ERDBEEREN MIT RUMSAHNE

Der frischen Vorspeise mit warmem Knoblauchbrot folgen Rouladen auf italienische Art. Sie überraschen durch die ungewöhnliche Füllung: Beefsteakhack, Rosinen und Pinienkerne werden mit dem Marsala-Schmorsud fein gewürzt. Zum Abschluß: Früchte mit Rumsahne.

1/TOMATEN-ZUCCHINI-SALAT MIT HEISSEM KNOBLAUCHBROT

600 g junge, daumendicke Zucchini, Salz, frisch gemahlener Pfeffer, 4 Eßl. Weinessig, 3 Eßl. Zitronensaft, 6 Eßl. kalt gepreßtes Olivenöl, 200 g Mozzarella, 250 g Kirschtomaten, 1 Topf Basilikum.

KNOBLAUCHBROT: *1 Baguette, 6 Eßl. Olivenöl, 3 Knoblauchzehen, 2 Eßl. gehackte Petersilie.*

1. Die Zucchini in Stifte schneiden und in leicht gesalzenem Wasser offen etwa fünf Minuten halbweich kochen. Gut abgetropft und noch warm mit Salz, Pfeffer, Essig, Zitronensaft und Olivenöl vermischen. Abgedeckt abkühlen lassen.
2. Den Mozzarella in Würfel schneiden, die Kirschtomaten halbieren. Basilikumblätter in feine Streifen schneiden.
3. Kurz vor dem Servieren alles vorsichtig vermischen.

KNOBLAUCHBROT

Baguette in zwei Zentimeter dicke Scheiben schneiden, Öl und zerdrückte Knoblauchzehen vermischen und die Brotscheiben damit auf einer Seite einpinseln. Drei Minuten im vorgeheizten Grill knusprig backen. Mit gehackter Petersilie bestreuen.

2/ITALIENISCHE ROULADEN MIT MÖHREN UND BROCCOLI

12 sehr dünn geschnittene Kalbfleischschnitzel (à 80 g – vom Fleischer mit der Maschine schneiden lassen), 50 g Pinienkerne, 2 Eßl. Semmelbrösel, 20 g Butter, 150 g Beefsteakhack, 50 g Rosinen, 2 Eßl. Parmesankäse, Salz, frisch gemahlener Pfeffer, 1 Eiweiß, 30 g Butterschmalz, 1 Eßl. Mehl, 1/8 l Kalbsfond (Glas), 1/8 l Marsalawein (oder Orangensaft), 1/8 l Schlagsahne.

1. Füllung: Pinienkerne und Semmelbrösel in einer Pfanne in heißer Butter anrösten; in eine Schüssel geben. Hackfleisch, Rosinen und Parmesankäse dazugeben und alles vermischen. Mit Salz und Pfeffer würzen. Das Eiweiß mit einer Gabel verschlagen und untermischen.
2. Die Kalbfleischscheiben nebeneinander legen und die Füllung darauf verteilen, mit dem Löffelrücken flach verstreichen. Die Fleischscheiben aufrollen und mit Küchenband umwickeln.
3. Butterschmalz in einer weiten großen Pfanne erhitzen. Rouladen hauchdünn mit Mehl bestäuben und nebeneinander in der

Italienische Rouladen mit Möhren und Broccoli

Pfanne rundherum anbraten; herausnehmen und in einen Schmortopf geben.

4. Den Bratensatz mit Kalbsfond und Marsala (oder Orangensaft) ablöschen und offen etwas einkochen lassen. Dann über die Rouladen in den Schmortopf gießen. Zugedeckt bei kleiner Hitze 30 Minuten schmoren lassen. Den Topf zwischendurch so schwenken, daß die Rouladen rundherum mit dem Sud benetzt werden.

5. Rouladen herausnehmen und die Sahne unter den Sud rühren; offen einkochen. Inzwischen das Küchenband entfernen, Rouladen zurück in den Topf geben.

MÖHREN UND BROCCOLI

2 Bund zarte, kleine Möhren, 1 kg Broccoli, Salz, 100 g Butter.

1. Die Möhren schälen und – wenn sie klein sind – ganz belassen; große Möhren längs vierteln. Den Broccoli putzen, in Portionsstücke zerteilen, dabei den Stiel schälen und über Kreuz einschneiden.

2. Getrennt in wenig leicht gesalzenem Wasser in acht Minuten garkochen. Butter erhitzen und aufschäumen lassen. Das Gemüse gut abtropfen lassen, auf einer vorgewärmten Platte anrichten und mit der heißen Butter übergießen.

3/ANANAS UND ERDBEEREN MIT RUMSAHNE

2 reife Ananasfrüchte, 500 g Erdbeeren, 5 Eßl. Ahornsirup, 3 Eßl. Zitronensaft, 30 g Kokosraspel, 1 Teel. Zucker, 1/4 l Schlagsahne, 2 Päckchen Vanillezucker, 2 Eßl. Rum.

1. Die Ananas sorgfältig schälen und in Stücke schneiden, den harten Kern in der Mitte entfernen. Die Erdbeeren halbieren.

2. Beides auf einer Platte anrichten. Ahornsirup und Zitronensaft verrühren und darüberträufeln. Kokosraspel in einer Pfanne ohne Fett hellbraun rösten, den Zucker darüberstreuen und kurz weiterrösten, aus der Pfanne nehmen. Die Sahne mit Vanillezucker steif schlagen, mit Rum würzen.

3. Zum Servieren die Sahne in die Mitte auf die Früchte geben, mit den gerösteten Kokosraspel bestreuen.

PLANUNG

4 Stunden vor dem Essen:

▲ Die Rouladen bis zum Anbraten fertigstellen – alles zum Braten und Schmoren bereitstellen.

▲ Möhren und Broccoli putzen und waschen.

▲ Zucchini für den Salat kochen und marinieren. Mozzarella würfeln. Knoblauchöl für das Brot anrühren, Petersilie hacken.

▲ Die Ananas schälen und in Stücke schneiden, Ahornsirup und Zitronensaft anrühren, Kokosraspel rösten.

Eineinhalb Stunden vor dem Essen:

▲ Die Rouladen mit Mehl bestäuben, anbraten und fertigschmoren; bis zum Servieren warmstellen.

▲ Erdbeeren halbieren, mit Ananas anrichten.

▲ Salat bis aufs Durchmischen fertigstellen.

Direkt vor dem Servieren:
Vor dem 1. Gang:

▲ Grill vorheizen, Brotscheiben mit Knoblauchöl einpinseln, für zwei bis drei Minuten unter den Grill schieben. Den Salat vorsichtig durchmischen. Knoblauchbrot mit Petersilie bestreuen.

Vor dem 2. Gang:

▲ Zwei Töpfe mit Salzwasser aufsetzen. Butter zum Erhitzen bereitstellen. Gemüseplatte und Teller im noch heißen Backofen erwarmen. Die Rouladen im Topf erhitzen, die Sahne einschwenken, die Soße abschmecken.

▲ Das Gemüse ins kochende Wasser geben.

▲ Die Rouladen im Schmortopf auftragen, das abgetropfte Gemüse auf der Platte anrichten, mit heißer Butter übergießen.

Vor dem 3. Gang:

▲ Die Sahne steifschlagen. Die Früchte mit dem Sirup übergießen, die Sahne darübergeben und mit den gerösteten Kokosraspel bestreuen.

Tip

Die Rouladen können Sie auch schon lange vor der Einladung in Ruhe schmoren und einfrieren. Am Abend vor dem Essen herausnehmen und im Kühlschrank auftauen lassen. Im Schmortopf heißwerden lassen. Die Sahne erst nach dem Erhitzen dazugeben.

Mengenänderungen

FÜR 4 PERSONEN

SALAT: *400 g Zucchini.*

HAUPTGANG: *8 Rouladen, für die Füllung reichen 75 g Hackfleisch, alles andere bleibt. Gemüsemenge bleibt.*

DESSERT: *1 große Ananas, alles übrige bleibt.*

FÜR 8 PERSONEN

SALAT: *500 g Kirschtomaten und 300 g Mozzarella.*

HAUPTGANG: *16 Rouladen, für die Füllung 200 g Beefsteakhack, 3 Eßl. Parmesankäse, 3 Eßl. Semmelbrösel und 2 Eiweiß. Beilage: 3 Bund Möhren und 1250 g Broccoli.*

DESSERT: *1 kg Erdbeeren, 10 Eßl. Ahornsirup, 1/2 l Sahne und 60 g Kokosraspel.*

Ananas und Erdbeeren mit Rumsahne

MENÜS FÜR 6–8 GÄSTE

Menü 10

FÜR 6 PERSONEN

1/JOGHURTSUPPE

2/RIGATONI-AUFLAUF

3/SALAT VON PFIRSICH UND MELONE

Ein leichtes, sommerliches Menü für Nudelfreunde. Es enthält kein Fleisch. Und es läßt den Gastgebern besonders viel Zeit für die Gäste, denn der Auflauf kann schon am Vortag eingeschichtet werden. Er ist reichhaltig und sättigend, aber nicht belastend.

1/JOGHURTSUPPE

2 große Becher Joghurt (à 500 g),
1/8 l Mineralwasser, 1 Teel. Kräutersalz,
2 Knoblauchzehen, 2 Bund Radieschen,
1 Salatgurke, 1 Bund Dill.
DAZU: *Fladenbrot*

1. Joghurt, Mineralwasser, Kräutersalz und zerdrückte Knoblauchzehen mit dem Handrührgerät schaumig rühren, abschmecken und kaltstellen.

2. Die Radieschen putzen, die zarten Blätter aufheben, Radieschen vierteln. Die Gurke schälen, längs halbieren und das weiche Innere herauskratzen. Die Gurkenhälften in dünne Stücke schneiden. Den Dill fein schneiden und unter den Joghurt rühren.

3. Zum Servieren den Joghurt auf tiefe Teller geben. Gurke, Radieschen und Blätter darauf verteilen. Das Fladenbrot aufbacken und dazureichen.

2/RIGATONI-AUFLAUF

2 Zwiebeln, 3 Knoblauchzehen, 4 Eßl. Öl,
3 Packungen Tomaten in Stücken (à 500 g),
1/4 l Rotwein oder Gemüsebrühe,
4 Teel. Instant-Gemüsebrühe, 1 Teel. Sambal-Oelek, Salz, frisch gemahlener Pfeffer, 1 kg Porree,
1/4 l Gemüsebrühe (Instant), 400 g Rigatoni,
4 Eßl. kalt gepreßtes Olivenöl, 40 g Butter,
400 g Raclettekäse (in dünne Scheiben geschnitten), 50 g geriebener Parmesankäse.

1. Tomatensugo: Zwiebeln und Knoblauch abziehen, hacken und in vier Eßlöffel Öl andünsten. Die Tomatenstücke dazugeben und offen etwa fünf Minuten kochen. Wein angießen, mit Gemüsebrühe und Sambal Oelek würzen. Alles etwa zwei Stunden sanft offen köcheln lassen. Hin und wieder umrühren. Kräftig mit Salz und Pfeffer abschmecken.

2. Porree putzen und in feine Ringe schneiden. In die kochende Gemüsebrühe geben und drei Minuten kochen; über ein Sieb abgießen und gut abtropfen lassen.

3. Die Rigatoni in einem großen Topf in reichlich Salzwasser in der Hälfte der vom Hersteller angegebenen Zeit nur halbgar kochen. Abgießen und sofort mit vier Eßlöffel Sugo und ebensoviel Olivenöl vermischen, damit sie nicht zusammenkleben.

4. Eine (oder zwei kleinere) feuerfeste Auflaufform mit der Hälfte der Butter einfetten. Deren Boden mit Sugo bedecken. Nun schichtweise Rigatoni, Porree, Sugo, Käsescheiben und geriebenen Parmesankäse einfüllen. Mit einer Schicht aus Sugo, Käsescheiben und Parmesankäse abschließen. Die restliche Butter in Flöckchen obendrauf verteilen.

2. KAPITEL

Joghurtsuppe

5. Die Form(en) in den auf 200 Grad/Gas Stufe 3 vorgeheizten Backofen schieben und eine Stunde backen; während der ersten 30 Minuten mit Pergamentpapier abdecken.

3/SALAT VON PFIRSICH UND MELONE

*1 kg vollreife Pfirsiche, 1 Wassermelone
(ca. 1,5 kg), 8 Eßl. Maraschino (oder
4 Eßl. Ahornsirup und 4 Eßl. Zitronensaft).*

1. Die Pfirsiche mit kochendem Wasser überbrühen, kalt überspülen, dann die Haut abziehen. Das Fruchtfleisch in Spalten schneiden.

2. Die Wassermelone in Spalten schneiden, von der Schale lösen, in Stücke schneiden und die Kerne entfernen.

3. Die Früchte in einer Schüssel vermischen und bis zum Servieren kaltstellen. Mit Maraschino (oder Zitronensirup) beträufelt servieren.

PLANUNG

Am Vortag:
▲ Den Auflauf so fertigstellen, daß er nur noch gebacken werden muß. Abgedeckt in den Kühlschrank stellen.

Drei Stunden vor dem Essen:
▲ Auflauf aus der Kühlung nehmen.

1 Stunde vor dem Essen:
▲ Für die Vorspeise den Joghurt mit Dill anrühren, kaltstellen. Gurke und Radieschen schneiden.

▲ Pfirsich und Melone schneiden und kaltstellen. Den Backofen auf 200 Grad/Gas Stufe 3 vorheizen.

30 Minuten vor dem Essen:
▲ Den Auflauf in den Backofen schieben, den Küchenwecker auf 60 Minuten einstellen.

Direkt vor dem Servieren:
Vor dem 1. Gang:
▲ Das Fladenbrot zehn Minuten zum Auflauf in den Backofen schieben.
▲ Die Joghurtsuppe auf tiefe Teller füllen, Radieschen, Gurken und die zarten Radieschenblätter darauf verteilen.

Vor dem 2. Gang:
▲ Den Auflauf aus dem Backofen nehmen und in der Form servieren.

Vor dem 3. Gang:
▲ Das gut gekühlte Obst in eine Schüssel

füllen und mit Maraschino (oder Zitronensirup) beträufeln.

Mengenänderungen

FÜR 4 PERSONEN

Joghurtsuppe: *1 großer Becher Joghurt und 1 kleiner Becher Sahne-Joghurt (150 g), 1 Knoblauchzehe, 1 Bund Radieschen und 1/2 Gurke.*

Rigatoni-Auflauf: *2 Packungen Tomaten, 1/8 l Rotwein, 250 g Rigatoni und 300 g Käse.*

Dessert: *1/2 Wassermelone (etwa 1 kg).*

FÜR 8 PERSONEN

Suppe: *bleibt.*

Rigatoni-Auflauf: *550 g Rigatoni, alles andere bleibt. Eventuell einen gemischten grünen Salat reichen.*

Dessert: *zusätzlich 500 g Himbeeren, Blaubeeren oder Erdbeeren.*

Rigatoni-Auflauf

2. KAPITEL

Menü 11

FÜR 6 PERSONEN

1/GEMÜSETERRINE MIT WALNUSSBROT

2/ROTBARSCHFILET LIVORNESE MIT KRÄUTERKARTOFFELN

3/WEINAPFEL MIT VANILLESOSSE

Die Gemüseterrine kann schon ein bis zwei Tage vorher zubereitet werden – im Kühlschrank hält sie sich wunderbar frisch. Der Fischgang macht wenig Arbeit und schmeckt vorzüglich. Lassen Sie sich den Rotbarsch vom Händler so filetieren, daß die rote Außenhaut am Fischfilet bleibt – sie schützt das zarte Fischfleisch beim Garen vor dem Austrocknen und sieht hübsch aus.

1/GEMÜSETERRINE MIT WALNUSSBROT

150 g TK-Erbsen, 250 g Broccoli, 250 g Möhren, Salz, 4 Eier, je 150 ml süße und saure Sahne, Kräutersalz, 1 Prise Cayennepfeffer, etwas Curry, Muskat, Öl für die Form, 1 Tablett Kresse, 150 g Kirschtomaten.
DAZU: *250 g Walnuß-Vollkornbrot, Butter*

1. Die Erbsen auftauen lassen. Broccoli und Möhren putzen. Broccoliblüten in kleine Röschen zerteilen, die Stiele und die Möhren schälen und in kleine Würfel schneiden.

2. Das gewürfelte Gemüse in einen Achtelliter leicht gesalzenes kochendes Wasser geben. Ausnahmsweise das Gemüse im offenen Topf kochen – so behält es eine schöne Farbe. Nach vier Minuten die Broccoliröschen und die Erbsen dazugeben und drei Minuten mitkochen.

3. Das Gemüse abgießen und sofort in Eiswasser abschrecken; gut abtropfen lassen.

4. Eier, süße und saure Sahne, Kräutersalz, Cayennepfeffer, Curry und Muskat verquirlen; mit dem Gemüse vermischen. Eine Pastetenform (1 1/2 Liter) mit Öl einpinseln. Das Gemüse hineinfüllen.

5. Die Form mit einem Deckel oder Alufolie abdecken und im heißen Wasserbad bei 175 Grad/Gas Stufe 2 eine Stunde und 30 Minuten garen. Über Nacht abkühlen lassen.

6. Zum Servieren die Gemüseterrine aus der Form stürzen, in Scheiben schneiden und auf Teller verteilen. Die Kresse abschneiden und drumherum streuen. Mit halbierten Kirschtomaten garnieren.

2/ROTBARSCHFILET LIVORNESE MIT KRÄUTERKARTOFFELN

3 kleine Rotbarsche (à 1,4 kg – vom Händler filetieren lassen), Salz, 3 mittelgroße Tomaten, 50 g schwarze Oliven, 50 g kleine Kapern, 1/8 l Olivenöl, frisch gemahlener Pfeffer, 3 Knoblauchzehen, 1 Teel. getrockneter Oregano, 1 Glas trockener Weißwein (ersatzweise Fischfond aus dem Glas), 1 Bund glatte Petersilie, 5 Eßl. Zitronensaft.

1. Die Fischstücke abspülen, leicht salzen und abgedeckt kaltstellen.

2. Die Tomaten überbrühen, abziehen, entkernen und in schmale Spalten schneiden. Das Fruchtfleisch der Oliven um den Kern herum abschälen. Kapern abtropfen lassen.

3. Eine ofenfeste flache Form (etwa 35 mal 25 Zentimeter) mit zwei Eßlöffel Öl einfetten, ihren Boden leicht mit Salz und Pfeffer be-

Rotbarschfilet livornese

streuen. Die Fischstücke abtupfen und mit zerdrücktem Knoblauch einreiben; mit der Haut nach oben nebeneinander in die Form legen. Tomaten, Kapern, Oliven, Oregano und Pfeffer darüber verteilen. Mit Wein beträufeln.

4. Den Fisch in den auf 190 Grad/Gas Stufe 2 bis 3 vorgeheizten Backofen schieben und 15 Minuten backen.

5. Die Petersilie hacken und mit dem Olivenöl und Zitronensaft verrühren.

6. Zum Servieren den Fisch mit etwas Sud auf Teller verteilen und je einen Eßlöffel Zitronenöl darübergeben.

KRÄUTERKARTOFFELN

1 kg kleine Kartoffeln (am Vortag in der Schale kochen und pellen), 50 g Butterschmalz, 5 Salbeiblätter, 1 Eßl. Rosmarinnadeln, 1 Lorbeerblatt, Salz.

1. Die Pellkartoffeln in daumendicke Würfel schneiden. In einer großen Pfanne (Durchmesser etwa 28 Zentimeter) in heißem Butterschmalz bei sanfter Hitze in etwa 20 Minuten hellbraun braten.

2. Die Salbeiblätter, Rosmarinnadeln und das Lorbeerblatt grob zerhacken und zehn Minuten mitbraten. Mit Salz bestreut zum Fisch reichen.

3/WEINAPFEL MIT VANILLESOSSE

2 unbehandelte Zitronen, 1/4 l Weißwein, 1/8 l Wasser, 4 Eßl. Zucker, 6 kleine Äpfel, 6 Teel. Johannisbeergelee, 40 g gehackte Pistazien.
VANILLESOSSE: *1/2 l Milch, 2 Eier, 2 Eßl. Zucker, 1 Vanillestange, 1 Eßl. Speisestärke.*

1. Die Zitronen waschen, abreiben, die Schale dünn abschälen, anschließend den Saft auspressen. Beides mit Wein, Wasser und Zucker in einem großen flachen Topf langsam zum Kochen bringen.

2. Die Äpfel schälen, das Kerngehäuse ausstechen und in den siedenden Weinsud geben – die Äpfel müssen nebeneinander Platz haben. Zugedeckt in etwa 20 Minuten weichdünsten; zwischendurch einmal wenden.

3. Die Äpfel aus dem Sud nehmen und abkühlen lassen. Den Sud zum Trinken aufheben.

4. Für die Vanillesoße die Milch mit den Eiern, Zucker, dem Vanillemark und Speisestärke unter ständigem Schlagen zum Kochen bringen, vom Herd nehmen und abkühlen lassen.

5. Zum Servieren die Äpfel auf Dessertteller setzen und mit Johannisbeergelee füllen. Mit gehackten Pistazien bestreut servieren. Die Vanillesoße dazureichen.

PLANUNG
Am Vortag:
▲ Die Gemüseterrine zubereiten und garen, abgekühlt in den Kühlschrank stellen.
▲ Die Kartoffeln in der Schale kochen, lauwarm abgekühlt pellen.
▲ Die Äpfel im Weinsud pochieren, abkühlen lassen. Die Vanillesoße zubereiten, kaltstellen.

2 Stunden vor dem Essen:
▲ Die Fischfilets bis zum Garen vorbereiten. Petersilien-Zitronen-Öl anrühren.
▲ Für die Kartoffeln Rosmarin, Salbei und Lorbeer hacken.
▲ Die Gemüseterrine vom Formrand mit einem Messer lösen, aus der Form stürzen und in Scheiben schneiden. Die Tomaten halbieren, Kresse bereitstellen.

Direkt vor dem Servieren:
Vor dem 1. Gang:
▲ Scheiben der Terrine auf flache Teller legen, mit Kresse und Tomaten garnieren; mit Brot und Butter auftragen. Den Backofen für den Fisch auf 190 Grad/Gas Stufe 2 bis 3 vorheizen. Die Kartoffeln in die Pfanne bei mittlerer Hitze auf den Herd setzen.

Vor dem 2. Gang:

▲ Den Fisch in den Ofen schieben, 15 Minuten backen. Die Kartoffeln wenden, Kräuter dazugeben. Den Fisch auf Teller verteilen, das Petersilien-Zitronen-Öl darübergeben. Kartoffeln dazu servieren.

Vor dem 3. Gang:

▲ Die Äpfel auf Teller setzen, mit Gelee füllen und mit gehackten Pistazien bestreuen. Die Vanillesoße mit dem Schneidstab aufmixen und dazureichen.

Mengenänderungen

FÜR 4 PERSONEN

Vorspeise: *bleibt. Falls etwas übrig bleiben sollte, schmeckt's auch am nächsten Tag.*

Hauptgang: *4 Fischstücke, 2 Tomaten, 30 g Kapern, 6 Eßl. Olivenöl und 2 Knoblauchzehen.*

Beilage: *750 g Kartoffeln und die Hälfte der Kräuter.*

Dessert: *4 Äpfel, 4 Teel. Gelee.*
Vanillesoße: 1/4 l Milch, 1 Ei, 1 Eßl. Zucker, 1 Vanillestange, 1/2 Eßl. Speisestärke.

FÜR 8 PERSONEN

Vorspeise: *bleibt. Dafür legen Sie noch einen einfachen Zwischengang ein: 1 Ogen- oder Honigmelone in 8 Spalten schneiden, Kerne und Schale entfernen, auf eine Platte setzen. Pfeffer darübermahlen und 150 g Parmaschinken darüber verteilen.*

Hauptgang: *bleibt. Beilage: 1250 g Kartoffeln. Zum Braten zwei Pfannen verwenden.*

Dessert: *8 Äpfel, 8 Teel. Gelee.*
Vanillesoße: zusätzlich 1 Joghurt in die fertige Soße rühren.

Weinapfel mit Vanillesoße

2. KAPITEL

Menü 12

FÜR 6 PERSONEN

1/SALATPLATTE MIT GERÖSTETEN KÜRBISKERNEN

2/GESCHMORTE PUTENKEULE

3/ESPRESSO-GELEE MIT VANILLESAHNE

Sehr preiswert, praktisch und ausgewogen ist dieses Menü. Die gemischte Salatplatte fällt üppig aus mit Kartoffeln, Thunfisch, Eiern und Möhren. Eine Pause vor dem Hauptgang ist zu empfehlen. Die Putenkeule schmort unbeachtet zwei Stunden vor sich hin. Das kühle Dessert ersetzt zur späten Stunde den Kaffee.

1/SALATPLATTE MIT GERÖSTETEN KÜRBISKERNEN

2 große Fenchelstauden, 2 Köpfe Endiviensalat, 6 hartgekochte Eier, 2 Dosen Thunfisch in Öl (à 210 g), 6 Sardellenfilets, 6 mittelgroße Pellkartoffeln, 3 mittelgroße Möhren.
VINAIGRETTE: *4 Eßl. Weinessig, 1 Teel. Senf, 1 durchgepreßte Knoblauchzehe, 1 Prise Zucker, Salz und Pfeffer, 6 Eßl. Olivenöl, 50 g Kürbiskerne.*

1. Die äußeren harten Schalen und die Stielansätze vom Fenchel entfernen. Die zarten, knackigen Teile in sehr feine Streifen schneiden, waschen und abtropfen lassen. Vom Endiviensalat die dunklen äußeren Blätter entfernen, die zartgrünen bis gelben Teile waschen, trockenschleudern und in kleine Stücke zupfen.
2. Fenchel und Endivie mischen und auf eine große Platte geben. Die Eier vierteln, den abgetropften Thunfisch mit einer Gabel zerpflücken. Die Sardellen abspülen und halbieren. Die Kartoffeln würfeln. Die Möhren schälen und in feine Streifen schneiden. Alles auf den Salat geben.

3. Alle angegebenen Zutaten für die Vinaigrette in ein Schraubglas geben und so kräftig schütteln, daß eine gebundene Salatsoße entsteht.
4. Die Soße erst unmittelbar vor dem Auftragen über den Salat gießen. Die Kürbiskerne ohne Fett in einer Pfanne rösten und heiß über den Salat streuen.

2/GESCHMORTE PUTENKEULE

2 kg Putenoberkeule, etwa 1/4 Teel. Cayennepfeffer, 1 Eßl. Mehl, 40 g Butterschmalz, 5 Zwiebeln, 1 große Dose geschälte Tomaten (850 g), Kräutersalz, frisch gemahlener Pfeffer, 100 g getrocknete Aprikosen, 2 Knoblauchzehen, 1 Teel. getrockneter Thymian, 1/2 Tasse Wermut extra dry (oder Orangensaft).
DAZU: *2 Baguettes*

1. Die Haut von den Putenkeulen entfernen. Die Knochen heraustrennen. Das Putenfleisch in große Stücke schneiden. Mit Cayennepfeffer würzen und hauchdünn mit Mehl bestäuben.
2. Butterschmalz im Schmortopf oder in einer großen Pfanne (Durchmesser 30 Zentimeter, 15 Zentimeter tief) erhitzen. Das Fleisch rundherum darin anbraten.
3. Inzwischen die Zwiebeln abziehen und vierteln. Das angebratene Fleisch in den Schmortopf geben, salzen und pfeffern. Tomaten mit der Flüssigkeit, Zwiebelviertel und Aprikosen dazugeben. Knoblauchzehen unge-

76

Geschmorte Putenkeule

schält halbieren und darüberpressen. Thymian auf der Handfläche zerreiben und darüberstreuen. Wermut angießen.

4. Form mit dem Deckel oder mit Alufolie verschließen, in den Backofen schieben. Bei 200 Grad/Gas Stufe 3 zwei Stunden schmoren lassen.

5. Den Schmorsud mit Salz und Pfeffer abschmecken.

3/ESPRESSO-GELEE MIT VANILLESAHNE

10 Blätter weiße Gelatine, 75 g Zucker,
1/2 l frisch gekochter Espresso (oder Mokka),
4 cl Weinbrand (oder weglassen),
1/4 l Schlagsahne, 2 Päckchen Vanillezucker,
etwas gemahlener Kaffee.

1. Die Gelatine einweichen. Zucker und fünf Eßlöffel Wasser zum Kochen bringen und zwei Minuten offen kochen. Den heißen Espresso dazugießen. Die Flüssigkeit mit Weinbrand abschmecken.

2. Die ausgedrückte Gelatine im heißen Kaffee auflösen. In eine kalt ausgespülte flache Form (Durchmesser 24 Zentimeter) gießen. Über Nacht im Kühlschrank erstarren lassen.

3. Zum Servieren das Gelee in Würfel schneiden. Die Sahne mit Vanillezucker steifschlagen. Sahne und Geleewürfel in Dessert-

schalen anrichten, die Sahne mit je einer Prise Kaffee bestäuben.

Planung

Am Vortag:

▲ Für den Salat die Pellkartoffeln kochen, etwas abkühlen lassen und abziehen. Die Vinaigrette fertigmachen, kaltstellen.

▲ Das Espresso-Gelee zubereiten und in den Kühlschrank stellen.

Drei Stunden vor dem Essen:

▲ Die Eier hartkochen und abschrecken. Salat auf der Servierplatte anrichten wie beschrieben.

▲ Die Putenkeulen anbraten und in die Schmorform geben. Zwei Stunden vor dem Essen in den Backofen schieben.

▲ Das Espresso-Gelee in Würfel schneiden, die Sahne steifschlagen, in einen Spritzbeutel füllen, kaltstellen.

Direkt vor dem Servieren:
Vor dem 1. Gang:

▲ Die Eier vierteln und auf den Salat setzen. Die Salatsoße darübergießen, Kürbiskerne rösten und über den Salat streuen.

Vor dem 2. Gang:

▲ Den Putenschmortopf aus dem Backofen nehmen; Baguettes für fünf Minuten hineingeben. Den Sud mit Salz und Pfeffer abschmecken. Im Topf auftragen.

Vor dem 3. Gang:

▲ Gelee-Würfel und Sahne auf Dessertschalen verteilen. Die Sahne mit je einer Prise gemahlenem Kaffee bestreuen.

Mengenänderungen

FÜR 4 PERSONEN

SALAT: *1 Endiviensalat, 4 Eier und 4 Kartoffeln.*

PUTENKEULE: *bleibt; Reste können Sie einfrieren.*

ESPRESSO-GELEE: *5 Blatt Gelatine, 50 g Zucker, 1/4 l Espresso.*

FÜR 8 PERSONEN

SALAT: *8 Eier, 8 Sardellenfilets, 3 Dosen Thunfisch, 8 Pellkartoffen, 5 Möhren, 8 Eßl. Olivenöl und 100 g Kürbiskerne.*

HAUPTGERICHT: *3 kg Putenoberkeule und zusätzlich 1/8 l Geflügelfond oder -brühe (Instant).*

ESPRESSO-GELEE: *bleibt. Geben Sie auf jede Portion 1 Kugel Mocca- oder Vanilleeis.*

Espresso-Gelee mit Vanillesahne

Menü 13

FÜR 6 PERSONEN

1/KRÄUTERSALAT MIT POCHIERTER LACHSFORELLE

2/BOEUF À LA NIÇOISE MIT GEMÜSENUDELN

3/ERDBEERCREME

Dieses Menü ist besonders kontrastreich und dadurch außergewöhnlich: Zum gemischten Salat gibt es pochierten Fisch, das Fleisch des Hauptgangs wird mit Rotwein, Aprikosen, Orangenschale und Peperoni geschmort. Die Bandnudeln richten Sie mit Zucchinistreifen an, und das Erdbeerdessert verfeinern Sie mit Orangenlikör.

1/KRÄUTERSALAT MIT POCHIERTER LACHSFORELLE

6 Scheiben von der Lachsforelle (à 80 g),
1/4 l trockener Weißwein (oder Fischfond und
2 Eßl. Zitronensaft), 1 Teel. Fischgewürz,
1/2 Teel. Salz, je 1/2 kleine rote und gelbe
Paprikaschote, 100 g Feldsalat,
100 g Radicchiosalat, 1 kleiner Frisèesalat,
20 g Kerbel, 1/2 Topf Basilikum, 1 Schalotte,
2 Eßl. Sherryessig, Salz, frisch gemahlener Pfeffer,
5 Eßl. kalt gepreßtes Olivenöl.
DAZU: Weizenvollkornbrot und Butter – pro Person zwei kleine Scheiben.

1. Haut und Gräten von den Lachsscheiben entfernen. Den Fisch abspülen. Den Wein mit dem Fischgewürz und Salz zusammen einmal aufkochen lassen. Die Fischstücke in zwei Portionen zwei Minuten darin pochieren. Abdecken und kühlstellen.

2. Die Haut der Paprikaschoten mit einem Sparschäler abschälen und das Fruchtfleisch in kleine Würfel schneiden.

3. Salat und Kräuter waschen und trockenschleudern. Blättchen von den Stielen zupfen.

4. Für die Salatsoße die Schalotte durch die Knoblauchpresse in eine Schüssel drücken; mit Essig, Salz und Pfeffer verrühren. Das Öl darunterschlagen.

5. Zum Anrichten den Salat kleinzupfen und mit der Soße vermischen; auf Teller verteilen. Paprikawürfel und Kräuter darübergeben und den Lachs darauf anrichten. Vor dem Servieren leicht salzen und pfeffern

ABWANDLUNG

Statt der pochierten Lachsforelle können Sie auch geräucherten oder gebeizten Lachs verwenden: pro Person 30 g dünn geschnittene Lachsscheiben in fingerbreite Streifen schneiden und auf den Salat legen. Der Salat kann übrigens gut mit Stäbchen gegessen werden.

2/BOEUF À LA NIÇOISE MIT GEMÜSENUDELN

500 g Schalotten, 100 g Bacon,
1,5 kg Rindfleisch aus der Keule, 5 Eßl. Öl
1/8 l Rotwein (oder Orangensaft),
1/8 l Rinderfond (Glas), 2 rote Peperoni,
1 Packung Tomaten in Stücken (500 g),
Schale von 1/2 Orange, 100 g getrocknete
Aprikosen, 2 Lorbeerblätter, Salz.

1. Die Schalotten mit kochendem Wasser überbrühen und abziehen. Den Bacon in feine Streifen schneiden. Das Rindfleisch in etwa fünf mal fünf Zentimeter große Würfel schneiden.

Kräutersalat mit pochierter Lachsforelle

2. Das Öl im Schmortopf (6 Liter) erhitzen, den Bacon darin glasig braten. Dann das Fleisch in drei Portionen darin rundherum kurz und kräftig anbraten. Die Schalotten zugeben und kurz mitbraten.

3. Mit dem Wein (oder dem Orangensaft) ablöschen, etwas verdampfen lassen, dann den Rinderfond zugießen. Die Peperoni halbieren, die Kerne entfernen.

4. Peperonihälften, Tomaten, Orangenschale, Aprikosen, Lorbeerblätter und Salz dazugeben.

5. Den Topf gut zugedeckt in den auf 175 Grad/Gas Stufe 2 vorgeheizten Backofen schieben und das Fleisch zweieinhalb Stunden schmoren lassen. Zwischendurch zweimal umrühren. Im Schmortopf servieren.

GEMÜSENUDELN

2 kleine Zucchini (150 g), 400 g breite Bandnudeln, Salz, Öl, 60 g Butter.

1. Die Zucchini waschen, den Blüten- und Stielansatz abschneiden. Mit einem Sparschäler der Länge nach breite, dünne Streifen abschälen.

2. Die Nudeln in reichlich Salzwasser mit etwas Öl in der vom Hersteller angegebenen Zeit »al dente« kochen.

3. Inzwischen die Zucchini in einem breiten Topf unter Wenden etwa eine Minute in Butter dünsten; mit Salz und Pfeffer würzen. Die abgetropften Bandnudeln daruntermischen und sofort servieren.

3/ERDBEERCREME

6 Blätter weiße Gelatine, 750 g Erdbeeren, 75 g Zucker, 2 Eßl. Zitronensaft, 2 Eßl. Orangensaft, 1/4 l Schlagsahne.

1. Die Gelatine einweichen. Die Erdbeeren waschen und putzen, zwei schöne Früchte zum Garnieren aufheben.

2. Die Früchte mit Zucker und Zitronensaft im Mixer oder mit dem Schneidstab pürieren. Die Gelatine in heißem Orangensaft auflösen und unter das Erdbeerpüree rühren.

3. Eine Puddingform (1 1/2 Liter) mit kaltem Wasser ausspülen. Etwa vier Eßlöffel Erdbeerpüree hineingeben, in den Kühlschrank stellen. Die restliche Erdbeercreme im Eiswasserbad unter häufigem Umrühren zum leichten Gelieren bringen.

4. Die Schlagsahne steifschlagen und unter das gelierende Erdbeerpüree ziehen. Sofort in die Form füllen, glattstreichen, über Nacht im Kühlschrank festwerden lassen.

5. Zum Stürzen die Form kurz in heißes Wasser tauchen. Die Creme auf eine Platte stürzen und mit den beiden restlichen Erdbeeren verzieren.

ABWANDLUNG

Himbeeren eignen sich ebenfalls sehr gut für diese Creme. Auch tiefgekühlte Früchte können verwendet werden; sie müssen aber völlig aufgetaut sein.

PLANUNG

Am Vortag:

▲ Die Erdbeercreme nach Rezept zubereiten. Anschließend abgedeckt in den Kühlschrank stellen.

4 Stunden vor dem Essen:

▲ Den Salat putzen, waschen und trockenschleudern. Paprika schälen und fein würfeln, die Kräuterblättchen von den Stielen zupfen. Salatsoße anrühren.

▲ Den Fisch filetieren; Gräten und Haut entfernen, den Lachs in Wein pochieren.

▲ Dünne Zucchinistreifen schälen, abdecken. Bacon in Streifen schneiden.

▲ Das Fleisch in Würfel schneiden zubereiten und in den vorgeheizten Backofen schieben. Den Küchenwecker stellen und das Umrühren zwischendurch nicht vergessen.

▲ Die Erdbeercreme auf einen Teller stürzen und verzieren.

Direkt vor dem Servieren:

Vor dem 1. Gang:

▲ Salat und Soße mischen und mit dem Lachs auf Portionstellern anrichten. Mit Brot und Butter servieren.

Vor dem 2. Gang:

▲ Die Nudeln in kochendes Wasser geben. Die Zucchinistreifen in Butter dünsten. Das Schmorfleisch aus dem Backofen nehmen; abschmecken.

▲ Die Nudeln abgießen und mit den Zucchinistreifen vermischen.

▲ Fleisch und Nudeln auftragen.

Mengenänderungen

FÜR 4 PERSONEN

SALAT: *4 Lachsscheiben.*

HAUPTGERICHT: *250 g Schalotten, 1,2 kg Fleisch und 50 g getrocknete Aprikosen. Die Flüssigkeit um ein Drittel reduzieren. Beilage: 1 Zucchino und 300 g Bandnudeln.*

ERDBEERCREME: *bleibt.*

FÜR 8 PERSONEN

SALAT: *8 Lachsscheiben, 2 Paprikaschoten, 200 g Feldsalat, 1 großer Friséeslat, 1 Topf Basilikum. Zutaten für die Salatsoße verdoppeln.*

HAUPTGERICHT: *2 kg Fleisch, alles andere bleibt, ebenso die Beilage.*

ERDBEERCREME: *Kaufen Sie 500 g Erdbeeren mehr und pürieren Sie sie mit 50 g Puderzucker. Das Püree zusätzlich zur Creme reichen.*

Boeuf à la Niçoise

Menü 14

FÜR 6 PERSONEN

1/SCHMORGURKEN MIT SCHAFKÄSE

2/NUDELN AUF LIGURISCHE ART

3/BEEREN-BECHER

Dieses vegetarische Menü ist sehr leicht und bekömmlich. Es beginnt mit sanft geschmorten Gurken, mit mildem Schafkäse gewürzt. Dazu gibt es getoastetes Vollkornbrot. Die ligurischen Nudeln werden mit Bohnen, Kartoffeln und mit italienischer Kräutersoße (Pesto) zubereitet. Die ungewöhnliche Kombination schmeckt vorzüglich!

1/SCHMORGURKEN MIT SCHAFKÄSE

1 kg Schmor- oder Salatgurken, 2 Fleischtomaten,
1 weiße, junge Zwiebel, 4 Eßl. Öl,
4 Eßl. Zitronensaft, 2 Eßl. Weinessig,
1 Eßl. Instant-Gemüsebrühe, 200 g milder Schafkäse, 100 g schwarze Oliven, 1 Bund Dill,
1 Bund Borretsch (oder Minze).
DAZU: *Geröstetes Vollkornbrot und Butter*

1. Die Schmorgurken schälen, längs halbieren, die Kerne herauskratzen und in Würfel schneiden. Die Tomaten überbrühen, abziehen und in nicht zu kleine Stücke schneiden, die Kerne entfernen. Zwiebel würfeln.

2. Öl erhitzen und die Zwiebel darin weichdünsten. Die Gurkenstücke dazugeben. Zitronensaft, Essig und Gemüsebrühe darübergeben. Den Topf schließen und alles bei kleiner Hitze 35 Minuten dünsten. Zwischendurch zweimal durchheben. In eine Schüssel füllen und abkühlen lassen.

3. Zum Servieren das Gemüse auf einer großen tiefen Platte oder Schüssel anrichten. Den Schafkäse würfeln oder zerbröseln und darüber verteilen. Auch Tomatenstücke, Oliven, fein geschnittenen Dill und Borretsch darübergeben.

2/NUDELN AUF LIGURISCHE ART

2 Bund Basilikum, 2 Bund glatte Petersilie,
1 Teel. Kräutersalz, 1/8 l kalt gepreßtes Olivenöl,
2 Knoblauchzehen, 500 g Schnittbohnen,
500 g kleine, festkochende Kartoffeln,
300 g Bandnudeln, Salz, 50 g Pinienkerne.

1. Die Kräuter waschen und trockenschleudern. Anschließend grob zerschneiden und mit Kräutersalz, Öl und Knoblauch im Mixer oder mit dem Schneidstab pürieren.

2. Die Bohnen putzen, schräg in mundgerechte Stücke schneiden. Die Kartoffeln gründlich bürsten und etwa 15 Minuten in der Schale kochen.

3. Nudeln und Bohnen getrennt in Salzwasser garen: Bohnen etwa acht Minuten, Nudeln nach Packungsanweisung.

4. Die Kartoffeln pellen und achteln. Die Pinienkerne ohne Fett in der Pfanne bräunen.

5. Eine große Schüssel oder tiefe Platte (Durchmesser 30 Zentimeter) vorwärmen. Abgetropfte Nudeln, Bohnen, Kartoffeln und Kräutersoße hineingeben und alles vorsichtig durchmischen. Die Pinienkerne darüberstreuen und servieren.

TIP

Dieses Gericht schmeckt lauwarm am besten.

3/BEEREN-BECHER

*je 250 g rote und schwarze Johannisbeeren,
250 g Himbeeren, 4 Eßl. Zitronensaft,
150 g feiner Zucker, 1/4 l Schlagsahne.*

1. Die Johannisbeeren abspülen und entstielen. Die Himbeeren mit Zitronensaft und dem Zucker pürieren und durch ein feines Sieb rühren.
2. Die Schlagsahne steifschlagen, dann etwa zwei Eßlöffel vom Himbeermark daruntermischen.
3. Zum Anrichten je eine Schicht Johannisbeeren, Sahne und Himbeermark in Dessertschalen füllen.

PLANUNG

Am Vortag:
 ▲ Die Gurken schmoren, kaltstellen. Die Tomaten überbrühen und abziehen.
 ▲ Die Kräutersoße zubereiten, kaltstellen.

Zwei Stunden vor dem Essen:
 ▲ Johannisbeeren abspülen und entstielen, Himbeeren pürieren und durch ein Sieb streichen. Schlagsahne steifschlagen. Alles getrennt abdecken und kaltstellen.
 ▲ Die Bohnen putzen, in Stücke schneiden. Die Kartoffeln mit der Schale kochen, pellen und achteln. Pinienkerne rösten. Zwei Töpfe mit Salzwasser bereitstellen.
 ▲ Die Schmorgurken auf einer Platte anrichten.

Direkt vor dem Servieren:
Vor dem 1. Gang:
 ▲ Vollkornbrot toasten, mit Butter und den Schmorgurken auftragen.
 ▲ Das Nudel- und Bohnenwasser bei mittlerer Hitze langsam zum Kochen bringen.

Vor dem 2. Gang:
 ▲ Nudeln und Bohnen kochen. Schüssel vorwärmen. Nudeln, Bohnen, Kartoffeln und Kräutersoße in der Schüssel vermischen, die Pinienkerne darüberstreuen.

Vor dem 3. Gang:
 ▲ Zwei Eßlöffel Himbeermark unter die Sahne rühren. Je eine Schicht Beeren, Sahne und Himbeermark in Dessertschalen füllen.

MENGENÄNDERUNGEN

FÜR 4 PERSONEN
 VORSPEISE: *bleibt; was übrig bleibt, schmeckt am nächsten Tag als kleine Zwischenmahlzeit.*
 HAUPTGANG: *bleibt. Ein Rest schmeckt kalt als Salat am nächsten Tag sehr gut.*
 DESSERT: *bleibt.*

FÜR 8 PERSONEN
 VORSPEISE: *1,5 kg Gurken, 2 weiße Zwiebeln, 6 Eßl. Öl, 300 g milder Schafkäse.*
 HAUPTGANG: *3 Bund Petersilie, 175 ml Öl, 750 g Kartoffeln, 400 g Bandnudeln.*
 DESSERT: *500 g Himbeeren und 1/2 l Schlagsahne.*

Schmorgurken mit Schafkäse

Nudeln auf ligurische Art

2. KAPITEL

Menü 15

FÜR 6 PERSONEN

1/TOMATEN-ORANGEN-SUPPE

2/GEFÜLLTER KALBSROLLBRATEN MIT WIRSINGGEMÜSE

3/KROKANT-PARFAIT MIT HIMBEERPÜREE

Gefüllter Kalbsrollbraten mit Wirsinggemüse

Ein Menü, das aus der Kälte kommt – aus der Tiefkühltruhe nämlich. Sie können die einzelnen Gänge also schon lange vorher in aller Ruhe zubereiten. Am Tag der Bewirtung sind dann nur noch wenige Handgriffe nötig.

1/TOMATEN-ORANGEN-SUPPE

2 kg sonnenreife Tomaten, 1/2 l Geflügelbrühe (Instant), 4 Saftorangen, Tabasco, Kräutersalz, 1/4 l Schlagsahne, 1 Bund frische Minze (oder 1 Topf).

1. Die Tomaten waschen, zerkleinern und im Mixer pürieren. Durch ein feines Sieb rühren.
2. Das Püree in Gefrierdosen füllen, beschriften und einfrieren. Lagerzeit: bis drei Monate.
3. Das Püree am Abend vor dem Essen aus dem Gefrierschrank nehmen und zum Auftauen in den Kühlschrank stellen.
4. Das Püree mit Geflügelbrühe zum Kochen bringen. Orangen auspressen und dazugeben. Mit Tabasco und Kräutersalz würzen und abschmecken. Die Sahne leicht anschlagen.
5. Zum Servieren die Suppe auf Teller füllen und auf jede Portion einen Eßlöffel Sahne geben. Mit Minzeblättchen bestreuen.

2/GEFÜLLTER KALBSROLLBRATEN MIT WIRSINGGEMÜSE

2,5 kg Kalbsbraten (vom Fleischer zum Füllen vorbereiten lassen), 1/2 Teel. Salz, 1/2 Teel. Pfeffer, 1 Teel. gemahlener Salbei, 1 Möhre, 1 Stück Sellerie, 1 Zwiebel, 1 kg Spinat, 300 g gekochter Schinken, 50 g Pistazien, 3 Eßl. Schmand, 1 Eßl. Speisestärke, 1/8 l Schlagsahne.

1. Den Kalbsbraten innen und außen mit dem gemischten Salz, Pfeffer und Salbei einreiben. Das Gemüse putzen, schälen und kleinschneiden.
2. Den Spinat verlesen, waschen und tropfnaß in einem Kochtopf bei starker Hitze zusammenfallen lassen. Auf einem Sieb gut abtropfen lassen, anschließend noch etwas auspressen.
3. Schinken würfeln und im Blitzhacker zerhacken. Die ganzen Pistazien und den Schmand unterrühren. Mit Pfeffer abschmecken.
4. Den Spinat flach auf dem Fleischstück ausbreiten und die Schinkenfarce darauf verteilen. Das Fleisch aufrollen und mit Küchengarn umwickeln.
5. Den Braten in einen Bratbeutel (oder in Bratfolie) legen und das Gemüse drumherum verteilen. Die Folie sorgfältig nach Anweisung schließen und ein- bis dreimal einstechen.
6. Den Backofen auf 200 Grad/Gas Stufe 3 vorheizen. Den Braten in der Bratfolie auf die Mitte des Backofenrostes legen und einschieben. Nach einer Stunde den Backofen auf 175 Grad/Gas Stufe 2 herunterschalten und den Braten zwei Stunden weitergaren.
7. Den Braten herausnehmen, die Bratfolie oben rundherum aufschneiden und den Braten herausheben. Den Bratenfond durch ein Sieb gießen.
8. Braten und Fond abkühlen lassen; getrennt verpacken, beschriften und einfrieren. Lagerzeit: bis drei Monate.
9. Zum Essen den Braten in einen Bräter legen und ohne Deckel bei Zimmertemperatur etwa acht Stunden auftauen lassen. Fond ebenfalls auftauen lassen.
10. Den Bräter zudecken und in den Backofen schieben. Auf 200 Grad/Gas Stufe 3 schalten und eine Stunde garen. Den Fond offen etwas einkochen. Sahne und Speisestärke verrühren und dazugeben; aufkochen lassen und mit Salz und Pfeffer abschmecken. Den Braten in Scheiben schneiden und anrichten.

WIRSINGGEMÜSE

1 kleiner Kopf Wirsing (etwa 1,5 kg), Salz, 50 g Butter.

1. Den Wirsing putzen: die dunklen äußeren Blätter entfernen (sie schmecken bitter), den Kopf vierteln und den Strunk herausschneiden. Den Kohl in sehr feine Streifen schneiden, in einem Sieb unter fließendem Wasser waschen.

2. Reichlich Salzwasser in einem großen Topf zum Kochen bringen und den Kohl hineingeben. Zugedeckt etwa acht Minuten kochen. Abgießen und in Eiswasser schnell abkühlen lassen. Sehr gut abtropfen lassen und in Gefrierbeutel füllen; beschriften und einfrieren. Lagerzeit: bis drei Monate.

3. Zum Essen den Wirsing unaufgetaut im Beutel in heißes Wasser geben, bei kleiner Hitze 20 Minuten kochen. Butter in einer Pfanne erhitzen und den heißen Wirsing zwei bis drei Minuten darin schwenken.

3/KROKANT-PARFAIT MIT HIMBEERPÜREE

100 g kandierte Früchte, 5 Eßl. Rum (oder Orangensaft), 180 g Zucker, 2 Tropfen Zitronensaft, 1 Eßl. Butter,
50 g Mandelblättchen, 3 Eiweiß,
400 ml Schlagsahne.

HIMBEERSOSSE: *60 g Zucker, 500 g frische Himbeeren.*

1. Die kandierten Früchte kleinschneiden. Mit Rum begießen und 24 Stunden einweichen.

2. 60 g Zucker mit zwei Eßlöffel Wasser und Zitrone im Topf auflösen und bräunen. Die Butter einrühren, dann die Mandelblättchen dazugeben. Alles auf einen geölten Teller geben. Den Krokant nach dem Erkalten grob zerhacken.

3. Eiweiß und den restlichen Zucker (120 g) zu sehr steifem Schnee schlagen. Die Schlagsahne steifschlagen. Die eingelegten Früchte und den gehackten Krokant unter den Eischnee heben. Die Schlagsahne locker darunterziehen.

4. Die Creme in eine mit Pergamentpapier ausgelegte Kastenform (1 1/2 Liter) füllen, beschriften und einfrieren. Lagerzeit: bis drei Monate.

5. Für die Himbeersoße den Zucker mit einem Achtelliter Wasser zu Sirup kochen. Abkühlen lassen. Ein paar schöne Himbeeren für die Garnitur aussortieren. Die restlichen Beeren im Mixer pürieren. Durch ein feines Sieb streichen und mit dem Zuckersirup verrühren. In eine Gefrierdose füllen, beschriften und einfrieren. Die Früchte für die Garnitur getrennt einfrieren. Lagerzeit: bis drei Monate.

6. Zum Essen das Himbeerpüree über Nacht im Kühlschrank auftauen lassen. Das Parfait kurz vor dem Sevierern aus der Form stürzen und in zwölf Scheiben schneiden (das geht gut mit dem elektrischen Messer). Je zwei Scheiben mit etwas Fruchtsoße und den gefrorenen Beeren auf Tellern anrichten.

PLANUNG

Am Vortag:

▲ Die pürierten Tomaten für die Suppe zubereiten oder zum Auftauen aus dem Gefrierschrank nehmen. Auch das Himbeerpüree herausnehmen.

▲ Den Kalbsbraten aus der Verpackung nehmen, in einen Bräter legen und abgedeckt bei Zimmertemperatur auftauen lassen; den Bratenfond ebenfalls auftauen lassen.

1 Stunde vor dem Essen:

▲ Den Braten in den Backofen stellen; auf 200 Grad/Gas Stufe 3 schalten und den Küchenwecker auf eine Stunde einstellen.

▲ Den Wirsing in kochendem Wasser 20 Minuten auftauen lassen.

▲ Die pürierten Tomaten mit der Brühe aufkochen, die Orangen auspressen und den Saft dazugeben; abschmecken. Die Sahne leicht anschlagen.

▲ Den Bratenfond offen etwas einköcheln, binden und würzen; warmhalten.

Direkt vor dem Servieren:

Vor dem 1. Gang:

▲ Die Suppe auf Teller füllen und auf jede Portion ein bis zwei Eßlöffel Sahne und ein paar Minzeblättchen geben.

Vor dem 2. Gang:

▲ Für den Wirsing Butter in der Pfanne aufschäumen lassen und den Kohl darin schwenken; in eine Schüssel füllen. Den Braten in Scheiben schneiden und auf einer Platte anrichten. Die Soße einfüllen. Alles auftragen.

▲ Das Krokant-Parfait aus dem Tiefkühler nehmen.

Vor dem 3. Gang:

▲ Das Parfait aus der Form stürzen und in Scheiben schneiden. Mit dem Himbeerpüree auf Dessertteller geben. Mit den zurückbehaltenen Beeren dekorieren.

MENGENÄNDERUNGEN

FÜR 4 PERSONEN

VORSUPPE: *1 kg Tomaten, 1/4 l Geflügelbrühe, 3 Saftorangen und 1/8 l Schlagsahne.*

HAUPTGANG: *1,25 kg Kalbsbraten und die Hälfte der angegebenen Zutaten für Füllung und Soße. Gemüse: 1 kg Wirsingkohl.*

DESSERT: *bleibt – der Rest wird wieder auf Eis gelegt und zu einem späteren Zeitpunkt gegessen.*

FÜR 8 PERSONEN

SUPPE, BRATEN UND PARFAIT: *bleiben. 2 kg Wirsinggemüse nehmen. Den Bratenfond mit 1/4 l Kalbsfond (Glas) erweitern.*

Krokant-Parfait mit Himbeerpüree

3. KAPITEL
Menüs für 12 bis 16 Gäste

Trauen Sie sich ruhig zu, ab und zu für viele Menschen zu kochen! Bei den zehn Menüs dieses Kapitels wurde so geplant, daß Sie alles, was etwas mehr Arbeit macht, in aller Ruhe vorbereiten können. Für besondere Anlässe wird ganz Edles und sehr Anspruchsvolles angeboten. Aber auch Unkonventionelles und Einfacheres (das sich dann doch als raffiniert entpuppt…) wird vorgeschlagen. Denn Sie wissen am besten, was Ihre Gäste mögen.

Menü 16

FÜR 16 PERSONEN

1/MOUSSE VON RÄUCHERMAKRELE

2/ROASTBEEFBRATEN MIT BOHNEN UND RÖSTKARTOFFELN

3/MARINIERTE ANANAS MIT KOKOSKROKANT

Ein festliches Menü, das anspruchsvollsten Erwartungen gerecht wird. Zart und leicht schmeckt die Mousse von geräucherter Makrele. Der Roastbeefbraten gart nach scharfem Anbraten bei kleiner Hitze gut zwei Stunden im Backofen. Die Kartoffeln bekommen dabei durch den heruntertropfenden Bratensud gleichzeitig die richtige Würze. Das Dessert aus frischer Ananas ist sehr fruchtig und bekömmlich.

1/MOUSSE VON RÄUCHERMAKRELE

2 große, frisch geräucherte Makrelen, 10 Blätter weiße Gelatine, 1/4 l Fischfond (Glas), 2 Becher Schlagsahne (400 g), Salz, frisch gemahlener Pfeffer, Zitronensaft, 3 Fleischtomaten, 150 g Feldsalat, 150 g Radicchiosalat, 4 Eßl. Weinessig, 1/4 Teel. Kräutersalz, Pfeffer, 8 Eßl. Olivenöl.

DAZU: *16 Scheiben Vollkornbrot*

1. Den Fisch filetieren und enthäuten. 750 g Fischfleisch abwiegen.

2. Die Gelatine einweichen, ausdrücken und in etwa vier Eßlöffel Fischfond auflösen. (Mikrowelle: bei 600 Watt 30 Sekunden.)

3. Das Fischfleisch mit dem restlichen Fischfond und Zitronensaft im Mixer pürieren. Die aufgelöste Gelatine unterrühren. Die Creme im Eiswasserbad gelieren lassen; dabei hin und wieder umrühren.

4. Die Sahne steifschlagen und locker unter die Fischcreme ziehen. Mit Salz, Pfeffer und Zitronensaft abschmecken.

5. Eine Kastenform (etwa 2 Liter) mit Frischhaltefolie auskleiden und die Creme einfüllen; glattstreichen, abdecken und im Kühlschrank festwerden lassen.

6. Die Tomaten überbrühen, abziehen und fein würfeln. Den Salat waschen, trockenschleudern und kleinzupfen. Essig, Salz, Pfeffer und Öl in ein Schraubglas geben und kräftig schütteln.

7. Zum Servieren die Mousse aus der Form stürzen, die Frischhaltefolie vorsichtig lösen. Den Salat sorgfältig mit dem Dressing vermischen. Mit einem Messer, das vor jedem Schnitt in warmes Wasser getaucht wird, die Mousse in Scheiben schneiden. Auf Teller legen und mit Salat und Tomatenwürfeln anrichten.

8. Die Brotscheiben toasten, halbieren und dazureichen.

ABWANDLUNG

Statt Makrele können Sie auch sehr gut geräucherte Forelle nehmen.

2/ROASTBEEFBRATEN MIT BOHNEN UND RÖSTKARTOFFELN

2,5 kg kleine Kartoffeln, 3 kg Roastbeef in 2 Stücken (à 1,5 kg), Salz, frisch gemahlener Pfeffer, 50 g Butterschmalz, 10 Eßl. Öl, 30 g getrocknete Steinpilze, 1 Glas Rinderfond (400 ml), 400 ml Rotwein (ersatzweise Rinderfond), 2 Becher Crème double (250 g), 1 Teel. Speisestärke.

Mousse von Räuchermakrele

1. Kartoffeln am Vortag mit der Schale etwa zehn Minuten kochen, abgießen und pellen.

2. Den Backofen auf 90 Grad/Gas Stufe 1 vorheizen. Das Fleisch mit Salz und frisch gemahlenem Pfeffer einreiben. In einer Pfanne (Durchmesser etwa 30 Zentimeter) in heißem Butterschmalz rundherum etwa zehn Minuten kräftig braten.

3. Kartoffeln in die Fettfangschale geben, mit Öl beträufeln und wenden. Das Fleisch auf den Backofenrost über die Kartoffeln setzen und in den Backofen schieben. Beides zweieinhalb Stunden bei 90 Grad garen.

4. Für die Soße Steinpilze, Rinderfond und Rotwein im offenen Topf um die Hälfte einkochen. Crème double einrühren, Soße eventuell mit angerührter Speisestärke binden.

5. Das Fleisch abgedeckt bis zum Anschneiden zehn Minuten ruhen lassen. Die Kartoffeln wenden und unter dem Grill etwa fünf Minuten bräunen; Kartoffeln mit Salz und Pfeffer würzen.

GRÜNE BOHNEN
2 kg Schnittbohnen, Salz, 150 g Bacon, 50 g Butter.

1. Die Bohnen putzen und in Stücke schneiden. In kochendes Salzwasser geben und 15 Minuten kochen.

2. Den Bacon in feine Streifen schneiden und mit der Butter langsam bei mittlerer Hitze auslassen. Kurz vorm Servieren die Bohnen darin schwenken und erhitzen.

Roastbeefbraten mit Bohnen und Röstkartoffeln

3/MARINIERTE ANANAS MIT KOKOSKROKANT

*3 schöne reife Ananas, 10 Eßl. Maraschino oder
5 Eßl. Birnendicksaft, 5 Eßl. Zitronensaft,
75 g Kokosraspel, 3 Eßl. Zucker, 750 g Vanilleeis.*

1. Die Ananasfrüchte längs achteln, den Strunk wegschneiden. Das Fruchtfleisch von der Schale lösen und dann in kleine Stücke zerteilen.

2. Maraschino und Zitronensaft verrühren, über die Ananas gießen, alles durchheben und abgedeckt kaltstellen.

3. Kokosraspel ohne Fett in einer großen weiten Pfanne (Durchmesser 30 Zentimeter) hellbraun rösten. Ständig wenden, sonst verbrennen sie schnell! Den Zucker gleichmäßig darüberstreuen und weiter wenden, bis er sich aufgelöst hat. Auf einen Teller geben und abkühlen lassen.

4. Zum Servieren die Früchte auf Schälchen verteilen, in die Mitte jeweils eine Eiskugel setzen und die Kokosraspel darüberstreuen.

PLANUNG

Am Vortag:
▲ Die Mousse zubereiten und abgedeckt kaltstellen.
▲ Das Dressing für den Salat fertigstellen. Die Tomaten überbrühen und abziehen.
▲ Die Kartoffeln zehn Minuten kochen und pellen.
▲ Für die Soße Steinpilze, Rinderfond und Rotwein einkochen; abkühlen lassen.

3 Stunden vor dem Essen:
▲ Den Backofen auf 90 Grad/Gas Stufe 1 vorheizen. Das Roastbeef anbraten. Mit den Kartoffeln wie beschrieben in den Backofen geben. Zweieinhalb Stunden backen.
▲ Die Bohnen putzen und kleinschneiden. Den Bacon in feine Streifen schneiden.

▲ Salat waschen, schleudern und kleinzupfen. Die Tomaten entkernen und in kleine Würfel schneiden.
▲ Die Ananas sorgfältig schälen, würfeln und marinieren, abgedeckt kaltstellen. Die Kokosraspel rösten.

Direkt vor dem Servieren:
Vor dem 1. Gang:
▲ Die Mousse stürzen, in Scheiben schneiden und auf Teller geben. Salat mit dem Dressing vermischen und daneben anrichten. Das Brot toasten. Das Salzwasser für die Bohnen zum Kochen aufsetzen. Baconstreifen in die Pfanne geben und auf kleinster Hitze langsam auslassen.

Vor dem 2. Gang:
▲ Die Bohnen ins kochende Wasser geben; 15 Minuten kochen. Butter zum Bacon in die Pfanne geben. Die Soße mit Crème double fertigstellen, abschmecken. Das Fleisch aus dem Backofen nehmen, die Kartoffeln grillen. Das Fleisch in Scheiben schneiden, die Kartoffeln würzen; beides getrennt mit der Soße anrichten. Die Bohnen abgetropft in Butter mit Bacon schwenken; anrichten.

Vor dem 3. Gang:
▲ Ananas auf Dessertschälchen verteilen, je eine Kugel Vanilleeis daraufsetzen, mit Kokoskrokant bestreuen und servieren.

MENGENÄNDERUNG

FÜR 12 PERSONEN
MOUSSE: *500 g filetiertes Fischfleisch, also etwa 2 kleine Makrelen, 6 Blatt Gelatine, 1/8 l Fischfond und 1/4 l Schlagsahne.*
Salat: *bleibt.*
HAUPTGANG: *2,5 kg Roastbeef, 2 kg Kartoffeln, 1 Becher Crème double.*
DESSERT: *2 große reife Ananasfrüchte und etwa 500 g Eis.*

Menü 17

FÜR 16 PERSONEN

1/MÖHRENCREMESUPPE MIT GERÖSTETEN KÜRBISKERNEN

2/MARINIERTER PUTENBRATEN MIT GRÜNEM GEMÜSE UND SPÄTZLE

3/SCHOKOLADEN-DESSERTKUCHEN MIT ROT-WEISSER SOSSE

Dieses Menü ist nicht nur geschmacklich, sondern auch farblich perfekt abgestimmt – also für besondere Anlässe richtig. Die Möhrencremesuppe bekommt die pikante Würze durch Orangensaft, Curry und Cayenne. Der fettarme Braten wird durch sanftes Garen zart und saftig; dazu gibt es gebuttertes Gemüse und Spätzle. Den krönenden Abschluß bildet ein Dessertkuchen ohne Mehl, mit zwei hübschen, frischen Soßen.

1/MÖHRENCREMESUPPE MIT GERÖSTETEN KÜRBISKERNEN

2 kg junge zarte Möhren, 60 g Butter,
1 Teel. Zucker, 1 Teel. Curry,
1/2 Teel. Cayennepfeffer, 2 l Geflügelbrühe
(Instant), Saft von 4 Orangen,
1/4 l Schlagsahne, 100 g Kürbiskerne.

1. Die Möhren schälen und in dünne Scheiben schneiden. Butter im Topf aufschäumen lassen und die Möhren dazugeben. Unter Wenden drei Minuten dünsten. Zucker, Curry und Cayennepfeffer dazugeben.

2. Soviel Geflügelbrühe dazugießen, daß die Möhren gerade bedeckt sind. Zugedeckt bei kleiner Hitze etwa zehn Minuten weichgaren. Orangensaft auspressen und dazugeben.

3. Alles mit dem Schneidstab fein pürieren; dabei Brühe nachgießen, bis die Flüssigkeit cremig ist.

4. Kurz vor dem Servieren die Suppe erhitzen und die Sahne einpürieren; mit Salz abschmecken.

5. Kürbiskerne ohne Fett in der Pfanne rösten und zur Suppe reichen.

2/MARINIERTER PUTENBRATEN MIT GRÜNEM GEMÜSE UND SPÄTZLE

1 ganze Putenbrust von etwa 2,5 kg (ohne Haut und Knochen), 4 Teel. Korianderkörner,
1/4 l trockener Weißwein (oder ungesüßter Apfelsaft), Saft von 2 Zitronen, reichlich frisch gemahlener Pfeffer, 1 Teel. gemahlener Ingwer,
1/2 Teel. Zucker, 400 ml Geflügelfond,
50 g Butterschmalz, 8 Eßl. Sojasoße,
1 Eßl. Speisestärke, 1 Becher Schmand (200 g),
Salz.

1. Putenbrust abspülen und trockentupfen.

2. Koriander im Mörser zerstoßen und mit Wein, Zitronensaft, Pfeffer, Ingwer, Zucker und einem Achtelliter Geflügelfond verrühren. Marinade einmal aufkochen lassen.

3. Die Putenbrust in einen Gefrierbeutel legen und die abgekühlte Marinade dazugeben. Den Beutel verschließen und über Nacht kaltstellen. Den Beutel einmal wenden.

4. Zweieinhalb Stunden vor dem Essen das Fleisch trockentupfen. Den Backofen auf 100 Grad/Gas Stufe 1 vorheizen.

5. Butterschmalz in einer Pfanne (Durchmesser 30 Zentimeter) erhitzen und die Putenbrust rundherum kräftig anbraten. Anschließend in einen Bräter oder in die Fettfangschale legen; in den vorgeheizten Backofen schieben und zwei Stunden garen. Die Marinade nach und nach dazugießen.

Marinierter Putenbraten mit grünem Gemüse

6. Das Fleisch mit Alufolie abdecken und warmhalten. Den restlichen Geflügelfond und den Sud mit Sojasoße aufkochen und mit angerührter Speisestärke binden. Schmand einrühren; mit Salz abschmecken.

7. Die Putenbrust in fingerdicke Scheiben schneiden.

GRÜNES GEMÜSE

3 Bund Lauchzwiebeln, 1 kg kleine feste Zucchini, 1 kg TK-Erbsen, Salz, 1 Bund glatte Petersilie, 1 Topf Basilikum, 60 g Butter, frisch gemahlener Pfeffer.

1. Zwiebeln und Zucchini putzen und waschen. Die Zwiebeln in Ringe schneiden, Zucchini etwa in Erbsengröße würfeln.

2. Die Erbsen in kochendes, leicht gesalzenes Wasser geben und einmal aufkochen lassen. Abgießen und abtropfen lassen. Die Kräuter hacken.

3. Butter in einer großen Pfanne erhitzen und die Zucchini hineingeben. Unter Wenden bei starker Hitze etwa fünf Minuten braten. Danach die Zwiebeln und Erbsen dazugeben und bei mittlerer Hitze unter Wenden noch etwa drei Minuten dünsten.

4. Zum Servieren die Kräuter zum Gemüse geben, mit Salz und Pfeffer würzen.

SPÄTZLE

1 kg Spätzle in reichlich Salzwasser nach Anweisung auf der Packung kochen – am besten in einem 10-Liter-Topf oder zwei 5-Liter-Töpfen. Abgetropft mit 100 g Butterflöckchen durchmischen und in vorgewärmte Schüsseln füllen. (Abgekühlte Spätzle lassen sich in der Mikrowelle schonend erhitzen: Zugedeckt bei 600 Watt je nach Menge in etwa drei bis vier Minuten.)

3/SCHOKOLADEN-DESSERTKUCHEN MIT ROT-WEISSER SOSSE

150 g Blockschokolade, 70 g Butter, 6 Eigelb, 100 g Zucker, 2 Eßl. Amaretto (ersatzweise frisch gepreßter Orangensaft), 160 g ungeschäl-

3. KAPITEL

Schokoladen-Dessertkuchen mit rot-weißer Soße

geriebene Mandeln, 6 Eiweiß, Fett für die Form.

ZUM BETRÄUFELN: *1/8 l Espresso, 5 Eßl. Amaretto (ersatzweise 2 Teel. Zuckeer).*

HIMBEERPÜREE: *125 g Zucker, 2 Pakete TK-Himbeeren (à 300 g).*

VANILLESOSSE: *1/2 l Milch, 1 Vanillestange, 40 g Zucker, 20 g Speisestärke, 2 Eigelb.*

EVTL. ZUM DEKORIEREN: *frische Himbeeren und Minze*

1. Schokolade schmelzen lassen. Den Backofen auf 190 Grad/Gas Stufe 2–3 vorheizen.

2. Butter, Eigelb und Zucker schaumig rühren. Amaretto, geschmolzene Schokolade und die gemahlenen Mandeln unterrühren. Eiweiß steifschlagen und unterheben.

3. Eine Springform (von etwa 28 Zentimeter Durchmesser) fetten und den Teig einfüllen. Die Form auf der mittleren Schiene in den vorgeheizten Backofen schieben und 30 Minuten backen.

4. Den Kuchen aus der Form nehmen und abkühlen lassen.

5. Espresso und Amaretto vermischen und den Kuchen etwa zwei Stunden vor dem Servieren damit beträufeln.

6. Für das Himbeerpüree Zucker mit sechs Eßlöffel Wasser zum Kochen bringen und etwa zwei Minuten offen köcheln lassen.

7. Aufgetaute Himbeeren und Zuckersirup im Mixer pürieren; anschließend durch ein feines Sieb rühren.

8. Für die Vanillesoße Milch, das ausgekratzte Mark der Vanillestange, Zucker, Speisestärke und Eigelb verrühren und langsam zum Kochen bringen. Sofort vom Herd nehmen und abkühlen lassen.

9. Zum Servieren den Kuchen in Portionsstücke schneiden und auf Teller geben. Jeweils etwas Himbeerpüree und Vanillesoße drumherum gießen und servieren.

PLANUNG

Am Vortag:

▲ Den Kuchen backen. Himbeer- und Vanillesoße zubereiten und abgedeckt kaltstellen.

▲ Für das Gemüse Zwiebeln und Zucchini putzen und kleinschneiden; abgedeckt kaltstellen.

▲ Den Braten marinieren; die Würzmarinade aufkochen und abgekühlt mit dem Fleisch in einen großen Gefrierbeutel geben; kaltstellen und den Beutel einmal zwischendurch wenden.

▲ Die Möhren für die Suppe putzen und in Scheiben schneiden; abgedeckt kaltstellen.

2 1/2 Stunden vor dem Essen:

▲ Den Schokoladenkuchen mit Amaretto und Espresso tränken.

▲ Den Backofen auf 100 Grad/Gas Stufe 1 vorheizen. Die Putenbrust aus dem Beutel nehmen und kräftig rundherum anbraten. In den Backofen schieben und zwei Stunden garen; die Marinade nach und nach dazugeben.

▲ Die Suppe noch ohne Sahne zubereiten und cremig pürieren. Kürbiskerne und kleine Pfanne bereitstellen.

▲ Die Kräuter für das Gemüse hacken. Die Erbsen einmal aufkochen lassen, abgetropft warmhalten.

▲ Das Gemüse wie beschrieben in Butter andünsten; zugedeckt warmhalten.

Direkt vor dem Servieren:
Vor dem 1. Gang:

▲ Die Suppe erhitzen, abschmecken und die Sahne einpürieren; die Kürbiskerne rösten und dazureichen. Das Wasser für die Spätzle zum Kochen aufsetzen.

Vor dem 2. Gang:

▲ Die Spätzle kochen. Die Soße für den Braten fertigstellen.

▲ Das Fleisch in Scheiben schneiden, die Petersilie unter das Gemüse mischen. Fleisch, Soße und Gemüse anrichten. Die Spätzle abgießen, mit Butterflöckchen durchschwenken; in Schüsseln füllen.

Vor dem 3. Gang:

▲ Den Kuchen in Portionsstücke schneiden und mit den Soßen auf Tellern anrichten; eventuell mit frischen Himbeeren und Minzeblättchen dekorieren.

MENGENÄNDERUNG

FÜR 12 PERSONEN

SUPPE: *1 1/2 l Geflügelbrühe und 75 g Kürbiskerne.*

PUTENBRATEN: *etwa 2,2 kg.*

GEMÜSEBEILAGE: *500 g TK-Erbsen.*

SPÄTZLE: *750 g und 75 g Butter zum Schwenken.*

DESSERTKUCHEN: *bleibt. Reste halten sich verpackt über eine Woche frisch.*

SOSSEN: *bleiben ebenfalls; wer will, kann nachnehmen.*

3. KAPITEL

Menü 18

FÜR 16 PERSONEN

1/GEFÜLLTE AVOCADO MIT SHRIMPS

2/RINDERFILET IN STEINPILZSOSSE MIT TAGLIATELLE

3/VANILLECREME MIT PFLAUMENSOSSE UND TRAUBEN

Ein feines Menü mit besten Zutaten und deswegen auch nicht ganz billig. Die Vorspeise ist einfach in der Zubereitung: Die Avocado braucht nur angerichtet zu werden. Das Filet gelingt garantiert hervorragend, wenn es genau nach Rezept zubereitet wird. Mit der Steinpilzsoße ist es ein ganz besonderer Leckerbissen. Das Dessert erfordert viel Sorgfalt, kann aber schon ein bis zwei Tage vorher in Ruhe zubereitet werden.

1/GEFÜLLTE AVOCADO MIT SHRIMPS

1 Becher Joghurt (200 g), 1 Becher saure Sahne (250 g), 4 Eßl. Zitronensaft,
1/2 Teel. Kräutersalz, etwas Zucker und Cayennepfeffer, 2 Bund Dill, 8 weiche Avocados, Salz, frisch gemahlener Pfeffer,
4 Eßl. Balsamessig, 500 g Shrimps.
  DAZU: *Baguette*

  1. Joghurt, saure Sahne, Zitronensaft, Kräutersalz, Zucker und Cayennepfeffer verrühren und abschmecken. Den Dill fein schneiden.
  2. Die Avocados halbieren und den Kern herauslösen. Die Hälften mit Salz, Pfeffer und Balsamessig würzen. Auf Portionsteller setzen.
  3. Die Shrimps auf die Hälften verteilen und jeweils einen Eßlöffel Joghurtcreme daraufgeben. Mit Dill bestreuen und servieren.

TIP
Kümmern Sie sich schon eine Woche vorher um die Avocados. Harte Früchte müssen ein paar Tage reifen, bevor man sie essen kann.

2/RINDERFILET IN STEINPILZSOSSE MIT TAGLIATELLE

50 g getrocknete Steinpilze, 2,5 kg Rinderfilet,
5 Eßl. Worcestersoße, 1 Eßl. Kräutersalz,
1 Eßl. frisch gemahlener Pfeffer, 2 Eßl. Dijonsenf,
2 Würfel Bratensaft, 1/2 l Schlagsahne,
1/8 l Rotwein (oder Orangensaft),
1 Eßl. Speisestärke.

  1. Die Steinpilze in kaltem Wasser waschen, sie sind oft sehr sandig. Anschließend in einem Viertelliter heißem Wasser mindestens 30 Minuten einweichen. Den Backofen auf 250 Grad/Gas Stufe 5 vorheizen.
  2. Das Filet mit Worcestersoße einreiben. Mit Salz und Pfeffer würzen, dünn mit Senf bestreichen.
  3. In die Fettfangschale des Backofens legen und in den vorgeheizten Backofen schieben. Zehn Minuten braten.
  4. Dann die Temperatur auf 150 Grad/Gas Stufe 1 bis 2 herunterschalten und 30 Minuten weiterbraten.
  5. Inzwischen auf dem Herd die Soße zubereiten: Die Steinpilze mit dem Einweichwasser in einen Topf geben. Bratensaftwürfel, Sahne und Rotwein dazugeben. Alles offen etwa zehn Minuten einköcheln lassen. Speisestärke mit Wasser anrühren und in die Soße rühren; einmal aufkochen lassen. Mit Salz und Pfeffer abschmecken.
  6. Fleisch bis zum Anschneiden zehn Minuten mit Folie abgedeckt ruhen lassen. Den ausgetretenen Fleischsaft zur Soße geben.

Gefüllte Avocado mit Shrimps

TAGLIATELLE

800 g Tagliatelle – pro Person 50 g. Nudeln in reichlich Salzwasser – am besten in zwei Töpfen je fünf Liter – kochen. Abgetropft in Butter schwenken.

3/VANILLECREME MIT PFLAUMENSOSSE UND TRAUBEN

1/4 l Traubensaft, 1/4 l Portwein (oder Pflaumensaft), 6 Eßl. Zitronensaft, 1 Teel. Zimt, 250 g getrocknete Pflaumen ohne Stein.

CREME: *8 Blatt weiße Gelatine, 6 Eier, 150 g Zucker, 2 Vanilleschoten, 3/4 l Milch, 1/4 l Schlagsahne, 500 g kernlose Weintrauben.*

1. Traubensaft, Portwein (oder Pflaumensaft) und Zitronensaft mit Zimt in einer Schüssel verrühren. Die getrockneten Pflaumen hineinlegen und abgedeckt über Nacht einweichen.

2. Creme: Gelatine einweichen, die Eier trennen. Eigelb mit dem Zucker über heißem Wasserbad aufschlagen.

Rinderfilet in Steinpilzsosse mit Tagliatelle

3. Die Vanilleschoten aufschlitzen und das Mark herauskratzen. Mark und Schoten zusammen mit der Milch zum Kochen bringen. Mit den Quirlen des Handrührers nach und nach unter die Eimasse schlagen. Dann über dem heißen Wasserbad so lange weiterschlagen, bis die Masse kurz vor dem Kochen ist.

4. Die Gelatine abgetropft Blatt für Blatt in die heiße Eicreme rühren.

5. Den Topf mit der Creme in ein Eiswasserbad stellen. Die Creme bis zum Gelieren weiterrühren.

6. Eiweiß und Schlagsahne getrennt steifschlagen und nacheinander unter die gelierende Creme ziehen. In zwei Schüsseln füllen und abgedeckt über Nacht kaltstellen.

7. Am nächsten Tag die Pflaumen mit der Flüssigkeit im Mixer fein pürieren. Die Trauben von den Stengeln lösen.

8. Zum Anrichten die Pflaumensoße als »Spiegel« auf Teller verteilen. Die Vanillecreme mit einem Löffel abstechen und daraufsetzen; die Trauben rundherum legen.

PLANUNG

Am Vortag:
- ▲ Die getrockneten Pflaumen einweichen.
- ▲ Vanillecreme zubereiten (das erfordert etwas Zeit und Sorgfalt).
- ▲ Das Filet mit Worcestersoße einreiben; abgedeckt kaltstellen.

Zwei Stunden vor dem Essen:
- ▲ Die Steinpilze waschen und einweichen.
- ▲ Die eingeweichten Pflaumen im Mixer pürieren; Trauben von den Stengeln lösen.
- ▲ Joghurtsoße für die Avocados anrühren; Dill fein schneiden.
- ▲ Filet mit Salz, Pfeffer und Senf würzen.
- ▲ Alles für die Steinpilzsoße im Topf verrühren und offen zehn Minuten einkochen; Speisestärke anrühren.

Direkt vor dem Servieren:
Vor dem 1. Gang:
- ▲ Für das Filet den Backofen auf 250 Grad/Gas Stufe 5 vorheizen.
- ▲ Die Avocados auf Teller anrichten und füllen. Baguette in Scheiben schneiden. Das Filet in den Backofen schieben, auf 150 Grad/Gas Stufe 1 bis 2 zurückschalten und den Küchenwecker auf 30 Minuten stellen. Das Wasser für die Nudeln bei kleiner Hitze aufsetzen.

Vor dem 2. Gang:
- ▲ Das Nudelwasser zum Kochen bringen, die Soße aufkochen und mit Speisestärke binden. Das Fleisch aus dem Backofen nehmen; abgedeckt zehn Minuten bis zum Anschneiden ruhen lassen. Die Nudeln nach Anweisung kochen; den Küchenwecker einstellen. Das Fleisch in Scheiben schneiden, auf einer Platte anrichten, die Soße einfüllen, die Nudeln abgießen und in Butter schwenken. Alles auftragen.

Vor dem 3. Gang:
- ▲ Pflaumensoße, Vanillecreme und Trauben auf Portionstellern anrichten.

MENGENÄNDERUNG

FÜR 12 PERSONEN

VORSPEISE: *6 Avocados. Füllung: bleibt und ist etwas üppiger.*

RINDERFILET: *2 kg, alles andere bleibt*

BEILAGE: *600 g Tagliatelle.*

VANILLECREME: *bleibt.*

Reste halten sich im Kühlschrank zwei Tage.

3. KAPITEL

Menü 19

FÜR 16 PERSONEN

1/QUARKTERRINE MIT SALAT

2/SPARGELRAGOUT MIT EDELFISCH UND WILDREISMISCHUNG

3/EXOTISCHER OBSTSALAT

Etwas Aufwand erfordert dieses sehr edle Menü. Die Gemüsezutaten für die Quarkterrine müssen geduldig fein gewürfelt werden, und beim Hauptgang kommt es sehr darauf an, den Fisch auf den Punkt zu garen. Beim Dessert dagegen ist die Zubereitung problemlos, wenn die Früchte schön und reif sind.

1/QUARKTERRINE MIT SALAT

12 Blätter weiße Gelatine, 1 Bund Radieschen, 200 g Möhren, 200 g Cornichons, je ein Bund Dill und Schnittlauch, 1 kg Speisequark, 4 Eßl. Zitronensaft, Kräutersalz, Cayennepfeffer, 2 Becher Schlagsahne (à 200 g).
SALAT: *200 g Radicchio, 1 Friséesalat, 100 g Feldsalat.*
VINAIGRETTE: *1 Eßl. Honig, 4 Eßl. Weinessig, 1 Teel. Instant-Gemüsebrühe, 6 Eßl. Erdnußöl, Pfeffer.*
DAZU: *Walnußbrot und Butter*

1. Zwei Kastenformen (1 1/2 Liter) mit angefeuchteter Klarsichtfolie auskleiden. Die Gelatine einweichen.
2. Radieschen, Möhren und Cornichons sehr fein würfeln oder im Blitzhacker fein hacken. Die Kräuter fein schneiden. Alles unter den Quark rühren, mit Zitronensaft, Kräutersalz und Cayennepfeffer abschmecken.
3. Die Sahne steifschlagen. Die abgetropfte Gelatine im Wasserbad (oder bei 600 Watt 30 Sekunden in der Mikrowelle) auflösen und unter den Quark rühren. Die Schlagsahne darunterziehen.

4. Die Masse in die vorbereiteten Formen füllen, glattstreichen und in den Kühlschrank stellen.
5. Den Salat putzen, waschen und trockenschleudern. Für die Salatsoße Honig mit zwei Eßlöffel Wasser, Essig und Brühe erwärmen, das Öl darunterrühren, mit Salz und Pfeffer abschmecken.
6. Zum Servieren die Quarkterrinen stürzen, die Folien abziehen und in Scheiben schneiden. Den Salat mit der Salatsoße vermischen und drumherum verteilen.

2/SPARGELRAGOUT MIT EDELFISCH UND WILDREISMISCHUNG

2 kg weißer Spargel, Salz, 1 Teel. Zucker, 1,5 kg Lachsfilet (ohne Haut und Gräten), 400 ml Fischfond (Glas), 1/8 l Weißwein oder Gemüsebrühe, 1 kg TK-Gambas (roh in der Schale), 80 g Butter, 20 g Krebsbutter (Dose), 100 g Mehl, 1 Becher Schlagsahne (200 g), 4 Eßl. Zitronensaft, 1 Topf Basilikum.

1. Den Spargel schälen und in mundgerechte Stücke brechen. Einen Liter Wasser mit zwei Teelöffel Salz und dem Zucker zum Kochen bringen und den Spargel etwa 15 Minuten darin garen. Den Spargel abgießen, das Spargelwasser auffangen.
2. Den Lachs abspülen. Fischfond und Wein aufkochen und Lachs hineingeben. Den Topf vom Herd nehmen und den Fisch in vier Minuten garziehen lassen. Mit einer Schaumkelle herausheben und abgedeckt warmhalten.

Quarkterrine mit Salat

3. Die Gambas gefroren in den kochenden Fond geben. Aufkochen lassen, den Topf von der Herdplatte ziehen. Die Gambas in vier Minuten garziehen lassen. Mit einer Schaumkelle herausnehmen.

4. Butter und Krebsbutter in einem Topf aufschäumen lassen. Das Mehl dazugeben, gut durchrühren und anschwitzen lassen. Das Spargelwasser und den durchgesiebten Fischfond (von Krabben und Lachs) nach und nach dazugeben, dabei kräftig durchrühren, aufkochen lassen. Zum Schluß die Sahne einrühren. Mit Zitronensaft und Salz abschmecken.

5. Gambas aus den Schalen brechen und den Darm entfernen. Zusammen mit dem Spargel in die Soße geben und bei kleiner Hitze etwa fünf Minuten darin durchziehen lassen.

6. Das Ragout in vorgewärmte Schüsseln füllen und mit Basilikumblättchen garnieren.

WILDREISMISCHUNG

3 Packungen Wildreismischung (750 g) nach Packungsanweisung in Salzwasser garen.

3/EXOTISCHER OBSTSALAT

1 große Ananas, 2 Mangos, 2 Ogen- oder Honigmelonen, 1 kg Weintrauben, 5 Kiwis, 5 Bananen, 6 Clementinen, 2 Zitronen, 8 Eßl. Ahornsirup.

1. Ananas längs achteln, den Strunk abschneiden. Das Fruchtfleisch von der Schale lösen, in Stücke schneiden. Die Mangos schälen und das Fruchtfleisch um den Kern herum in kleinen Stückchen abschneiden. Melone halbieren, Kerne entfernen, in schmale Spalten schneiden und das Fruchtfleisch in kleinen Stückchen von der Schale schneiden.

2. Weintrauben halbieren und entkernen, Kiwis schälen und in Spalten schneiden. Bananen schälen, in Scheiben schneiden. Clementinen schälen und die Fruchtspalten einmal quer durchschneiden. Die Früchte in einer großen Schüssel durchmischen.

3. Zitronen auspressen und den Saft mit Ahornsirup verrühren; über das Obst gießen. Vorsichtig durchmischen, ein paar Stunden kaltstellen und durchziehen lassen.

3. KAPITEL

PLANUNG

Am Vortag:

▲ Die Quarkterrine fertig zubereiten und kaltstellen. Den Salat waschen, trockenschleudern, in einen Gefrierbeutel füllen und ins Gemüsefach des Kühlschranks legen. Die Salatsoße anrühren.

▲ Den Spargel schälen, in ein feuchtes Küchentuch einwickeln, in Gefrierbeuteln verpackt kaltstellen.

Eineinhalb Stunden vor dem Essen:

▲ Den Obstsalat fertig zubereiten, abdecken.

▲ Den Reis garen. Den Lachs abspülen. Den Spargel in Stücke brechen und 15 Minuten garen; das Spargelwasser aufheben. Den Lachs garen und warmhalten.

▲ Die Gambas garen, aus den Schalen brechen und den Darm entfernen. Spargel, Lachs und Gambas in die Soße geben und alles bei kleinster Hitze gut zugedeckt warmhalten. Den Reis auf der Fettfangschale bei 100 Grad im Backofen warmhalten.

Direkt vor dem Servieren:
Vor dem 1. Gang:

▲ Die Terrine aus der Form stürzen, die Folie vorsichtig entfernen, in Portionsscheiben schneiden und auf Tellern anrichten. Den Salat sorgfältig mit der Salatsoße vermischen und drumherum verteilen. Mit Walnußbrot und Butter servieren.

Vor dem 2. Gang:

▲ Das Ragout in Schüsseln füllen und mit Basilikumblättern bestreuen. Den Reis anrichten.

Vor dem 3. Gang:

▲ Den Fruchtsalat in Schüsseln oder auf zwei großen Platten servieren. Übrigens schmeckt auch die Weinbrandsoße von Seite 143 sehr gut dazu.

MENGENÄNDERUNG

FÜR 12 PERSONEN

QUARKTERRINE: *150 g Möhren, 150 g Cornichons, 750 g Speisequark, 1 1/2 Becher Schlagsahne (300 g) und 8 Blatt weiße Gelatine.*

SALAT: *bleibt.*

SPARGELRAGOUT: *1 kg Lachs und 750 g Gambas.*

OBSTSALAT: *500 g Weintrauben und 3 Clementinen.*

Spargelragout mit Edelfisch und Wildreismischung

106

Menü 20

FÜR 16 PERSONEN

1/KRÄUTERCREMESUPPE

2/BUNTE GEMÜSEPFANNE

3/APFEL-BIRNEN-CREME MIT PISTAZIEN

Dieses vegetarische Menü ist preiswert und außerdem einfach in der Zubereitung. Jeder, der gerne Gemüse ißt, kommt voll auf seine Kosten. Denn das Menü ist frisch, würzig und fruchtig – gut geeignet für Freunde mit großem Hunger.

1/KRÄUTERCREMESUPPE

500 g Kartoffeln, 5 Schalotten, 300 g gemischte Kräuter (zum Beispiel: glatte Petersilie, Kerbel, Basilikum, Borretsch, Sauerampfer, Schnittlauch), 40 g Butter, 2 l Gemüsebrühe (Instant), 1/4 l Schlagsahne, 1/4 l saure Sahne, Kräutersalz, Cayennepfeffer, Curry, Muskat, Zitronensaft.

1. Die Kartoffeln schälen und in leicht gesalzenem Wasser kochen, abgießen.
2. Schalotten abziehen und grob würfeln. Die Kräuter waschen, trockenschleudern, von den großen Stielen zupfen. Den Schnittlauch für die Garnitur aufheben.
3. Die Butter in einem Topf (sechs Liter) erhitzen und die Schalotten zartgelb und weichdünsten. Die Kräuter dazugeben, so lange mitdünsten, bis sie zusammenfallen.
4. Die Brühe dazugießen und alles eine Minute durchkochen. Die gekochten Kartoffeln dazugeben. Alle Zutaten mit dem Schneidstab oder im Mixer pürieren. Sahne und Gewürze dazugeben und nochmals durchpürieren. Mit Zitronensaft abschmecken.
5. Schnittlauch in feine Ringe schneiden und zum Servieren auf die Suppe streuen.

2/BUNTE GEMÜSEPFANNE

4 Auberginen, Salz, 2 Gemüsezwiebeln, 1/8 l Sonnenblumenöl, je 2 grüne, gelbe und rote Paprikaschoten, 1,5 kg Kartoffeln, 500 g Zucchini, 1/8 l Olivenöl, 4 Knoblauchzehen, 2 EßL. getrockneter Oregano, reichlich frisch gemahlener Pfeffer, 1/4 l Weißwein (oder frisch gepreßter Orangensaft), 500 g Schafkäse, 1/2 l Milch.
DAZU: *4 Fladenbrote*

1. Auberginen in fingerdicke Scheiben schneiden. Mit Salz bestreut etwa 30 Minuten schwitzen lassen. Die Zwiebeln abziehen und in Spalten schneiden. Mit dem Sonnenblumenöl im geschlossenen Topf weichdünsten. Paprikaschoten putzen und in nicht zu kleine Stücke schneiden. Kartoffeln schälen und vierteln. Zucchini in Scheiben schneiden. Diese Zutaten außer den Auberginen in einer großen Schüssel (acht Liter) vermischen. Den Backofen auf 200 Grad/Gas Stufe 3 vorheizen.
2. Olivenöl, durchgepreßte Knoblauchzehen, Oregano, Pfeffer, Salz und Wein vermischen und zum Gemüse in die Schüssel geben. Die Auberginen abspülen und dazugeben. Alles gut durchmischen.
3. Das Gemüse auf zwei Fettfangschalen des Backofens verteilen. Im Backofen nacheinander jeweils eine Stunde backen. Zwischendurch einmal durchmischen.
4. Damit beide Bleche auf einmal heiß serviert werden können, wird das erste, fertige Gemüse in den letzten zehn Minuten zum zweiten Blech in den Backofen geschoben.

107

Bunte Gemüsepfanne

5. Schafkäse mit Milch cremig pürieren. Jeder nimmt sich etwas davon über das heiße Gemüse.

3/APFEL-BIRNEN-CREME MIT PISTAZIEN

500 g Äpfel, 500 g Birnen, Saft von zwei Zitronen, 150 g Zucker, 8 Blätter weiße Gelatine, 4 Eier, etwa 1/8 l milder Rum (oder frisch gepreßter Orangensaft), 1/2 l Schlagsahne, 600 g Pistazienkerne.

1. Die Äpfel und Birnen schälen, entkernen und in Spalten schneiden. Zitronensaft und 50 g Zucker dazugeben. Zugedeckt etwa 30 Minuten weichdünsten. Zum Abtropfen auf ein Sieb geben; den Saft auffangen.
2. Gelatine einweichen. Die Eier trennen. Eigelb und den restlichen Zucker cremig schlagen. Den Abtropfsaft mit Rum auf einen Viertelliter auffüllen und zur Eicreme geben. Die Gelatine nach Anweisung auflösen (oder abgetropft in der Mikrowelle bei 600 Watt 20 Sekunden) und unter die Eicreme rühren. Zum Gelieren kaltstellen.
3. Eischnee steifschlagen, Sahne steifschlagen. Beides unter die gelierende Eicreme ziehen.
4. Abwechselnd gedünstete Früchte und Creme in Dessert-Glasschüsseln füllen. Mit gehackten Pistazien bestreuen. Bis zum Servieren kaltstellen.

Planung
Am Vortag:

▲ Die Apfelcreme fertig zubereiten, abgedeckt kaltstellen.

▲ Die Zwiebeln für die Gemüsepfanne abziehen und in Spalten schneiden. Mit Öl im geschlossenen Topf bei kleiner Hitze weichdünsten. Das Gemüse bis auf die Kartoffeln und die Auberginen putzen und kleinschneiden, in Gefrierbeuteln kaltstellen. Schafkäse und Milch im Mixer pürieren; kaltstellen.

3 Stunden vor dem Essen:

▲ Die Auberginen in Scheiben schneiden und salzen. Kartoffeln für die Gemüsepfanne schälen und vierteln. Olivenöl, Knoblauch, Oregano, Pfeffer, Salz und Wein vermischen. Die Auberginen abspülen und mit dem übrigen vorbereiteten Gemüse in einer großen Schüssel mit dem Würzöl mischen. Auf zwei Fettfangschalen des Backofens verteilen.

1 1/2 Stunden vor dem Essen:

▲ Den Backofen auf 200 Grad/Gas Stufe 3 vorheizen. Die erste Fettfangschale in den vorgeheizten Backofen schieben und eine Stunde backen; zwischendurch einmal durchheben; den Küchenwecker einstellen. Anschließend die zweite Partie Gemüse eine Stunde lang backen.

▲ Die Kräutercremesuppe (noch ohne Sahne) zubereiten. Den Schnittlauch in Röllchen schneiden und abdecken.

Direkt vor dem Servieren:
Vor dem 1. Gang:

▲ Die Kräutercremesuppe erhitzen, die Sahne dazugeben. Mit Zitronensaft abschmecken. In einer Terrine oder in Suppentassen anrichten, mit Schnittlauch bestreuen.

Vor dem 2. Gang:

▲ Zehn Minuten vor Ablauf der Garzeit des zweiten Bleches auch das zuerst gebackene Blech noch einmal in den Backofen schieben.

Vor dem 3. Gang:

▲ Das Dessert aus der Kühlung nehmen und servieren.

MENGENÄNDERUNG

FÜR 12 PERSONEN

SUPPE: *bleibt; Rest hält sich im Kühlschrank 2 Tage.*

GEMÜSEPFANNE: *3 Auberginen, 1 kg Kartoffeln und 4 Paprikaschoten. Die übrigen Mengen bleiben bestehen. Zum Garen reicht eine Fettfangschale.*

SOSSE: *300 g Schafkäse und 1/4 l Milch.*

APFEL-BIRNEN-CREME: *die angegebene Menge bleibt unverändert.*

Apfel-Birnen-Creme mit Pistazien

Menü 21

FÜR 16 PERSONEN

1/GRATINIERTE POLENTA

2/FRISCHE GEMÜSESUPPE

3/HIMBEEREN UND STACHELBEEREN MIT KOKOSRASPEL

Ein interessantes vegetarisches Menü mit mediterranem Einschlag: Hier wird die Polenta im Ofen überbacken – mit würzigem Schafkäse und Tomaten. Die Gemüsesuppe bietet vielerlei Erntefrisches schonend gegart und fein gewürzt. Ein Hochgenuß für Suppenfans. Zum Dessert gibt es dann frische Beeren mit Sahne und Kokosraspel.

1/GRATINIERTE POLENTA

3 Zwiebeln, 3/4 l Gemüsebrühe (Instant),
3/4 l Milch, Kräutersalz, 400 g Maisgrieß,
75 g Parmesankäse, 75 g Butter,
frisch gemahlener Pfeffer, 4 Fleischtomaten,
350 g Schafkäse, 1 Eßl. Majoran.
  SALAT: 1 Römersalat, 100 g Sojasprossen,
2 Eßl. Weinessig, Salz, 4 Eßl. Olivenöl.

1. Die Zwiebeln würfeln und mit Brühe, Milch und wenig Salz zum Kochen bringen. Den Maisgrieß einrühren. Bei kleiner Hitze 20 Minuten köcheln lassen, dabei ständig rühren.
2. Zum Schluß den Parmesankäse und die Butter unterrühren. Mit Kräutersalz und Pfeffer würzen.
3. Das Backblech mit etwas Butter fetten und den Brei daraufstreichen.
4. Tomaten überbrühen, abziehen, entkernen und fein würfeln. Käse reiben. Beides auf der Polenta verteilen. Mit Majoran bestreuen.
5. Den Grill vorheizen und die Polenta etwa zehn Minuten überbacken. Anschließend in Portionsstücke schneiden und servieren.

6. Inzwischen den Salat und die Sprossen waschen. Die Blätter trockenschleudern und in feine Streifen schneiden. Essig, Salz und Pfeffer verrühren, das Öl darunterschlagen; mit dem Salat und den Sprossen vermischen. Auf Teller verteilen.
7. Zum Servieren die heiße Polenta in Portionsstücke schneiden und auf dem fertigen Sprossensalat anrichten.

2/FRISCHE GEMÜSESUPPE

1 kg Porree, 500 g Möhren, 500 g grüne Bohnen,
1 kleiner Wirsingkohl, 3 Kohlrabi,
1 kg Kartoffeln, 1 Blumenkohl, 500 g Broccoli,
50 g Butter, 4 l Gemüsebrühe (Instant), 1 Dose
dicke weiße Bohnen (425 g), Kräutersalz, frisch
gemahlener Pfeffer, 8 Eßl. kalt gepreßtes Olivenöl,
150 g Parmesankäse.

1. Das Gemüse putzen, schälen, waschen und in nicht zu kleine Stücke schneiden. Den Porree in feine Ringe schneiden.
2. Butter in einem großen Topf erhitzen. Den Porree unter gelegentlichem Wenden in 15 Minuten weichdünsten. Wirsing, Kartoffeln, Möhren, grüne Bohnen und Kohlrabi dazugeben und heiße Brühe angießen. Zugedeckt bei mittlerer Hitze 15 Minuten garen.
3. Broccoli und Blumenkohl dazugeben. Zugedeckt zehn Minuten weitergaren.
4. Die Bohnen abgießen, in eine Schüssel geben. Zwei Suppenkellen heiße Brühe dazugeben. Die Bohnen mit dem Schneidstab

Frische Gemüsesuppe

pürieren; das Püree unter die Gemüsesuppe rühren. Zehn Minuten weitergaren. Die Suppe mit Salz und Pfeffer abschmecken.

5. Das Olivenöl kurz vor dem Servieren in die Gemüsesuppe rühren. Den Parmesankäse reiben und dazureichen.

3/HIMBEEREN UND STACHELBEEREN MIT KOKOSRASPEL

2 kg grüne Stachelbeeren, 1 kg frische Himbeeren, 275 g Zucker, 8 Eßl. Himbeergeist (oder Himbeersirup), 3/4 l Schlagsahne, 3 Päckchen Vanillezucker, 100 g Kokosraspel.

1. Die Stachelbeeren waschen und putzen. Die Himbeeren verlesen.

2. Den Zucker bis auf zwei Eßlöffel mit einem Achtelliter Wasser zum Kochen bringen; etwa drei Minuten offen köcheln lassen. Die Stachelbeeren hineingeben und unter Wenden etwa zehn Minuten dünsten. Sie dürfen nicht zerfallen!

3. Die Himbeeren zusammen mit dem Himbeergeist unter die Stachelbeeren heben.

4. Die Sahne mit Vanillezucker steifschlagen. Die Kokosraspel ohne Fett in einer Pfanne hellbraun rösten, zwei Eßlöffel Zucker darüberstreuen. Unter Wenden schmelzen lassen. Sofort aus der Pfanne nehmen und auf einen Teller geben.

5. Die Früchte mit Sahne und Kokosraspel anrichten.

PLANUNG

Am Vortag:

▲ Die Polenta kochen und wie beschrieben auf ein gebuttertes Backblech streichen; mit einem Tuch abdecken. Die Tomaten überbrühen und abziehen; den Käse reiben und abdecken.

Drei Stunden vor dem Essen:

▲ Das Gemüse für die Suppe putzen, waschen und kleinschneiden. Parmesan reiben.

▲ Den Salat waschen und feinschneiden. Die Vinaigrette anrühren.

▲ Die Tomaten fein würfeln; die Kerne entfernen. Tomaten und Käse auf der Polenta verteilen.

▲ Stachelbeeren putzen, waschen, Himbeeren verlesen. Zuckersirup aufkochen; die Stachelbeeren darin dünsten. Warmhalten. Die Sahne steifschlagen und kaltstellen.

50 Minuten vor dem Essen:

▲ Die Suppe nach Rezept zubereiten. Die Bohnen mit etwas Brühe pürieren; unter die fertige Gemüsesuppe rühren.

Direkt vor dem Servieren:
Vor dem 1. Gang:

▲ Den Grill vorheizen. Den Salat mit der Vinaigrette vermischen und auf Teller verteilen. Polenta unter den vorgeheizten Grill schieben; zehn Minuten überbacken. In Portionsstücke schneiden und auf den Salat setzen.

Vor dem 2. Gang:

▲ Die Gemüsesuppe abschmecken und das Olivenöl vorsichtig darunterrühren. Mit dem Parmesankäse servieren.

Vor dem 3. Gang:

▲ Die Kokosraspel rösten. Himbeeren und Himbeergeist unter die warmen Stachelbeeren heben; auf eine oder zwei Platten füllen. Sahne und Kokosraspel darüber verteilen.

MENGENÄNDERUNG

FÜR 12 PERSONEN

POLENTA: *bleibt.*

SALAT: *bleibt.*

SUPPE: *kein Broccoli und nur 250 g Möhren.*

DESSERT: *1,5 kg Stachelbeeren und 750 g Himbeeren, 200 g Zucker für den Sirup und 6 Eßl. Himbeergeist (oder Himbeersirup), 75 g Kokosraspel und 1 1/2 Eßl. Zucker.*

Himbeeren und Stachelbeeren mit Kokosraspel

Menü 22

FÜR 16 PERSONEN

1/LINSENSUPPE MIT BÜNDNER FLEISCH

2/FISCH IN ASPIK MIT APFEL-MEERRETTICHSOSSE UND PELLKARTOFFELN

3/TOPFENPALATSCHINKEN

Ein Menü, dessen Zubereitung etwas Zeit braucht. Das meiste kann aber schon am Vortag in aller Ruhe vorbereitet oder sogar fertiggestellt werden. Die Speisenfolge ist ungewöhnlich: Zu Beginn eine heiße Suppe, dann Lachs und Forelle in Aspik mit Pellkartoffeln, zum Schluß klassischer Topfenpalatschinken.

1/LINSENSUPPE MIT BÜNDNER FLEISCH

*1 Bund Suppengrün, 250 g Kartoffeln,
4 Schalotten, 40 g Butter, je 50 g rote, schwarze und braune Linsen (gibt's in Bio-Läden),
6 Eßl. Balsamessig (oder Johannisbeeressig),
2 l heiße Rindfleischbrühe (Instant),
2 Lorbeerblätter, 200 g Bündner Fleisch,
frisch gemahlener Pfeffer.*

1. Das Suppengemüse putzen, waschen und in kleine Würfel schneiden. Die geschälten Kartoffeln ebenfalls klein würfeln. Schalotten hacken.
2. Die Butter im Kochtopf aufschäumen lassen und die Schalotten darin andünsten. Gemüse, Kartoffeln und Linsen zugeben und etwa drei Minuten unter Wenden andünsten.
3. Mit dem Essig ablöschen und sofort völlig verdampfen lassen. Erst dann die heiße Brühe angießen; Lorbeerblätter dazugeben. Zugedeckt bei kleiner Hitze etwa 40 Minuten weichgaren.
4. Das Bündner Fleisch fein würfeln und unmittelbar vor dem Servieren zur Suppe geben. Die Linsensuppe mit Pfeffer würzen.

2/FISCH IN ASPIK MIT APFEL-MEERRETTICHSOSSE UND PELLKARTOFFELN

*1 kg Gräten von Lachs und Seezunge (mit dem anderen Fisch beim Händler bestellen),
1 Bund Suppengrün, 1 Lorbeerblatt,
10 Pfefferkörner, 1/2 l Weißwein oder Gemüsebrühe, 2 Fenchelknollen, Salz, 2 Eßl. Zitronensaft,
2 Fleischtomaten, 2 kg filetierter Lachs, 2 Eiweiß,
20 Blätter weiße Gelatine, 1 kg geräucherte Forellenfilets, etwas Dill.*

1. Den Fischfond für das Aspik zubereiten: Die Gräten kalt abspülen und mit einer Küchenschere kleinschneiden. Das Gemüse putzen, waschen und fein zerkleinern. Alles mit Pfefferkörnern, Lorbeerblatt, Wein und einem dreiviertel Liter Wasser zum Kochen bringen, abschäumen und 25 Minuten offen köcheln lassen. Durch ein Sieb gießen.
2. Den Fenchel putzen, die Fäden entfernen, in kleine Würfel schneiden. Einen Viertelliter Salzwasser mit Zitronensaft aufkochen lassen und den Fenchel darin in etwa drei Minuten bißfest kochen. Durch ein Sieb gießen, den Sud für das Aspik auffangen. Den Fenchel in Eiswasser abkühlen lassen.
3. Die Tomaten einritzen, überbrühen und abziehen. Die Kerne entfernen und das Fruchtfleisch wie den Fenchel würfeln.
4. Den Lachs in drei Zentimeter breite Streifen schneiden. Fischfond zum Kochen bringen, den Lachs hineingeben. Topf vom Herd ziehen und den Lachs drei Minuten darin gar-

Fisch in Aspik mit Apfel-Meerrettichsoße

ziehen lassen. Mit einer Schaumkelle herausnehmen, abgedeckt beiseite stellen und abkühlen lassen.

5. Den Fischfond und die Fenchelbrühe zusammengießen, erwärmen und mit Salz abschmecken. Die zwei Eiweiß leicht verschlagen und in die erwärmte Flüssigkeit rühren. Nun unter ständigem Rühren zum Kochen bringen. Einmal aufkochen lassen. Zugedeckt beiseite stellen. Nach etwa 15 Minuten durch ein mit einem feuchten Tuch ausgelegtes Sieb gießen. Die Brühe abmessen: Es werden einhalb Liter gebraucht. Eventuell mit Wein auffüllen.

6. Die Gelatineblätter in kaltem Wasser einweichen. Nach zehn Minuten in etwas heißer Aspikflüssigkeit auflösen (oder in der Mikrowelle bei 600 Watt 30 Sekunden). Die aufgelöste Gelatine unter die abgekühlte Flüssigkeit rühren.

7. Eine große (z. B. die Fettfangschale des Backofens) oder zwei flache Formen kalt ausspülen. Fischstücke, Fenchel- und Tomatenwürfel und die Forellenfilets hineinlegen. Die Aspikflüssigkeit darübergießen. Mit Dillspitzen garnieren. An einem kühlen Platz über Nacht festwerden lassen.

8. Zum Servieren das Aspik in Portionsstücke schneiden und auf Teller verteilen.

APFEL-MEERRETTICHSOSSE UND PELLKARTOFFELN

125 g Meerrettich (Glas), 3 säuerliche Äpfel,
2 Becher Schmand (à 200 g),
3 Becher saure Sahne (à 200 g), Salz.

Den Meerrettich in eine Schüssel geben. Die Äpfel schälen und um das Kerngehäuse herum direkt in die Schüssel reiben. Schmand und saure Sahne darunterrühren. Die Soße mit Salz abschmecken.

Pro Person brauchen Sie etwa 200 g Kartoffeln. Bei neuen Kartoffeln erübrigt sich das Pellen, allerdings müssen die Kartoffeln einzeln sorgfältig gebürstet werden. Die Kartoffeln mit zwei Eßlöffel Kümmel garkochen. (Gepellte Kartoffeln lassen sich gut in der Mikrowelle erhitzen: 500 g zugedeckt bei 600 Watt etwa fünf Minuten – für die doppelte Menge brauchen Sie die doppelte Zeit.) Die heißen Pellkartoffeln in Butter und gehackte Petersilie schwenken.

3/TOPFENPALATSCHINKEN

TEIG: *40 g Butter, 150 g Mehl,*
1 Eßl. Speisestärke, 1 Prise Salz,
1 Eßl. Puderzucker, 4 Eier, 1/4 l Milch.
FÜLLUNG: *150 g Butter, 150 g Zucker,*
2 Päckchen Vanillezucker, 6 Eigelb,
1 kg Speisequark (20 % Fett), 200 g in Rum (oder Traubensaft) eingeweichte Rosinen, 1 Prise Salz,
abgeriebene Schale von 1 Zitrone.
GUSS: *1/2 l Milch, 4 Eier.*

1. Die Butter schmelzen, dann lauwarm abkühlen lassen. Mehl, Speisestärke, Salz, Puderzucker, Eier und Milch verrühren. Butter darunterziehen. 30 Minuten ruhen lassen.

2. In einer Pfanne von etwa 18 Zentimeter Durchmesser etwa 24 sehr dünne Pfannkuchen backen. (Eine gute beschichtete Pfanne braucht nicht gefettet zu werden, weil der Teig Butter enthält.) Die Pfannkuchen können schon Tage vorher gebacken werden, dann einfrieren.

3. Für die Füllung Butter, Zucker und Vanillezucker cremig schlagen. Eigelb nach und nach darunterrühren. Quark, Rosinen, Salz, abgeriebene Zitronenschale darunterziehen.

4. Jeden Pfannkuchen mit etwa zwei Eßlöffel Quark bestreichen und aufrollen. Die Fettfangschale mit Butter fetten und die Rollen nebeneinander hineinlegen. Den Backofen auf 225 Grad/Gas Stufe 4 vorheizen.

5. Milch und Eier verrühren und über die Rollen gießen. In den vorgeheizten Backofen schieben und 30 Minuten backen.

6. Die heißen Topfenpalatschinken mit Puderzucker bestäuben und servieren (sie heißen so, weil Quark in Österreich »Topfen« genannt wird).

Planung

Am Vortag:
▲ Die Palatschinken backen.
▲ Das Fisch-Aspik zubereiten; abgedeckt kaltstellen.
▲ Das Suppengemüse fein würfeln.

4 Stunden vor dem Essen:
▲ Die Füllung für die Pfannkuchen zubereiten, füllen und in die Form legen. Die Eiermilch zum späteren Übergießen bereitstellen.
▲ Die Pellkartoffeln vorbereiten.
▲ Die Apfel-Meerrettichsoße zubereiten; abgedeckt kaltstellen.
▲ Für die Suppe die Kartoffeln schälen und würfeln. Das Bündner Fleisch fein würfeln.

1 Stunde vor dem Essen:
▲ Die Suppe zubereiten, bis zum Servieren heißhalten.
▲ Kartoffeln kochen, abgießen, abdämpfen und pellen; mit Folie abgedeckt bei 100 Grad im Backofen heißhalten.
▲ Die Petersilie hacken.

Direkt vor dem Servieren:
Vor dem 1. Gang:
▲ Die Suppe abschmecken und das Bündner Fleisch dazugeben; in eine Terrine füllen und auftragen.

Vor dem 2. Gang:
▲ Fisch-Aspik in Portionsstücke schneiden. Die heißen Pellkartoffeln in Butterflöckchen und Petersilie schwenken und in Schüsseln füllen. Die Meerrettichsoße einfüllen.
▲ Die Topfenpalatschinken mit der Eiermilch übergießen und in den Backofen schieben; auf 225 Grad/Gas Stufe 4 schalten und den Küchenwecker auf 30 Minuten einstellen.

Vor dem 3. Gang:
▲ Die Topfenpalatschinken aus dem Backofen nehmen, durch ein feines Sieb mit Puderzucker bestäuben und auftragen.

Keine Mengenänderung bei 12 Personen

Reste vom Aspik halten sich im Kühlschrank zwei bis drei Tage.

Topfenpalatschinken

Menü 23

FÜR 16 PERSONEN

1/ZUCCHINI-PAPRIKA-GEMÜSE

2/SCHWEINEFILET ÜBERBACKEN

3/KOMPOTT VON STEINOBST

Ein unkonventionelles Menü, bei dem es auch für den Gastgeber wegen der guten Vorbereitung völlig ohne Streß zugehen kann. Hier wird einmal nicht nach klassischen Regeln der Kochkunst vorgegangen: Beilagen wie Reis, Kartoffeln und Soße fehlen ganz. Der Fleischgang mit Champignons, Sahne und Schinken wird im Ofen überbacken und dann mit Baguette serviert. Für die ausgewogene Ernährung sorgen das Vorspeisengemüse mit Vollkornbrot und das Obstdessert.

1/ZUCCHINI-PAPRIKA-GEMÜSE

1 kg kleine feste Zucchini, Salz, Saft von 2 Zitronen, 10 Eßl. Olivenöl, frisch gemahlener Pfeffer, 150 g getrocknete, in Öl eingelegte Tomaten, 5 rote Paprikaschoten, 5 Eßl. Sonnenblumenöl, 5 Eßl. Balsamessig, 1 Bund Basilikum, 1 Zitrone in Scheiben, 100 g kleine schwarze Oliven.

DAZU: *Vollkornbrot und Butter*

1. Zucchini putzen, waschen und in fingerlange dünne Stifte schneiden. In einem Liter leicht gesalzenem Wasser etwa fünf Minuten offen kochen. Gut abtropfen lassen.

2. Zitronensaft, Olivenöl, Salz und Pfeffer verrühren. Getrocknete Tomaten in feine Streifen schneiden und dazugeben. Die lauwarmen Zucchinistifte darunterheben.

3. Die Paprikaschoten putzen, waschen und in kleine Würfel schneiden. Das Sonnenblumenöl in einer Pfanne (Durchmesser 30 Zentimeter) erhitzen und die Paprika bei starker Hitze unter ständigem Wenden leicht bräunen. Mit Balsamessig ablöschen, verdampfen lassen. Mit Salz und Pfeffer würzen.

4. Die Hälfte der Basilikumblätter in Streifen schneiden und unter die Zucchini heben.

5. Zucchini und Paprika zusammen auf zwei große Platten füllen. Zucchini mit hauchdünnen Zitronenscheiben, Paprika mit schwarzen Oliven und den restlichen Basilikumblättern garnieren.

2/SCHWEINEFILET ÜBERBACKEN

750 g braune Champignons, 2 Bund Lauchzwiebeln, 2,2 kg Schweinefilet (beim Fleischer bestellen), 5 Eßl. Sonnenblumenöl, 50 g Butter, 1/2 l Schlagsahne, 2 Becher Crème fraîche (à 150 g), 2 Teel. Kräutersalz, reichlich frisch gemahlener Pfeffer, 5 Knoblauchzehen, 400 g gekochter Schinken, 400 g Bergkäse oder Emmentaler.

DAZU: *Baguette*

1. Champignons putzen und in Scheiben schneiden. Die Lauchzwiebeln putzen und in Ringe schneiden.

2. Die Filetstücke trockentupfen. In einer Pfanne in heißem Öl rundherum scharf anbraten. Aus der Pfanne nehmen.

3. Das Öl weggießen. Die Butter in der Pfanne aufschäumen lassen. Pilze und Zwiebeln hineingeben und unter Wenden bei großer Hitze dünsten.

4. Sahne, Crème fraîche, Salz und Pfeffer zu

3. KAPITEL

Schweinefilet überbacken

den Pilzen in die Pfanne geben und unter Rühren aufkochen lassen. Die Pfanne vom Herd nehmen.

5. Den Backofen auf 200 Grad/Gas Stufe 3 vorheizen. Die Filets in etwa fünf Zentimeter dicke Scheiben schneiden und dicht nebeneinander in die Fettfangschale des Backofens legen. Die Schnittflächen mit durchgepreßtem Knoblauch, Salz und Pfeffer würzen.

6. Den Schinken grob zerpflücken und darüber verteilen, auch die Sahne-Champignons. Den Käse zum Schluß grob darüberreiben.

7. In den vorgeheizten Backofen schieben und 30 bis 40 Minuten backen.

3/KOMPOTT VON STEINOBST

4 schöne reife Pfirsiche, 1 kg Renekloden oder Mirabellen, 1 kg Zwetschen oder Pflaumen, 200 g Zucker, 1 Zimtstange, 1/4 l Weißwein, 1/4 l Portwein, 1 Paket Vanilleeis (500 g).

1. Die Pfirsiche überbrühen, abziehen, halbieren, den Kern entfernen und das Fruchtfleisch in Spalten schneiden.

2. Alle Pflaumensorten entkernen und kleinschneiden. Mit den Pfirsichen vermischen und mit fünf Eßlöffel Zucker bestreuen. Mit Frischhaltefolie abdecken und mindestens zwei Stunden ziehen lassen.

3. Weißwein und Portwein mit dem restlichen Zucker und der Zimtstange aufkochen und sofort kochendheiß über die Früchte gießen. Abgedeckt mindestens vier Stunden kaltstellen und durchziehen lassen.

4. Zum Servieren die Früchte auf Dessertschalen füllen und in die Mitte je einen Eßlöffel Vanilleeis setzen.

Tip

Sie können Weiß- und Portwein durch einen Viertelliter roten Traubensaft und einen Viertelliter frisch gepreßten Orangensaft ersetzen.

Planung

Am Vortag:

▲ Das Steinobstkompott fertig zubereiten; abgedeckt kaltstellen. Währenddessen ein- bis zweimal durchheben.

Vier Stunden vor dem Essen:

▲ Die Vorspeise zubereiten und auf Tellern anrichten.

▲ Den Hauptgang soweit zubereiten, daß er nur noch in den Backofen muß.

30 Minuten vor dem Essen:

▲ Den Backofen auf 200 Grad/Gas Stufe 3 vorheizen. Das Schweinefilet hineinschieben; den Küchenwecker auf 30 Minuten stellen.

Direkt vor dem Servieren:

Vor dem 1. Gang:

▲ Das Gemüse anrichten, Vollkornbrot und Butter dazureichen.

Vor dem 2. Gang:

▲ Schweinefilet aus dem Backofen nehmen und mit Baguette servieren.

Vor dem 3. Gang:

▲ Kompott mit je einer Kugel Eis servieren.

Mengenänderung

FÜR 12 PERSONEN

VORSPEISE: *bleibt;*
Reste halten sich ein bis zwei Tage.

HAUPTGANG: *500 g Champignons, 2 kg Schweinefilet, 300 g gekochten Schinken und 300 g Käse nehmen.*

KOMPOTT: *500 g Zwetschen oder Pflaumen.*

Kompott von Steinobst

119

Menü 24

FÜR 16 PERSONEN

1/PAPAYA MIT GURKE UND FETA

2/STEW VOM LAMM

3/MARMORIERTE QUARKCREME

Ein einfaches Menü, dessen Raffinesse sich erst beim Essen erschließt. Zuerst gibt es eine appetitanregende, fruchtig-würzige Vorspeise. Mit geschmortem Lammfleisch auf irische Art geht es dann eher deftig weiter. Dieses Hauptgericht läßt sich gut vorbereiten. Nach einer angemessenen Pause folgt die Quarkcreme, die ebensogut schmeckt wie sie aussieht.

1/PAPAYA MIT GURKE UND FETA

5 Papayas, 2 Salatgurken, 500 g milder Feta, 1 Topf Minze, 200 g Kürbiskerne.
   DAZU: *3 Baguettes*

1. Die Papayas halbieren, entkernen und das Fruchtfleisch in kleine Würfel schneiden. Die Gurken schälen, längs halbieren, entkernen und ebenfalls würfeln. Beides vermischen und auf zwei große Platten geben. Pfeffer darübermahlen.
2. Den Feta in feine Würfel schneiden und darüber verteilen; mit Minzeblättchen bestreuen.
3. Kurz vor dem Servieren die Kürbiskerne ohne Fett in einer großen Pfanne rösten; warm darüberstreuen.

2/STEW VOM LAMM

1,5 kg Kartoffeln, 3 Stangen Porree, 5 Zwiebeln, 5 Fleischtomaten, 5 Knoblauchzehen, 3 kg Lammfleisch aus der Keule (ohne Knochen), 2 Teel. Kräutersalz, 2 Teel. frisch gemahlener Pfeffer, je 1 Teel. getrockneter Thymian und Majoran, 1/8 l Fleischbrühe (Instant).

1. Die Kartoffeln schälen und in Scheiben schneiden. Porree putzen, waschen und in feine Ringe schneiden. Zwiebeln in Ringe schneiden. Tomaten überbrühen, abziehen, vierteln und entkernen. Knoblauch hacken. Alles vermischen.
2. Das Lammfleisch in große Stücke schneiden; dabei das Fett fast ganz entfernen. Salz, Pfeffer, Thymian und Majoran mischen.
3. Die Fettfangschale des Backofens mit etwas Butter fetten und die Hälfte des Gemüses hineinfüllen. Das Fleisch darauf verteilen und das restliche Gemüse darübergeben. Jede Schicht mit der Würzmischung bestreuen.
4. Die Butter in Flöckchen darüber verteilen und die Brühe angießen.
5. Alles sorgfältig mit Alufolie abdecken. In den Backofen schieben und bei 150 Grad/ Gas Stufe 2 drei Stunden garen.

TIP
Wer einen großen Schmortopf (acht Liter) hat, kann das Lammstew auch auf dem Herd schmoren: Gut zugedeckt bei kleiner Hitze etwa drei Stunden, ohne umzurühren.

3/MARMORIERTE QUARKCREME

8 Blatt weiße Gelatine, 6 Eier, etwas Salz, 150 g Zucker, 1/2 l Schlagsahne, 3 Pakete TK-Erdbeeren (à 300 g), 50 g Puderzucker,

Stew vom Lamm

*1 kg Quark, 3 Päckchen Vanillezucker,
Schale und Saft von 2 Zitronen.*

1. Die Gelatine einweichen. Die Eier trennen. Eigelb mit etwas Salz und der Hälfte des Zuckers schaumig schlagen. Das Eiweiß mit dem restlichen Zucker zu steifem Schnee schlagen. Die Sahne steifschlagen.

2. Die Gelatine nach Anweisung abgetropft bei milder Hitze auflösen (oder in der Mikrowelle bei 600 Watt 30 Sekunden). Die aufgetauten Erdbeeren mit Puderzucker pürieren.

3. Den Quark mit Eigelbcreme, Vanillezucker, Zitronenschale und -saft verrühren. Die Gelatine unterrühren; Eischnee und Schlagsahne darunterheben.

4. Das Erdbeerpüree vorsichtig so unterziehen, daß die Creme rot-weiß marmoriert wird. Bis zum Servieren kaltstellen.

Planung

Am Vortag:
▲ Die Quarkcreme fertig zubereiten, in Schüsseln füllen und kaltstellen.
▲ Das Lammfleisch in große Stücke schneiden. Die Tomaten überbrühen, abziehen, vierteln und entkernen.

Drei Stunden vor dem Essen:
▲ Das Stew nach Rezept fertigstellen und in den Backofen schieben; den Küchenwecker auf drei Stunden einstellen.
▲ Die Papayas und Gurken würfeln und mit Feta und Minze anrichten.

Direkt vor dem Servieren:
Vor dem 1. Gang:
▲ Kürbiskerne in der Pfanne rösten und heiß über die angerichtete Vorspeisen-Platte verteilen. Baguettes in Scheiben schneiden.

Vor dem 2. Gang:
▲ Das Stew in der Form auftragen.

Vor dem 3. Gang:
▲ Die Erdbeer-Quarkcreme in den Schüsseln auftragen.

Mengenänderung

FÜR 12 PERSONEN
VORSPEISE: *1 1/2 Gurken, 3 Papayas, 300 g Feta, 150 g Kürbiskerne.*
LAMMSTEW: *2,5 kg Fleisch und 4 Tomaten.*
QUARKSPEISE: *bleibt.*

Marmorierte Quarkcreme

MENÜS FÜR 12–16 GÄSTE

Menü 25

FÜR 16 PERSONEN

1/MATJES-TATAR AUF SCHWARZBROT

2/CURRYHUHN MIT BASMATI-REIS

3/APFEL-HIMBEER-GRÜTZE MIT MILCH

Matjes-Tatar auf Schwarzbrot

Ein Menü, das schon etwas mehr Zeit und Mühe kostet, sich aber sehr gut vorbereiten läßt. Die Zubereitung des Matjes-Tatars erfordert Fleiß und Geduld, denn: je feiner gewürfelt, desto schöner auf dem Teller und im Geschmack. Die Poularden für das Curry können schon am Vortag gekocht werden, auch die Apfel-Himbeer-Grütze.

1/MATJES-TATAR AUF SCHWARZBROT

16 Matjesfilets, 5 Stangen vom Staudensellerie, 4 Äpfel, 16 kleine Scheiben Schwarzbrot (à 50 g), Butter, 3 Tabletts Kresse.

1. Die Matjesfilets mit kaltem Wasser abspülen, trockentupfen und in kleine Würfel schneiden. Die Selleriestangen mit einem

Sparschäler schälen, die Äpfel entkernen. Beides in gleich kleine Würfel schneiden.

2. Alles vorsichtig vermischen. Die Brotscheiben mit Butter bestreichen und auf Teller legen. Die Kresse mit einer Schere abschneiden und auf die Teller streuen; das Matjes-Tatar auf die Brote verteilen.

2/CURRYHUHN MIT BASMATI-REIS

1 Bund Suppengrün, 2 Teel. Salz,
3 Poularden (à etwa 2 kg), 1 Gemüsezwiebel,
100 g Butter, 5 Eßl. Curry, 100 g Mehl,
1/4 l Schlagsahne, etwa 6 Eßl. Zitronensaft,
frisch gemahlener Pfeffer, 1 große Dose Ananas in Scheiben (850 g), 2 Dosen Mango (à etwa 220 g) oder 2 frische Früchte, 100 g Mandelblättchen.

1. Das Gemüse putzen, waschen und grob zerkleinern. In einem großen Topf zwei bis drei Liter Salzwasser zum Kochen bringen. Die Poularden abspülen; die erste zusammen mit dem Gemüse hineingeben.

2. Die Poularde etwa 40 Minuten garziehen lassen, dann herausnehmen und sofort die zweite und anschließend die dritte garen.

3. Die Poularden lauwarm abgekühlt von Haut und Knochen lösen. Das Fleisch abgedeckt beseite stellen. Die Brühe durchsieben und sorgfältig entfetten.

4. Die Gemüsezwiebel würfeln. Butter in einem großen weiten Topf (8 Liter) aufschäumen lassen und die Zwiebel etwa fünf Minuten darin dünsten. Curry einrühren und anschließend das Mehl. Gut verrühren und anschwitzen.

5. Eineinhalb Liter Brühe nach und nach dazugießen, glattrühren und immer wieder aufkochen lassen. Zum Schluß die Sahne dazugeben. Die Soße mit Zitronensaft, Salz und Pfeffer abschmecken.

6. Die Früchte abtropfen lassen. Ananas würfeln, Mango kleinschneiden. Das Hühnerfleisch und die Früchte in die Soße geben, vorsichtig durchheben und bei kleiner Hitze langsam erhitzen. Die Mandelblättchen ohne Fett in einer Pfanne hellbraun rösten.

BASMATI-REIS

750 g Basmati-Reis nach Anweisung auf der Packung in Salzwasser garen. Den Reis gibt es in großen Supermärkten oder asiatischen Lebensmittelgeschäften.

3/APFEL-HIMBEER-GRÜTZE MIT MILCH

2 kg Boskop, 1 Flasche naturtrüber Apfelsaft (0,7 l), 100 g Zucker, 100 g Rosinen,
3 Eßl. Speisestärke (60 g), 750 g TK-Himbeeren.

1. Die Äpfel schälen und in nicht zu kleine Stücke schneiden. Mit Apfelsaft, Zucker und Rosinen bei kleiner Hitze zugedeckt zum Kochen bringen. Die Apfelstücke nicht zerkochen lassen.

2. Speisestärke mit Wasser verrühren und zu den Äpfeln geben; unter Rühren einmal aufkochen lassen.

3. Die gefrorenen Himbeeren einrühren. Die Grütze kühlt durch die gefrorenen Himbeeren sofort ab und wird fest. So verkochen die zarten Himbeeren nicht und behalten teilweise ihre Form. Sie sehen dekorativ aus, und ihr Aroma bleibt erhalten.

Dazu kann wahlweise Schlagsahne, Vanillesoße (Seite 74) oder gekühlte Vollmilch serviert werden. Für 16 Portionen brauchen Sie einen Liter Sahne, eineinhalb Liter Vanillesoße oder zwei Liter Milch.

PLANUNG

Am Vortag:

▲ Die Apfel-Himbeer-Grütze zubereiten, kaltstellen.

▲ Die Poularden kochen, von Haut und Knochen lösen. Brühe durchsieben und entfetten. Die Currysoße zubereiten (noch ohne Sahne). Ananas und Mango kleinschneiden.

Drei Stunden vor dem Essen:

▲ Die Currysoße auf kleinster Stufe langsam erwärmen, zwischendurch umrühren.

▲ Das Matjes-Tatar zubereiten. Die Brotscheiben buttern, die Kresse abschneiden.

▲ Den Reis kochen; zum Warmhalten ein Tuch zwischen Topf und Deckel legen.

▲ Die Mandelblättchen in der Pfanne rösten.

Direkt vor dem Servieren:
Vor dem 1. Gang:

▲ Die Brotscheiben auf Teller legen, die Kresse darüberstreuen. Das Matjes-Tatar darauf verteilen; servieren.

Vor dem 2. Gang:

▲ Die Soße bei mittlerer Temperatur erhitzen; dabei umrühren, da sie leicht am Topfboden ansetzt. Mit Sahne, Salz, Pfeffer und Zitronensaft abschmecken. Früchte und Hühnerfleisch dazugeben und mit erhizen. Jetzt vorsichtig durchrühren. Das Curry mit Mandelblättchen bestreut servieren, den Reis dazugeben.

Vor dem 3. Gang:

▲ Die Grütze mit Milch (oder Sahne oder Vanillesoße) servieren.

MENGENÄNDERUNG

FÜR 12 PERSONEN

MATJES-TATAR: *12 Matjesfilets, 4 Stangen vom Staudensellerie, 3 Äpfel, 12 Brotscheiben und 2 Tabletts Kresse.*

CURRYHUHN: *2 große Poularden.*

APFEL-HIMBEER-GRÜTZE: *bleibt; übriggebliebene Grütze hält sich im Kühlschrank noch zwei bis drei Tage.*

Apfel-Himbeer-Grütze mit Milch

4. KAPITEL
Büffets für 10 bis 30 Gäste

Büffets haben für Sie als Gastgeber unschätzbare Vorteile: Alles ist fertig, wenn die Gäste kommen. Sie können mehr Gäste einladen, als Sie an Ihrem Eßtisch unterbringen. Außerdem eignen sich Büffets für fast jede Gelegenheit – vom familiären Brunch mit Freunden bis zum offiziellen Sekt-Empfang. Und langweilig müssen sie ganz und gar nicht sein, wie die folgenden Rezepte beweisen.

4. KAPITEL

Brunch

FÜR 10 PERSONEN

1/FISCH IN BLÄTTERTEIG

2/POCHIERTE EIER MIT LACHS AUF TOAST

3/GEFLÜGELPASTETE

4/KRÄUTERKÄSE

5/APFELKÜCHLEIN MIT AHORNSIRUP

Üppig muß ein Festtags-Frühstück für Freunde sein – es soll ja lange vorhalten. Neben dem üblichen Frühstücksangebot wie Müsli, Konfitüren, Honig, Wurst und Käse gibt's deswegen hier Fisch in Blätterteig, pochierte Eier mit Lachs und Geflügelpastete. Ein besonderer Leckerbissen sind die Apfelküchlein mit Ahornsirup.

1/FISCH IN BLÄTTERTEIG

FÜR 10 GEBÄCKSTÜCKE

2 Pakete TK-Blätterteig (à 300 g), 700 g geräucherter Heilbutt, 1 Eiweiß, 1 Eigelb, 2 Eßl. Milch, 2–3 Eßl. Sesam.

1. Blätterteig auftauen lassen. Den Fisch so vorsichtig entgräten und die Haut abschälen, daß die Fischstücke möglichst ganz bleiben.
2. Jede Blätterteigscheibe auf die doppelte Länge ausrollen. Fischstücke auf die eine Hälfte jeder Teigscheibe legen, die Teigränder rundherum mit Eiweiß einpinseln. Die Päckchen verschließen und den Teig rundum etwas andrücken. Wer Zeit und Lust hat, formt Fische wie auf dem Foto.
3. Den Backofen auf 225 Grad/Gas Stufe 4 vorheizen. Die Päckchen auf ein mit Backtrennpapier ausgelegtes Backblech legen. Die Oberfläche mit verschlagenem Eigelb und Milch einpinseln und sofort mit Sesam bestreuen. Die Gebäckstücke in den Backofen schieben und etwa 20 Minuten backen. Unbedingt warm essen.

2/POCHIERTE EIER MIT LACHS AUF TOAST

4 Eßl. Essig, 2 Teel. Salz, 10 Eier, 5 Scheiben Roggentoast, 200 g geräucherter Lachs, 1 Bund Dill, 300 g Krabbenfleisch.

1. In einem flachen, breiten Topf (mit Deckel) einen Liter Wasser mit dem Essig und Salz zum Kochen bringen. Zunächst vier Eier vorsichtig aufschlagen und in das siedende Wasser gleiten lassen. Den Deckel auflegen und den Topf von der Herdplatte ziehen. Nach drei Minuten den Deckel abnehmen und die Eier noch etwa eine Minute auf der heißen Herdplatte ziehen lassen (sie dürfen nicht kochen!).
2. Die pochierten Eier mit einer Schaumkelle herausheben. Restlichen Eier pochieren.
3. Inzwischen das Toastbrot unterm Grill rösten und diagonal halbieren. Auf eine Platte legen und die Eier daraufsetzen. Mit Lachsstreifen, Dill und Krabben garnieren.

Brunch-Büffet

3/GEFLÜGELPASTETE

*2 geräucherte Hähnchenbrüste, 2 Zwiebeln,
500 g Hähnchenleber, frisch gemahlener Pfeffer,
Kräutersalz, 1 Teel. getrockneter Thymian,
6 Eßl. Portwein (oder Geflügelfond),
1/4 l Schlagsahne, 2 Eßl. eingelegte grüne
Pfefferkörner, 50 g Bacon.*

1. Das Hähnchenfleisch vom Knochen lösen und in Stücke schneiden.

2. Die Zwiebeln hacken und in heißem Butterschmalz glasig dünsten. Die Leber dazugeben und kurz von allen Seiten anbraten. Mit Pfeffer, Kräutersalz und Thymian würzen. Mit Portwein ablöschen. Etwa vier Minuten offen schmoren lassen.

3. Das Hähnchenfleisch und den gesamten Inhalt der Pfanne mit der Sahne im Mixer pürieren. Die abgetropften Pfefferkörner kurz mitpürieren.

4. Die Masse würzig abschmecken und in eine Pastetenform (1 Liter) füllen. Kaltstellen.

5. Zum Servieren den Bacon in feine Streifen schneiden und knusprig braten (oder zugedeckt in der Mikrowelle bei 600 Watt 40 Sekunden), auf die Pastete geben.

4/KRÄUTERKÄSE

*2 Lauchzwiebeln, 1 Tablett Kresse, 1 Bund Dill,
1 Bund glatte Petersilie, 30 g Kapern,
400 g Doppelrahmfrischkäse,
1/8 l Schlagsahne, Kräutersalz.*

1. Die Lauchzwiebeln putzen und sehr fein hacken. Dann auch die Hälfte der Kresse, Dill, Petersilie und die abgetropften Kapern hacken.

2. Frischkäse mit der Sahne glattrühren, salzen und das gehackte Grün unterrühren. Mindestens eine Stunde durchziehen lassen. Mit der restlichen Kresse garnieren.

5/APFELKÜCHLEIN MIT AHORNSIRUP

150 g Mehl, 2 Eigelb, 1 Eßl. Öl, 1 Eßl. Zucker, 1 kleine Flasche Bier (330 ml – ersatzweise Mineralwasser), 2 Äpfel, 2 Eiweiß, Butterschmalz zum Braten, Ahornsirup.

1. Mehl, Eigelb, Öl, Zucker und Bier zu einem glatten, flüssigen Teig verrühren. 30 Minuten ruhen lassen.

2. Die Äpfel schälen, das Kerngehäuse ausstechen und in fingerdicke Scheiben schneiden. Eiweiß steifschlagen und unter den Teig heben. Butterschmalz in einer großen Pfanne erhitzen.

3. Die Apfelscheiben im Teig wenden und nebeneinander ins heiße Fett geben; von beiden Seiten goldbraun und knusprig braten.

4. Zum Essen die heißen Apfelküchlein mit Ahornsirup übergießen.

TIP

Die Apfelküchlein können im Backofen bei 75 Grad/Gas kleinste Stufe heißgehalten oder kurz unterm Grill erhitzt werden.

DAZU

Sie brauchen für ein langes Frühstück außerdem:
Müsli mit einer Schüssel frischem Obstsalat, Honig, Marmelade, Gelee, körniges Vollkornbrot, Brötchen, Rosinenstuten, Milch, frisch gepreßten Orangensaft, nach Belieben Tomaten, Schinken, Wurst und ein bis zwei Käsesorten, Kaffee und Tee.

PLANUNG

2 Tage vorher:
▲ Die Geflügelpastete zubereiten – sie kann dann durchziehen und schmeckt besser.

Am Vorabend:
▲ Den Kräuterkäse anrühren.
▲ Den Fisch in Blätterteig einschlagen; auf ein Backblech legen, noch nicht mit Eigelb einpinseln, kaltstellen. Den Tisch decken, alles in der Küche bereitstellen.

45 Minuten vor dem Essen:
▲ Den Teig für die Apfelküchlein anrühren; 30 Minuten ruhen lassen. Die Äpfel schälen und in Scheiben schneiden; abdecken.
▲ Alle übrigen Dinge auf den Tisch bringen. Den Backofen auf 225 Grad/Gas Stufe 4 vorheizen.
▲ Den Fisch mit Ei einpinseln, mit Sesam bestreuen und backen.
▲ Die Apfelküchlein braten, auf ein Backblech legen; nachdem die Fische gebacken sind, in den Backofen schieben, auf 75 Grad/Gas kleinste Stufe zurückschalten.
▲ Die Eier pochieren, das Brot toasten.

Sekt-Empfang

FÜR 15 PERSONEN (ALLE REZEPTE KÖNNEN PROBLEMLOS VERVIELFACHT WERDEN.)

1/GEFÜLLTE WINDBEUTEL MIT GEFLÜGELCREME

2/KANAPEES MIT KAVIAR

3/SELLERIE-KÄSE-DREIECKE

4/KANAPEES MIT BASILIKUMCREME UND KIRSCHTOMATEN

5/LACHSTATAR-NOCKERLN AUF TOAST

6/WÜRZIGE BLÄTTERTEIGSTANGEN

Ein Empfang ist ideal für alle offiziellen Anlässe – Jubiläum, Geburtstag, Promotion, Beförderung, Hochzeit... Zum Sekt oder Champagner werden feine Häppchen serviert. Die kleinen Von-der-Hand-in-den-Mund-Leckereien sind natürlich nicht zum Sattessen gedacht; sie dienen vielmehr als Sekt-»Unterlage«. Pro Person werden etwa zehn Häppchen gerechnet. Die folgenden Rezepte eignen sich auch für Appetithappen zum Aperitif vor einem feinen Essen – dann gibt's allerdings nur ein Häppchen pro Person.

1/GEFÜLLTE WINDBEUTEL MIT GEFLÜGELCREME

FÜR ETWA 30 STÜCK

TEIG: *60 g Butter, 1/4 Teel. Salz, 75 g Mehl, 2 Eier.*
FÜLLUNG: *200 g geräuchertes Putenbrustfleisch, 100 g Butter, 6 Eßl. Schlagsahne, Salz, frisch gemahlener Pfeffer.*

1. Einen Achtelliter Wasser, Butter und Salz zum Kochen bringen. Das Mehl in den Topf geben und kräftig rühren, bis der Teig sich vom Topfboden löst. Den Topf vom Herd nehmen.

2. Die beiden Eier nacheinander unter den Teig rühren. Den Teig etwa zwei Stunden abkühlen lassen – das ist wichtig, damit die Windbeutel später beim Backen gut aufgehen.

3. Den Backofen auf 225 Grad/Gas Stufe 4 vorheizen. Den Teig in einen Spritzbeutel füllen und kleine Häufchen von etwa zwei Zentimeter Durchmesser auf ein mit Backtrennpapier ausgelegtes Backblech spritzen.

4. Die Windbeutel in den Backofen schieben und etwa 15 bis 20 Minuten backen. Auf einem Kuchengitter abkühlen lassen.

5. Das Putenfleisch kleinschneiden und zusammen mit der weichen Butter, der Sahne, Salz und Pfeffer im Mixer pürieren. Abschmecken und bis zum Füllen kaltstellen.

6. Zum Füllen die Windbeutel mit einem Sägemesser aufschneiden. Die Creme in einen Spritzbeutel geben. Die untere Hälfte füllen, das »Hütchen« daraufsetzen.

ABWANDLUNG

Für die Füllung eignen sich statt geräuchertem Putenfleisch auch gekochter Schinken, Krabbenfleisch oder geräuchertes Forellenfleisch.

Feine Kanapees zum Sektempfang

2/KANAPEES MIT KAVIAR

FÜR ETWA 20 STÜCK

5 Toastscheiben, 1–2 Eßl. Butterschmalz,
1 Becher Crème fraîche (150 g),
je 50 g roter und schwarzer Kaviar.

1. Mit einem runden Ausstecher von etwa drei Zentimetern Durchmesser aus jeder Toastscheibe etwa vier Taler ausstechen. Die Taler in einer Pfanne in heißem Butterschmalz goldbraun braten. Auf Küchenpapier abtropfen und abkühlen lassen.

2. Auf jeden Taler einen Klecks Crème fraîche und etwas Kaviar geben.

3/SELLERIE-KÄSE-DREIECKE

FÜR ETWA 20 STÜCK

4 Stangen vom Staudensellerie,
1/8 l Schlagsahne, 30 g Parmesankäse,
30 g Walnußkerne, frisch gemahlener Pfeffer,
7–8 Toastscheiben, 50 g Butter,
ein paar Erdbeeren (oder Weintrauben).

1. Die Selleriestangen schälen, so daß keine Fäden mehr vorhanden sind, sehr fein hacken. Die Sahne steifschlagen. Den Käse reiben, die Nüsse hacken. Alles vermischen und mit Pfeffer würzen.

2. Das Toastbrot toasten und jeweils über Kreuz in vier Dreiecke schneiden. Mit Butter bestreichen. Je einen Teelöffel von der Creme auf die Dreiecke häufen. Mit Erdbeerscheiben dekorieren.

4/KANAPEES MIT BASILIKUMCREME UND KIRSCHTOMATEN

FÜR 30 ETWA 30 STÜCK

100 g junger frischer Ziegenkäse (oder milder Feta), 100 g Doppelrahmfrischkäse, 6 Eßl. saure Sahne, 1 Bund Basilikum, Kräutersalz, frisch gemahlener Pfeffer, 1 Packung Vollkornbrot-Taler (250 g), 50 g Butter, 250 g Kirschtomaten.

1. Den Ziegenkäse auf einer Reibe fein reiben. Frischkäse und saure Sahne dazugeben und alles cremig rühren. Schöne kleine Basilikumblätter zur Dekoration aufheben, die restlichen fein hacken und unter die Creme rühren. Mit Kräutersalz und Pfeffer abschmecken.

2. Die Brottaler dünn mit Butter und dick mit Creme bestreichen. Anschließend mit je einer Tomatenhälfte und einem kleinen Basilikumblättchen belegen.

5/LACHSTATAR-NOCKERLN AUF TOAST

FÜR ETWA 20 STÜCK

250 g Lachsfilet ohne Haut und Gräten,
1/2 Bund Dill, Kräutersalz, frisch gemahlener Pfeffer, etwa 2 Eßl. Zitronensaft, 5 Toastscheiben,
3 Eßl. Crème fraîche.

1. Das Lachsfleisch zuerst in dünne Scheiben, dann in feine Streifen schneiden und anschließend hacken; dafür muß das Messer schwer und gut geschärft sein. Den Dill fein hacken.

2. Das Lachsfleisch mit Kräutersalz, Pfeffer, Zitronensaft und Dill würzen. Bis zum Servieren kaltstellen.

3. Das Toastbrot toasten und über Eck vierteln. Mit Crème fraîche bestreichen. Mit einem kleinen Moccalöffel Nockerln abstechen und auf die Toastviertel setzen.

TIP

Sie müssen sicher sein, daß der Lachs absolut frisch ist. Sonst kaufen Sie lieber gebeizten oder mild geräucherten Lachs.

6/WÜRZIGE BLÄTTERTEIGSTANGEN

FÜR ETWA 30 STÜCK

1 Paket TK-Blätterteig (300 g), 1 Fleischtomate (100 g), 1 Eßl. Tomatenmark, 1/2 Zwiebel,

Kräutersalz, frisch gemahlener Pfeffer, 1 Teel. getrockneter Oregano, 2 Eßl. Öl, 1 Eiweiß, 3 Eßl. frisch geriebener Parmesankäse.

1. Blätterteigscheiben auftauen lassen. Jede Scheibe quer in sechs Streifen schneiden.

2. Die Tomate auf einer groben Reibe reiben, so daß die Tomatenschale zurückbleibt (das ist einfacher als überbrühen und abziehen). Das Fruchtfleisch mit Tomatenmark, durchgepreßter Zwiebel, Kräutersalz, Pfeffer, Oregano und Öl verrühren.

3. Den Backofen auf 225 Grad/Gas Stufe 4 vorheizen. Jede Teigstange mit Eiweiß einpinseln und etwas von dem Tomatenpüree auf die Mitte der Blätterteigstangen geben; etwas verstreichen. Parmesankäse darüberstreuen.

4. Die Teigstangen auf ein mit Backtrennpapier ausgelegtes Backblech legen. In den Backofen schieben und etwa 12–15 Minuten backen. Warm servieren.

Planung

Am Vortag:
▲ Windbeutel backen. Geflügelcreme fertigstellen.
▲ Kräutercreme anrühren.
▲ Sellerie hacken.

Zwei Sunden vor dem Empfang:
▲ Lachstatar zubereiten; Nockerln formen und kaltstellen.
▲ Blätterteigstangen bis zum Backen zubereiten.
▲ Toastscheiben ausstechen und in Butterschmalz goldbraun braten.

40 Minuten vor dem Empfang:
▲ Blätterteigstangen backen.
▲ Sellerie-Käse-Dreiecke und Kaviar-Kanapees zubereiten und anrichten.
▲ Lachsnockerln auf Toastdreiecke setzen.
▲ Windbeutel füllen.

Exotisches Büffet

FÜR 30 PERSONEN

1/MANGOBOWLE UND KÄSE-CURRY-PLÄTZCHEN

2/ORANGEN-PAPRIKA-SALAT

3/SCAMPI IN KOKOSMILCH

4/FLEISCHPASTETE

5/OKRAGEMÜSE

6/PUTENBRATEN MIT PAPAYA-TATAR

7/PILAW MIT ROSINEN

8/FRISCHER ZIEGENKÄSE AUF BRUNNENKRESSE

9/OBSTSALAT AUS TROPISCHEN FRÜCHTEN MIT WEINBRANDSOSSE

Kulinarisch und auch optisch ist dieses Büffet eine besondere Delikatesse. Wo bekommt man schon Mangobowle, Okragemüse, Papaya-Tatar oder Scampi in Kokosmilch? Wegen der besonderen Zutaten ist dieses Menü nicht ganz billig. Aber die Zubereitung der einzelnen Gerichte ist einfach und läßt sich gut planen.

1/MANGOBOWLE

ERGIBT ETWA 4 1/2 LITER

125 g Zucker, 4 cl Orangenlikör, 2 reife Mangofrüchte, 1 Granatapfel, 3 Flaschen trockener Weißwein, 2 Flaschen trockener Sekt.

1. Zucker und einen Viertelliter Wasser aufkochen und offen etwas einkochen. Abgekühlt mit dem Orangenlikör verrühren und in ein Bowlengefäß geben.

2. Mango schälen, rundum einpieksen und in das Bowlengefäß geben. Den Granatapfel aufbrechen und die Kerne herauslösen; ebenfalls ins Gefäß geben. Im Sirup wenden.

3. Mit drei Flaschen Wein übergießen und zugedeckt gut durchkühlen lassen.

4. Kurz vor dem Servieren mit dem eiskalten Sekt aufgießen.

KÄSE-CURRY-PLÄTZCHEN

FÜR ETWA 40 STÜCK

300 g Mehl, 2 1/2 Eßl. Curry, 50 g frisch geriebener Parmesankäse, Kräutersalz, Cayennepfeffer, 150 g Butter, 1 Eigelb, 1 Eßl. Milch.

ZUM BESTREUEN: gehackte Pistazien, Mandeln, Sesam und Mohn.

1. Mehl, Curry, Parmesankäse, Salz und Cayennepfeffer in einer Schüssel vermischen. Die Butter in Flöckchen und das Eigelb dazugeben.

2. Alles mit den Knethaken des elektrischen Handrührers krümelig rühren. Dann fünf Eß-

Exotisches Büffet

löffel Wasser darüberträufeln und mit den Händen schnell zu einem geschmeidigen Teig verarbeiten. Mindestens eine Stunde ruhen lassen.

3. Den Backofen auf 225 Grad/Gas Stufe 4 vorheizen. Den Teig eineinhalb Zentimeter dick ausrollen. Kleine handliche Plätzchen ausstechen, auf ein mit Backtrennpapier ausgelegtes Backblech legen. Die Plätzchen mit verquirltem Eigelb und Milch bestreichen und nach Belieben mit gehackten Pistazien, Mandeln, Sesam oder Mohn bestreuen.

4. Plätzchen in den vorgeheizten Backofen schieben und etwa sieben Minuten backen.

2/ORANGEN-PAPRIKA-SALAT

4 rote Paprikaschoten, 5 Orangen (davon 2 Blutorangen), 1 Teel. Senf, je 1/4 Teel. Kräutersalz und Zucker, 2 Prisen Cayennepfeffer, 2 Knoblauchzehen, 4 Eßl. Weinessig, 8 Eßl. Öl, 2 Köpfe Bataviasalat.

1. Die Paprikaschoten putzen, waschen und in sehr dünne Streifen schneiden. Die Orangen wie einen Apfel schälen und quer in sehr dünne Scheiben schneiden. Beides getrennt in Schüsseln geben.

2. Senf, Salz, Zucker, Cayennepfeffer, zerdrückte Knoblauchzehen und Weinessig verrühren, bis sich Zucker und Salz völlig aufgelöst haben; dann erst das Öl unterschlagen. Orangen und Paprika damit marinieren. Abgedeckt kaltstellen.

3. Den Bataviasalat waschen, trockenschleudern, kleinzupfen und zwei große flache Platten damit belegen. Die Orangenschalen in die Mitte und die Paprikastreifen außen drumherum anrichten – wie eine »exotische Blume«.

3/SCAMPI IN KOKOSMILCH

1,5 kg TK-Scampi, 150 g Kokosraspel, 1/2 l Milch, 2 Zwiebeln, Salz, 1 walnußgroßes Stück Ingwerwurzel, Cayennepfeffer, 1 Teel. Speisestärke, Saft von 1 Limette, 1 Topf Basilikum.

1. Die Scampi 24 Stunden im Kühlschrank auftauen lassen.

Mangobowle und Käse-Curry-Plätzchen

Fleischpastete

2. Die Kokosraspel mit der Milch aufkochen und etwa 30 Minuten ziehen lassen. Anschließend durch ein Sieb gießen und die Kokosraspel auspressen; die Milch auffangen.

3. Die Zwiebeln fein hacken und mit der Milch, Salz, frisch geriebenem Ingwer und Cayennepfeffer etwa zehn Minuten köcheln lassen.

4. Die aufgetauten Scampi aus den Schalen lösen und den Darm entfernen. In die kochende Kokosmilch geben und vier Minuten ziehen lassen.

5. Die Kokosmilch mit angerührter Speisestärke binden und mit Limettensaft und Salz abschmecken. Mit Basilikumblättern bestreuen. Die Scampi warm servieren.

4/FLEISCHPASTETE

FÜR 2 GROSSE FORMEN VON 28 CM Ø

TEIG: *je 125 g Weizenmehl und Speisestärke, 125 g Butter oder Margarine, 1/2 Teel. Salz, 1 Eigelb.*

FÜLLUNG: *250 g Zwiebeln, 250 g Möhren, 500 g Champignons, 1,5 kg Lammfleisch aus dem Rücken, 1,5 kg Roastbeef, Cayennepfeffer, Kräutersalz, Mehl, 50 g Butterschmalz, 1/8 l Weißwein oder Tomatensaft, 1/8 l Rinderbrühe (Instant), 1 Ei (getrennt), 2 Eßl. Milch, 100 g Cashewkerne.*

1. Alle Teigzutaten und vier Eßlöffel Wasser zu einem Mürbeteig verkneten; abgedeckt mindestens eine Stunde ruhen lassen.

2. Für die Füllung die Zwiebeln und Möhren fein würfeln. Die Champignons mit einem Pinsel putzen und in Scheiben schneiden. Das Lammfleisch in große Stück von etwa 30 Gramm schneiden, dabei das Fett entfernen. Das Fleisch mit Cayennepfeffer, Kräutersalz und Mehl bestäuben.

3. Das Fleisch nach und nach in heißem Butterschmalz rundherum kurz und kräftig anbraten; aus der Pfanne in die ofenfeste Formen geben. Anschließend das Gemüse unter Wenden weichdünsten. Mit Wein und Brühe ablöschen; etwas einkochen und den gesamten Pfanneninhalt über das Fleisch verteilen.

4. Den Teig halbieren. Zwischen zwei Bögen Klarsichtfolie in Formengröße ausrollen. Über das Fleisch decken und am Formrand mit Eiweiß »festkleben«. In die Mitte ein fünfmarkstückgroßes Loch schneiden.

5. Teig mit verquirltem Eigelb und Milch einpinseln und mit Cashewkernen belegen.

6. Den Backofen auf 200 Grad/Gas Stufe 3 vorheizen. Die Fleischpasteten nacheinander in 30 Minuten goldbraun backen.

5/OKRAGEMÜSE

1 kg Okraschoten, 2 Bund Lauchzwiebeln, 2 Fleischtomaten, 50 g Butter, Kräutersalz, frisch gemahlener Pfeffer, 2 Knoblauchzehen, 8 Eßl. Weißwein (oder frisch gepreßter Orangensaft).

Putenbraten mit Papaya-Tatar

Scampi in Kokosmilch und Pilaw mit Rosinen

1. Die Okraschoten waschen und putzen, dazu die Stielansätze und die Spitzen abschneiden. Die Lauchzwiebeln waschen, putzen und in kleine Ringe schneiden; das knackige dunkle Grün mitverwenden.

2. Die Butter in einer großen tiefen Pfanne (Durchmesser 30 Zentimeter) erhitzen. Die Lauchzwiebeln und Okraschoten hineingeben und unter gelegentlichem Wenden etwa zehn Minuten dünsten.

3. Tomaten, Kräutersalz, Pfeffer und zerdrückten Knoblauch zugeben und den Wein angießen. Alles gut durchheben und bei kleiner Hitze fünf Minuten weiter garen. Mit Salz und Pfeffer abschmecken.

MIKROWELLEN-TIP

Die Okraschoten können schon Stunden vor dem Essen zubereitet werden und dann in der Mikrowelle erwärmt werden: In zwei Portionen aufgeteilt brauchen die Schoten bei 600 Watt je drei Minuten.

6/PUTENBRATEN MIT PAPAYA-TATAR

FÜR ETWA 35 SCHEIBEN

PUTENBRATEN: *Zutaten und Rezept siehe Seite 96, außerdem: 4 reife Papayas, 1 Teel. Sambal Oelek, 2 Eßl. Balsamessig, 4 Eßl. Öl, Schale und Saft von 2 Limetten, 1 Teel. frisch geriebene Ingwerwurzel.*

1. Zwei Tage vor dem Fest das Putenbrustfleisch marinieren. Am nächsten Tag braten wie beschrieben, abkühlen lassen.

2. Für das Papaya-Tatar die Papayas schälen, halbieren, entkernen und in kleine Würfel schneiden.

3. Sambal Oelek, Balsamessig, Öl, Salz, abgeriebene Schale und Saft der Limetten und frisch geriebene Ingwerwurzel verrühren. Alles durchsieben und unter das Fruchtfleisch rühren. Abgedeckt kaltstellen.

4. Den Putenbraten in einen halben Zentimeter dicke Scheiben schneiden und mit dem Papaya-Tatar anrichten.

7/PILAW MIT ROSINEN

4 rote Zwiebeln, 5 Lorbeerblätter, 200 g kernlose Rosinen, 8 Eßl. Öl, 750 g Reis, 1/8 l Weißwein (oder Apfelsaft), 1 1/2 l Gemüsebrühe (Instant).

1. Zwiebel würfeln, Lorbeerblätter fein hacken, Rosinen lauwarm abspülen.

2. Das Öl in einer großen tiefen Pfanne mit Deckel erhitzen. Den Reis unter Wenden darin andünsten. Die Zwiebelwürfel hinzufügen und kurz mitdünsten. Rosinen und die gehackten Lorbeerblätter dazugeben.

3. Den Wein dazugießen und offen eindampfen lassen. Anschließend heiße Brühe zugießen. Einmal aufkochen lassen, auf kleinste Stufe zurückschalten und den Reis zugedeckt etwa 40 Minuten garen.

Der Reis paßt zu den Scampi, zum Putenbraten mit Papaya-Tatar, zur Fleischpastete und zum Okragemüse.

MIKROWELLEN-TIP

Wenn Sie den Reis schon am Vortag garen, kann er sehr gut in der Mikrowelle erhitzt werden: In zwei Portionen aufgeteilt braucht er zugedeckt bei 600 Watt je drei Minuten.

8/FRISCHER ZIEGENKÄSE AUF BRUNNENKRESSE

4 rote Zwiebeln, 50 g Zucker, 8 Eßl. Essig, 1 Bund Brunnenkresse, 1 Teel. Instant-Gemüsebrühe, 1 Teel. Senf, Kräutersalz, frisch gemahlener Pfeffer, 500 g frischer Ziegenkäse.
DAZU: *Baguette*

1. Die roten Zwiebeln in Ringe schneiden. Zucker und Essig aufkochen, verrühren und die Zwiebeln dazugeben. Auf kleinster Stufe zugedeckt zehn Minuten ziehen lassen; den

Topf zwischendurch etwas schwenken, damit alle Zwiebelringe benetzt werden.

2. Die Brunnenkresse waschen, die Blätter von den Stielen zupfen, trockenschleudern. Für die Vinaigrette vier Eßlöffel von der heißen Zwiebelflüssigkeit mit Gemüsebrühe vermischen. Senf, Kräutersalz und Pfeffer dazugeben und alles gut verrühren.

3. Die Brunnenkressse auf zwei große schöne Teller verteilen. Den Käse in einen halben Zentimeter dicke Scheiben schneiden und auf die Blätter legen. Abgetropfte Zwiebelringe und die Vinaigrette darüber verteilen. Bis zum Servieren kaltstellen.

Statt Ziegenkäse können Sie auch Mozzarella oder milden Feta nehmen.

Frischer Ziegenkäse auf Brunnenkresse

9/OBSTSALAT AUS TROPISCHEN FRÜCHTEN MIT WEINBRANDSOSSE

Sosse: *8 Eigelb, 120 g Zucker,*
1/8 l Weinbrand, 2 Becher Schmand (à 250 g),
4 Eßl. Zitronensaft, Saft von 2 Limetten,
1/4 l Weißwein, 125 g Zucker,
2 Galia-Melonen, 2 reife Ananas, 2 reife
Papayas, 2 Mangos, 5 Kiwis, 250 g Lychees,
200 g Kap-Stachelbeeren (Lampionfrüchte).

1. Alle für die Soße angegebenen Zutaten in eine Schüssel geben, mit dem Schneidstab aufschlagen oder im Mixer pürieren. Abgedeckt bis zum Servieren kaltstellen.

2. Limettensaft, Weißwein und Zucker aufkochen und offen etwas einkochen. Abkühlen lassen.

3. Melonen, Ananas, Papayas, Mangos und Kiwis schälen und das Fruchtfleisch zerkleinern. Die Lychees schälen und den Kern herauslösen. Die Kap-Stachelbeeren von Stiel und Hülle trennen und abspülen. Alles auf einer großen tiefen Platte anrichten und den Sirup darüberträufeln. Die Weinbrandsoße getrennt dazureichen.

PLANUNG

Am Vortag:
▲ Die Käse-Curry-Plätzchen backen.
▲ Den Putenbraten braten. Das Papaya-Tatar fertigstellen.
▲ Die Scampi im Kühlschrank auftauen lassen.
▲ Den Teig für die Fleischpastete zubereiten, kaltstellen. Das Gemüse bis auf die Champignons fein würfeln. Das Lammfleisch in Stücke schneiden; das Fett entfernen. Abgedeckt kaltstellen.
▲ Für das Okragemüse die Tomaten überbrühen und abziehen.
▲ Rote Zwiebeln für die Käseplatte dünsten.
▲ Pilaw mit Rosinen zubereiten.
▲ Die Kokosmilch zubereiten.

Fünf Stunden vor dem Essen:
▲ Für die Bowle den Zuckersirup kochen; abkühlen lassen.
▲ Für den Salat Paprika und Orangen schneiden. Den Salat waschen, die Vinaigrette zubereiten; alles abdecken.
▲ Die Scampis aus den Schalen lösen, die Kokosmilch kochen.
▲ Das Lamm- und Rindfleisch anbraten, die Champignons hacken. Alles bis zum Backen fertigstellen.
▲ Okragemüse zubereiten.
▲ Die Käseplatte anrichten; die Vinaigrette erst kurz vor dem Essen darüber verteilen.
▲ Alles für den Obstsalat fertigstellen.
▲ Für die Bowle die Mangos schälen, mit Granatapfelkernen, Sirup und Likör in ein Bowlengefäß geben. Den Wein darübergießen; durchziehen lassen.

Direkt vor dem Servieren:
▲ Die Scampi in der Soße garziehen; warmhalten.
▲ Den Backofen vorheizen und die erste Pastete einschieben; den Küchenwecker auf 30 Minuten einstellen. Die zweite Pastete anschließend backen.
▲ Den Paprika-Orangen-Salat anrichten.
▲ Den Putenbraten aufschneiden; mit Papaya-Tatar anrichten.
▲ Vinaigrette über den Käse verteilen.
▲ Pilaw erhitzen – im Backofen oder in zwei Portionen in der Mikrowelle.
▲ Den Sekt in die Bowle gießen.

4. KAPITEL

Deftiges Büffet

FÜR ETWA 20 PERSONEN

1/BISMARKHERINGE IN KRÄUTERSOSSE

2/WÜRZIGE EIER IM GLAS

3/KARTOFFELSALAT MIT KÜRBIS

4/ROTER NUDELSALAT

5/HACKBRATEN VOM BLECH

6/GEKRÄUTERTER SCHWEINERÜCKEN

7/RIESENBREZEL

8/KIRSCHGELEE MIT VANILLESOSSE

9/MITTERNACHTSSUPPE

Dieses Büffet hat viele Vorzüge: Es ist preiswert, üppig und gut vorzubereiten. Auch mit schmalem Budget ist originelle Gastlichkeit möglich! Der rote Nudelsalat und die grüne Kräutersoße zum Bismarkhering setzen interessante Farbtupfer. Ob Sie die Mitternachtssuppe sofort oder erst später servieren – das müssen Sie entscheiden.

1/BISMARKHERINGE IN KRÄUTERSOSSE

Je ein Päckchen TK-Petersilie, Dill und Schnittlauch, 2 Eßl. Meerrettich (Glas), 1 Teel. Zucker, 1 geriebene Zwiebel, 1 Becher Schmand (250 g), 1/8 l Schlagsahne, 1 Teel. Kräutersalz, 12 doppelte Heringsfilets, 3 Äpfel, frischer Dill.

1. Alle Zutaten bis auf Heringsfilets, Äpfel und Dill im Mixer pürieren. Mit Salz und Pfeffer abschmecken.

2. Die abgetropften Heringe in mundgerechte Stücke schneiden. Die Äpfel schälen, entkernen und kleinschneiden.

3. Heringe, Äpfel und die grüne Soße abwechselnd in eine Schüssel schichten. Mit frischem Dill garnieren.

2/WÜRZIGE EIER IM GLAS

20 hartgekochte Eier, 3 Knoblauchzehen, 2 rote Zwiebeln, 2 getrocknete Peperoni, 4 Lorbeerblätter, 20 Wacholderbeeren, 2 Eßl. Senfkörner, 1 Teel. ganzer Kümmel, 2 Zweiglein Rosmarin, 1 1/2 Teel. Salz, 1/4 l Rotweinessig.

1. Eier pellen. Knoblauchzehen und die Zwiebeln schälen. In Ringe und Scheiben schneiden und eine Minute in kochendem Wasser blanchieren; abtropfen lassen.

2. Alle Zutaten bis auf Salz und Essig in eine Glasschüssel (1 Liter) schichten. Dreiviertel Liter Wasser mit Salz und Essig aufkochen. Leicht abgekühlt über die Eier im Glas

Deftiges Büffet

gießen. Abgedeckt mindestens 24 Stunden durchziehen lassen.

3/KARTOFFELSALAT MIT KÜRBIS

1 kg festkochende Kartoffeln, 1/8 Liter Fleischbrühe (Instant), 5 Eßl. Weinessig, 2 Zwiebeln, 1 walnußgroßes Stück Ingwerwurzel, Saft von 1 Orange, 3 Eßl. Öl, 1 Eßl. Curry, 1 Becher Schmand (250 g), 1 großes Glas eingelegter Kürbis (850 g), 4 Eßl. Kürbiskerne.

1. Kartoffeln in Scheiben schneiden. Brühe erhitzen, Essig dazugeben und über die Kartoffeln gießen. Durchheben und mindestens 20 Minuten durchziehen lassen.

2. Inzwischen die Zwiebeln würfeln, Ingwer hacken und die Orange auspressen. Zwiebeln so in Öl andünsten, daß sie noch »Biß« haben. Mit Curry bestäuben, ganz kurz anschwitzen, den Orangensaft zugießen und offen kräftig einkochen. Etwas abkühlen lassen und Schmand unterrühren.

3. Den Kürbis abtropfen lassen und mit der Currycreme unter die Kartoffeln heben.

4. Kurz vor dem Servieren die Kürbiskerne in einer Pfanne anrösten und über den Kartoffelsalat streuen.

4/ROTER NUDELSALAT

500 g frische rote Bete, 500 g Reisnudeln oder Spaghetti Nr. 1, Salz, 1 große Dose rote Bohnen (850 g), 1 Glas Silberzwiebeln (190 g), 1 Glas Dillgurken (190 g), 300 g Kasseler-Aufschnitt.
VINAIGRETTE: *1 Eßl. Senf, 1/8 l Öl, 6 Eßl. Weinessig, 1 geriebene Zwiebel, Kräutersalz, reichlich frisch gemahlener Pfeffer, 1 Eßl. Zucker, 1 Tablett Kresse.*

1. Rote Bete schälen und grob reiben. Nudeln in kurze Stücke brechen, in reichlich Salzwasser nach Packungsanweisung kochen, abgießen und mit kaltem Wasser übersprudeln. Gut abtropfen lassen und sofort unter die geriebene Rote Bete mischen, damit sie sich rot färben.

2. Bohnen, Zwiebeln und Dillgurken abgießen. Die Gurken etwas kleinschneiden. Kasseler in Würfel oder Streifen schneiden. Alles unter die roten Nudeln mischen.

3. Alle Zutaten für die Vinaigrette in ein Schraubglas geben und kräftig durchschütteln. Unter den Salat mischen und einige Stunden durchziehen lassen. Zum Anrichten mit Kresse dekorieren.

5/HACKBRATEN VOM BLECH

5 altbackene Brötchen, 3 Eier, 2 Zwiebeln, 2 Eßl. scharfer Senf, 1 1/2 Teel. Salz, frisch gemahlener Pfeffer, 2 Eßl. Edelsüßpaprika, 300 g gekochter Schinken, 1 kg Rinderhack, etwas Öl, 100 g Sonnenblumenkerne, 1 Glas Cornichons (110 g).

1. Die Brötchen in Wasser einweichen und anschließend gut ausdrücken. In einer großen Schüssel mit den Eiern, den geriebenen Zwiebeln, Senf, Salz, Pfeffer und Paprika vermischen.

2. Den Schinken im Blitzhacker fein hacken und mit dem Rinderhack dazugeben. Mit den Knethaken des elektrischen Handrührers zu einem geschmeidigen Teig verarbeiten.

3. Das Backblech einölen und den Hackteig flach daraufstreichen. Mit Öl einpinseln und mit Sonnenblumenkernen bestreuen. Im vorgeheizten Backofen bei 225 Grad/Gas Stufe 4 35 Minuten backen. Den Hackbraten in Rhomben schneiden und mit Cornichons anrichten. Schmeckt kalt und warm.

6/GEKRÄUTERTER SCHWEINERÜCKEN

2 kg ausgelöster Schweinerücken, 2 Eßl. Kräuter der Provence, 1 Eßl. scharfer Senf, 4 Eßl. Öl, frisch gemahlener Pfeffer, Kräutersalz.

1. Fleisch abspülen und trockentupfen. Kräuter mit Senf, Öl, Pfeffer und Kräutersalz verrühren. Nur die Fettschicht des Fleischstückes damit bestreichen. Das Fleisch locker in Alufolie schlagen.

2. Den Backofen auf 225 Grad/Gas Stufe 4 vorheizen. Den Braten in der Folie auf dem Rost in den Backofen schieben, 20 Minuten backen, dann auf 190 Grad/Gas Stufe 2 bis 3 zurückschalten und 45 Minuten weiterbacken.

3. Den Braten etwa eine Stunde in der Folie lauwarm abkühlen lassen. Dann in Scheiben schneiden und anrichten.

7/RIESENBREZEL

Backmischung für 2 Roggen-Mischbrote, 200 g Walnußkerne, 2 Eßl. kernige Haferflocken zum Bestreuen.

DAZU: *Butter (etwa 500 g)*

1. Den Teig genau nach Anweisung auf der Packung anrühren. Die Walnüsse zerbrechen und darunterkneten.

2. Den Teig zu einer langen Rolle formen und auf dem Backblech zu einer Brezel legen Zugedeckt gehen lassen.

3. Anschließend mit Wasser einpinseln und mit den Haferflocken bestreuen.

4. Die Brezel in den auf 200 Grad/Gas Stufe 3 vorgeheizten Backofen schieben und 35 bis 40 Minuten backen.

8/KIRSCHGELEE MIT VANILLESOSSE

1 kg TK-Kirschen, 12 Blatt weiße Gelatine, 100 g Zucker, 1/2 l trockener Weißwein (oder Kirschsaft), 1/2 l Kirschsaft.

SOSSE: *1 Packung Vanilleeis (250 g) 500 g Speisequark (20 % Fett), 4 cl Weinbrand (oder Zitronensaft), 4 Eßl. Zucker.*

1. Kirschen auftauen lassen. Die Gelatine nach Anweisung einweichen und auflösen. Zucker und acht Eßlöffel Wasser aufkochen und unter Rühren fünf Minuten offen etwas einkochen lassen.

2. Kirschen, Kirschsaft und Wein dazugeben,

die Gelatine einrühren. In eine oder zwei Schüsseln füllen. Über Nacht im Kühlschrank erstarren lassen.

3. Das Vanilleeis mit Quark, Weinbrand und Zucker im Mixer pürieren und zum Gelee servieren.

9/MITTERNACHTSSUPPE

250 g durchwachsener Speck, 500 g Porree, 500 g Möhren, 3 Eßl. Öl, 2 Eßl. Edelsüß-Paprika, 2 l klare Fleischbrühe (Instant), 750 g Sauerkraut, 4 Krakauer Würste (400 g), 2 Kabanossi (300 g), 100 g eingelegte grüne Peperoni, Salz, frisch gemahlener Pfeffer, 1 Becher saure Sahne.

1. Den Speck fein würfeln. Porree in feine Ringe, Möhren in dünne Scheiben schneiden.

2. Den Speck im Topf mit Öl ausbraten. Porree und Möhren dazugeben und etwa zehn Minuten andünsten. Paprika darüberstreuen, verrühren und die Brühe zugießen.

3. Sauerkraut etwas kleinschneiden, zusammen mit den Würsten in den Topf geben. Alles zugedeckt etwa 45 Minuten köcheln lassen.

4. Die Würste in kleine Stücke, die Peperoni in Ringe schneiden. Erst kurz vor dem Servieren in die Suppe geben. Die saure Sahne dazugeben, mit Salz und Pfeffer abschmecken.

PLANUNG

Zwei Tage vorher:
▲ Die Eier kochen und einlegen.

Am Vortag:
▲ Das Kirschgelee fertigstellen, kaltstellen.

▲ Die Pellkartoffeln für den Salat kochen und abpellen. Die Currycreme zubereiten.
▲ Riesenbrezel backen.
▲ Den Schweinebraten kräutern und in Alufolie einpacken; kaltstellen.
▲ Die Suppe soweit fertig zubereiten und kochen, daß sie nur noch erhitzt und mit saurer Sahne angerichtet werden muß.

Vier Stunden vor dem Essen:
▲ Den Kartoffelsalat fertig zubereiten. Die Kürbiskerne rösten; erst kurz vor dem Essen darüberstreuen.
▲ Den Nudelsalat fertig zubereiten, durchziehen lassen.
▲ Den Hackteig fertigstellen und backen.
▲ Anschließend den Schweinenacken in den Backofen schieben und 20 Minuten bei 225 Grad/Gas Stufe 4 und 45 Minuten bei 190 Grad/Gas Stufe 2 bis 3 backen. Bis zum Anschneiden in der Folie ruhen lassen.
▲ Bismarkheringe mit Äpfeln und Kräutersoße anrichten.
▲ Vanillesoße für das Kirschgelee zubereiten.
▲ Hackbraten in Rhomben schneiden und mit Cornichons anrichten.

Direkt vor dem Servieren:
▲ Die Hälfte der Brezel in fingerdicke Scheiben schneiden.
▲ Nudelsalat mit Kresse und die Bismarkheringe mit Dillzweigen dekorieren. Kartoffelsalat mit Kürbiskernen bestreuen.
▲ Braten in Scheiben schneiden.

Italienisches Büffet

FÜR 12 PERSONEN

1/ZUR BEGRÜSSUNG: NEKTARINENWEIN, CROSTINI
UND STAUDENSELLERIE MIT MASCARPONE

2/MELONE MIT SCHINKEN

3/GERÖSTETE PAPRIKASCHOTEN

4/KALTES KALBFLEISCH IN THUNFISCHSOSSE (VITELLO TONNATO)

5/GETROCKNETES RINDFLEISCH (BRESÀOLA)

6/MARINIERTE MÖHREN

7/KARAMEL-ZWIEBELN

8/AUBERGINEN MIT TOMATENSUGO

9/WEISSER BOHNENSALAT

10/REISSALAT

11/ TOMATEN UND MOZZARELLA

12/FRITIERTE ZUCCHINI

13/ZUM ESPRESSO: MANDELKUCHEN

Ein italienisches Büffet ist nicht nur an langen warmen Sommerabenden beliebt. Die klassischen Vorspeisen schmecken vorzüglich und sind außerdem perfekt vorzubereiten. Jeder nimmt sich dann ein bißchen von fast allem und setzt sich an den vorher gedeckten Tisch. Dazu darf natürlich gut gekühlter italienischer Weißwein (und Wasser) nicht fehlen. Alles wird kalt serviert und kann schon ein paar Tage vorher zubereitet werden. Ideal für Gastgeber, die ihr Fest zusammen mit Freunden entspannt genießen wollen.

1/NEKTARINENWEIN

*5 vollreife Nektarinen, 1 Zitrone,
1/8 l Maraschino,
1 1/2 l gut gekühlter Roséwein.*

Nektarinen und Zitrone waschen und in Spalten schneiden. In einen großen Glaskrug (oder Bowlengefäß) geben und mit Maraschino beträufeln. Etwa zwei Stunden lang abgedeckt kaltstellen. Kurz vor dem Servieren mit dem Roséwein aufgießen.

Italienische Vorspeisen

CROSTINI (GERÖSTETE BROTSCHEIBEN)

*1 Baguette, 2 Knoblauchzehen, Olivenöl,
250 g Kirschtomaten, Basilikumblätter.*

Das Baguette in fingerdicke Scheiben schneiden und beidseitig unterm Grill rösten. Die Scheiben mit Knoblauch einreiben und mit Öl beträufeln. Kleine Kirschtomaten darauf zerdrücken, mit Basilikumblättchen dekorieren. Heiß essen!

STAUDENSELLERIE MIT MASCARPONE

1 Staudensellerie, je 150 g Mascarpone und Gorgonzola.

Den Sellerie putzen und die holzigen Enden entfernen, eventuell Fäden abziehen. Mascarpone und Gorgonzola mit einer Gabel vermischen. Mit den Selleriestangen auf einem Teller anrichten.

2/MELONE MIT SCHINKEN

*1 Cantaloup-Melone, 150 g Parma-Schinken.
Pfeffermühle dazustellen.*

1. Die gut gekühlte Melone in Spalten schneiden und entkernen. Das Fruchtfleisch von der Schale lösen, damit es leichter gegessen werden kann.

2. Die Spalten mit dem Schinken auf einer Platte anrichten.

3/GERÖSTETE PAPRIKASCHOTEN

*2 rote und 2 gelbe Paprikaschoten,
1 Eßl. Zitronensaft, 4 Eßl. Olivenöl.*

1. Die Paprikaschoten im Ganzen auf dem Backofenrost bei 250 Grad/Gas Stufe 5 etwa 30 bis 40 Minuten rösten, bis sie dunkelbraun sind und die Schale sich in großen Blasen abhebt.

2. Die Schoten mit einem kalten feuchten Tuch abdecken und etwas abkühlen lassen. Haut abziehen. Das Fruchtfleisch in Streifen schneiden und auf einem Teller verteilen.

3. Zitronensaft und Öl mit einer Gabel verschlagen und darüberträufeln. Bis zum Servieren kaltstellen.

4/KALTES KALBFLEISCH IN THUNFISCHSOSSE (VITELLO TONNATO)

1 kg mageres Kalbfleisch (Nuß), Salz, 1 Bund Suppengrün, 1 Glas Weißwein (oder 2 Eßl. Zitronensaft).

SOSSE: *4 Eigelb, je 1/8 l Olivenöl und feines Sonnenblumenöl, Saft von 1 Zitrone, 2 Dosen Thunfisch in Öl (à 210 g), 3 Anchovisfilets, frisch gemahlener Pfeffer, 2 Eßl. Kapern.*

1. Das Kalbfleisch in leicht gesalzenem Wasser mit grob zerkleinertem Suppengrün und Weißwein langsam zum Kochen bringen. Dann die Hitze reduzieren und das Fleisch etwa eine Stunde und 30 Minuten bei leicht geöffnetem Topf ziehen (nicht kochen) lassen. Im Sud abkühlen lassen.

2. Für die Soße: Eigelb verrühren und das Öl in ganz dünnem Strahl unterrühren. Zitronensaft nach und nach dazugeben. Den Thunfisch mit dem Anchovisfilet im Mixer ganz fein pürieren. Dabei etwas von der Ölsoße (Mayonnaise) dazugeben, damit alles cremig und dickflüssig wird. Durch ein Sieb geben und mit der restlichen Soße verrühren. Mit Salz und Pfeffer abschmecken.

3. Das Fleisch in sehr dünne Scheiben schneiden. Mit der Soße auf eine Platte schichten und mit Kapern bestreut servieren.

5/GETROCKNETES RINDFLEISCH (BRESÀOLA)

*75 g getrocknetes Rindfleisch (oder Bündner Fleisch), frisch gemahlener Pfeffer,
Saft von 1 Zitrone, 5 Eßl. Olivenöl,
1/2 Zitrone zum Garnieren.*

1. Das Fleisch mit Pfeffer, Zitronensaft und Olivenöl beträufeln. Einige Stunden oder über Nacht ziehen und weichen lassen.

2. Das Fleisch mit Zitronenschnitzen auf einer Platte anrichten.

6/MARINIERTE MÖHREN

2 Bund junge Möhren, 2 Stangen Staudensellerie, 1 Zwiebel, 1 Knoblauchzehe, 2 Lorbeerblätter, 1/4 Teel. getrockneter Oregano, 4 zerstoßene Pfefferkörner, etwa 1 Tasse milder Weinessig, 4–6 Eßl. Olivenöl.

1. Die Möhren schälen. Ganz in kochendes, leicht gesalzenes Wasser geben. In etwa zehn Minuten bißfest kochen.

2. Inzwischen Sellerie, Zwiebel und Knoblauchzehe kleinschneiden und in eine tiefe Schale geben, in die die ganzen Möhren hineinpassen. Lorbeerblätter, Oregano, Pfeffer und Essig dazugeben. Die Möhren abgießen und sofort heiß in die Marinade legen.

3. Eine Stunde vor dem Servieren aus dem Sud nehmen und auf eine Servierplatte legen. Mit Olivenöl beträufeln.

7/KARAMEL-ZWIEBELN

500 g frische weiße Zwiebeln (ersatzweise Schalotten), 3 Eßl. Öl, etwas Salz, etwa 1/4 l Wein oder Orangensaft, 4 Eßl. Essig, 1 Teel. Zucker.

1. Die Zwiebeln schälen, das Grün abschneiden. Öl in einem flachen weiten Topf erhitzen (alle Zwiebeln sollten nebeneinander Platz haben). Die Zwiebeln mit etwas Salz bestreut darin leicht anbraten.

2. Wein, Essig und Zucker dazugeben. Einmal aufkochen lassen und dann 15 Minuten bei etwas geöffnetem Topf köcheln lassen. Danach kräftiger kochen, bis die Flüssigkeit fast eingekocht und ein Karamelsirup entstanden ist. Die Zwiebeln herausnehmen. Mit dem Karamelsirup beträufeln und abkühlen lassen.

8/AUBERGINEN MIT TOMATENSUGO

3 mittelgroße Auberginen (à etwa 300 g), Salz, 2 Knoblauchzehen, 6 Eßl. Sonnenblumenöl, 1/2 l pürierte Tomaten, frisch gemahlener Pfeffer.

1. Die Auberginen waschen und in etwa drei Zentimeter große Stücke schneiden. Mit Salz bestreut etwa eine Stunde »schwitzen« lassen. Anschließend mit kaltem Wasser abspülen und trockentupfen.

2. Die Knoblauchzehen hacken. Öl in einer großen Pfanne (Durchmesser etwa 30 Zentimeter) stark erhitzen. Die Auberginen darin rundherum braun braten. Das überschüssige Öl auf Küchenkrepp abtropfen lassen.

3. Die Knoblauchzehen in der Pfanne unter Wenden hellbraun anbraten. Pürierte Tomaten dazugeben. Salzen, pfeffern, einmal aufkochen lassen und dann unter die Auberginen mischen. Abkühlen lassen.

9/WEISSER BOHNENSALAT

2 Dosen dicke weiße Bohnen (à 580 g), 1 Dose Thunfisch in Öl (210 g), 1 rote Zwiebel, 1 Bund glatte Petersilie, 4 Eßl. Olivenöl, Salz, frisch gemahlener Pfeffer, eventuell etwas Weinessig oder Zitronensaft.

1. Bohnen abgießen und abtropfen lassen. Den Thunfisch mit einer Gabel zerpflücken, die Zwiebel in Streifen schneiden. Die Petersilie grob zerhacken.

2. Alles mit dem Öl unter die Bohnen mischen und ein paar Stunden durchziehen lassen. Mit Salz und Pfeffer, eventuell auch etwas Weinessig oder Zitronensaft, abschmecken.

10/REISSALAT

160 g Reis, Salz, 3 Anchovisfilets, 2 hartgekochte Eier, 2 Eßl. Kapern, 100 g Oliven – schwarz und grün, 150 g gekochter Schinken, 1 (oder 2) vollreife Tomate, 4 Eßl. Olivenöl, Salz, frisch gemahlener Pfeffer.

Zum Espresso: Mandelkuchen

1. Den Reis in reichlich leicht gesalzenem Wasser etwa zwölf Minuten kochen, gut abtropfen lassen.

2. Anchovisfilets kalt abspülen, hartgekochte Eier, Kapern und entsteinte Oliven grob zerschneiden. Den Schinken würfeln und die entkernten Tomaten kleinschneiden. Alles unter den körnigen, abgekühlten Reis mischen. Mit Olivenöl, Salz und Pfeffer würzen.

ABWANDLUNG

Statt Schinken kann auch sehr gut Thunfisch verwendet werden.

11/TOMATEN UND MOZZARELLA

5 vollreife Tomaten, 300 g Mozzarella, frisches Basilikum, frisch gemahlener Pfeffer, 5 Eßl. Olivenöl.

1. An den Tomaten den Stengelansatz herausschneiden. Tomaten und Mozzarella in Scheiben schneiden.

2. Abwechselnd dachziegelartig mit Basilikumblättern auf einer Platte anrichten. Pfeffer darübermahlen, mit Olivenöl beträufeln.

TIP

Nur würzige, vollreife Tomaten und bestes, kaltgepreßtes Olivenöl verwenden.

12/FRITIERTE ZUCCHINI

300 g kleine feste Zucchini, Salz, etwa 1/8 l Sonnenblumenöl, 1/2 Teel. getrockneter Oregano, 1 Knoblauchzehe, 3 Eßl. Weinessig.

1. Die Zucchini waschen und in dünne Scheiben schneiden. Mit Salz bestreut etwa eine Stunde »schwitzen« lassen. Dabei den Teller schräg stellen, damit die sich bildende Flüssigkeit gleich abfließen kann.

2. Die Zucchinischeiben abspülen und sorgfältig trockentupfen, am besten zwischen Geschirrhandtüchern.

3. Öl in einer tiefen Pfanne (Durchmesser etwa 30 Zentimeter) stark erhitzen und die Zucchinischeiben darin goldgelb fritieren. Auf Küchenpapier abtropfen lassen und in eine Schüssel füllen. Zerriebenen Oregano und Knoblauchscheiben darüberstreuen und mit Essig beträufeln.

4. Abgedeckt einige Stunden oder über Nacht stehen lassen.

13/ZUM ESPRESSO: MANDELKUCHEN

150 g abgezogene Mandeln, 150 g Zartbitterschokolade, Schale von 1 Zitrone, Fett und Semmelmehl für die Form, 4 Eier, 1 Päckchen Vanillezucker, 150 g Zucker, Puderzucker.

1. Mandeln und Schokolade im Blitzhacker fein mahlen. Zitronenschale dünn abschälen und fein hacken. Eine flache Form von etwa 24 Zentimetern Durchmesser fetten und mit dem Semmelmehl ausstreuen.

2. Die Eier trennen. Eiweiß zu steifem Schnee schlagen. Eigelb mit dem Zucker weißcremig schlagen. Zitronenschale, Mandeln und Schokolade darunterrühren. Den Eischnee locker darunterziehen.

3. Den Teig in die Form füllen. In den auf 175 Grad/Gas Stufe 2 vorgeheizten Backofen schieben und 45 Minuten backen. In der Form abkühlen lassen. Mit Puderzucker bestäuben. In schmale Stücke schneiden.

Dazu passen, außer Espresso natürlich, Grappa, Amaretto oder Sambuca.

AUSSERDEM: *frisch aufgebackenes – am besten italienisches – Brot (etwa 200 g pro Person) und eventuell etwas Salami und Pecorino-Käse.*

PLANUNG

Zwei Tage vorher:

▲ Das Kalbfleisch für Vitello Tonnato kochen und in der Brühe abkühlen lassen.

▲ Paprikaschoten rösten, abziehen und marinieren.
▲ Möhren kochen und marinieren.
▲ Karamel-Zwiebeln fertig zubereiten.

Am Vortag:
▲ Auberginen fertig zubereiten.
▲ Reis kochen.
▲ Mandelkuchen backen.
▲ Zucchini fritieren und marinieren.
▲ Das getrocknete Rindfleisch marinieren.

Vier Stunden vor dem Essen:
▲ Reissalat fertig zubereiten.
▲ Bohnensalat fertigstellen.
▲ Thunfischsoße zubereiten, das Fleisch schneiden.
▲ Mascarpone und Gorgonzola verrühren. Selleriestangen putzen; kaltstellen.

▲ Nektarinen mit Maraschino beträufeln; kaltstellen.
▲ Möhren aus dem Sud nehmen und anrichten; mit Olivenöl beträufeln.

30 Minuten vor dem Essen:
▲ Tomaten und Mozzarella in Scheiben schneiden und mit Basilikum anrichten; mit Öl beträufeln.
▲ Melone in Spalten schneiden und mit dem Schinken anrichten.
▲ Kalbfleisch mit Thunfischsoße anrichten; mit Kapern bestreuen.
▲ Selleriestangen mit Mascarpone-Creme anrichten.
▲ Crostini zubereiten. Anschließend Brot aufbacken.
▲ Den Wein über die Nektarinen gießen.

5. KAPITEL
Die besondere Einladung

Haben Sie Lust, jemandem ein Festessen zum Geschenk zu machen? Oder zur Hochzeitssuppe einzuladen – wie unsere Urgroßmütter? Vielleicht wollten Sie immer schon mal zum afrikanischen Couscous bitten, wußten aber nicht genau, wie das geht? Ein Kartoffelfest feiern, das wenig Geld und Mühe kostet, aber viel Spaß macht? Ein sommerliches Grillfest perfekt vorbereiten? Hier sind unsere Vorschläge: Suchen Sie aus!

5. KAPITEL

Jeder bringt was mit

FÜR 12 PERSONEN

1/APERITIF: ERDBEER-SEKT

2/KALTE PAPRIKASUPPE

3/LACHS-KARTOFFEL-PASTETE

4/TAFELSPITZ MIT KAPERN-DIP

5/KÄSE MIT WEINTRAUBEN

Hier servieren die Gäste das Menü. Sie als Gastgeber brauchen nur zu organisieren und den Tisch festlich zu decken. Damit alles zusammenpaßt, verteilen Sie die Rezepte.
Beim Essen serviert dann jede(r) seinen (ihren) Gang selbst.
Niemand darf überfordert werden. Wer nicht kochen kann, schießt die Erinnerungsfotos, kümmert sich um die Getränke oder bringt den Käse und frisches Obst mit.
Für Brot, Wasser und Wein sorgt am besten der Gastgeber. Rechnen Sie pro Person mit 200 g Brot, einer Flasche Weißwein (oder jungem, frischem Rotwein) und einer Flasche Mineralwasser. Rechtzeitig kühlstellen!
Die einzelnen Gänge sind so ausgesucht, daß sie fertig mitgebracht und kalt gegessen werden können.

1/APERITIF: ERDBEER-SEKT

250 g Erdbeeren, 2 Eßl. Zucker,
4 Eßl. Maraschino (oder Orangensaft),
2 Flaschen trockener Sekt.

1. Die Erdbeeren waschen, putzen und grob zerschneiden. Mit Zucker und Maraschino im Mixer oder mit dem Schneidstab pürieren, dann durch ein Sieb rühren. In Flaschen füllen und bis zum Servieren kaltstellen.

2. Etwas von dem Erdbeerpüree in Sektgläser geben und mit gut gekühltem Sekt aufgießen. Die Gläser eventuell mit einer schönen Erdbeere dekorieren – dann braucht man ein paar Früchte mehr.

ABWANDLUNG

Statt der Erdbeeren können Sie je nach Jahreszeit auch andere Früchte verwenden, zum Beispiel Kiwis, Himbeeren, Aprikosen oder Pfirsiche.

2/KALTE PAPRIKASUPPE

1 kg rote Paprikaschoten, 100 g Schalotten,
6 Eßl. Öl, 1 1/2 l Gemüsebrühe (Instant),
Saft von 2 Orangen, 4 Spritzer Tabasco, Salz,
2 Becher saure Sahne (400 g), Basilikum.

1. Die Paprikaschoten halbieren, entkernen, waschen und kleinschneiden. Die Schalotten würfeln und in heißem Öl etwa fünf Minuten glasig dünsten.

2. Die Paprika zugeben und bei kleiner Hitze zugedeckt unter gelegentlichem Wenden etwa 20 Minuten weichdünsten; sie dürfen nicht braun werden.

3. Brühe und Orangensaft dazugießen. Aufkochen lassen und mit Tabasco würzen.

Kalte Paprikasuppe

4. Etwas abkühlen lassen und im Mixer oder mit dem Schneidstab des Handrührers pürieren; anschließend durch ein feines Sieb rühren. Zugedeckt einige Stunden kaltstellen. Mit Salz abschmecken.

5. Zum Servieren die Suppe mit einem Löffel saurer Sahne und einem Basilikumblatt auf Tellern anrichten.

3/LACHS-KARTOFFEL-PASTETE

8 Blatt weiße Gelatine, 6 mittelgroße Kartoffeln (etwa 500 g), Salz, 8 Porreestangen, Fett für die Form, 300 g geräucherter Lachs, 1 Bund Schnittlauch, 5 Eßl. Weißwein oder Gemüsebrühe (Instant), 2 Eßl. geriebener Meerrettich, 100 g Butter, frisch gemahlener Pfeffer, 1 Becher Crème fraîche (200 g), 2 Tabletts Kresse.

1. Die Gelatine in kaltem Wasser einweichen. Die Kartoffeln mit der Schale 20 Minuten in Salzwasser kochen. Den Porree putzen, waschen und in reichlich Salzwasser fünf Minuten kochen. In Eiswasser abkühlen lassen.

2. Drei Stangen Porree vorsichtig auseinanderblättern und eine gefettete Ring- oder Kastenform (1 1/2 Liter) so damit auskleiden, daß die Streifen etwa fünf Zentimeter über den Rand hängen.

3. Den übrigen Porree sehr fein schneiden und in eine große Schüssel geben. Die Kartoffeln pellen und fein darüberreiben. Den Lachs in feine Würfel, den Schnittlauch in Ringe schneiden und beides dazugeben.

4. Gelatine in heißem Wein oder Brühe auflösen. Meerrettich, flüssige lauwarme Butter, Salz, Pfeffer und Crème fraîche in die Schüssel zum Lachs geben. Gelatine unterrühren.

Lachs-Kartoffel-Pastete

5. Die Farce in die vorbereitete Form füllen und mit dem überhängenden Porree abdecken. Am besten über Nacht, mindestens jedoch fünf Stunden im Kühlschrank festwerden lassen.

6. Auf eine Platte stürzen und mit geschnittener Kresse garnieren. Zum Anschneiden ein großes scharfes Messer nehmen und die Schneide vorher kurz in heißes Wasser tauchen. Sehr gut geht's auch mit einem elektrischen Messer.

4/TAFELSPITZ MIT KAPERN-DIP

1 Bund Suppengrün, 1 Teel. schwarze Pfefferkörner, 1 Lorbeerblatt, 1 1/2 Teel. Salz, 2 kg Tafelspitz.
  DIP: *60 g Kapern, 3 Knoblauchzehen, 1 Bund glatte Petersilie, 1 Eigelb, 1 Teel. Senf, 2 Eßl. Zitronensaft, frisch gemahlener Pfeffer, 1 Glas Mayonnaise (250 ml), 1 Becher Schmand (200 g), 2 Bund kleine Möhren (500 g), 250 g Zuckerschoten, Riesenkapern als Dekoration.*

1. Das Suppengrün putzen, waschen und grob zerschneiden. Mit Pfefferkörnern Lorbeerblatt und Salz in einen großen Topf geben. Eineinhalb Liter Wasser dazugeben und alles zugedeckt zum Kochen bringen. Das Fleisch dazugeben und bei kleiner Hitze etwa zwei Stunden sieden lassen (nicht sprudelnd kochen, damit das Fleisch saftig bleibt).

2. Das Fleisch in der Brühe abkühlen lassen. Für den Kapern-Dip abgetropfte Kapern, Knoblauch und Petersilie im Mixer pürieren. Eigelb, Senf, Zitronensaft, Pfeffer, Mayonnaise und Schmand unterrühren. Mit Salz abschmecken und kaltstellen.

3. Möhren und Zuckerschoten getrennt in etwas Fleischbrühe garen – die Möhren acht und die Schoten vier Minuten. In der Brühe abkühlen lassen.

Tafelspitz mit Kapern-Dip

4. Das Fleisch in dünne Scheiben schneiden und mit dem Gemüse und dem Kapern-Dip anrichten. Mit Riesenkapern dekorieren.

T<small>IP</small>

Das Fleisch am Vortag garen und über Nacht in der Brühe abkühlen lassen. Erst beim Gastgeber aufschneiden und anrichten. Fleisch und Gemüse können auch warm serviert werden: Dann beides kurz in der Brühe erhitzen.

5/KÄSE MIT WEINTRAUBEN

Je eine schöne Traube blauen und weißen Wein in einem flachen Korb oder auf einem schönen Holzbrett anrichten. Ein Stück alten Gouda und ein Stück italienischem Pecorino (à 500 g) dazulegen und mit frischem Weilaub dekorieren.

Den Käse in ein Leinentuch einschlagen.

Käse mit Weintrauben

Kehdinger Hochzeitssuppe

FÜR 6–8 PERSONEN

KLARE FLEISCHBRÜHE MIT KLEINEN HACKBÄLLCHEN

GEKOCHTES RINDFLEISCH MIT MEERRETTICHSOSSE

BACKPFLAUMEN UND ROSINEN

REIS UND KARTOFFELN

Dieses gesellige Essen hat eine lange Tradition. Mit vielerlei Abwandlungen finden wir es überall in Deutschland. Noch heute wird in den meisten alten Gasthäusern Kehdingens in Niedersachsen zur Hochzeit auf dem Saal diese klassische Hochzeitssuppe nach altem Rezept serviert. Die von Nachbarsfrauen am Vorabend der großen Feier in geselliger und fröhlicher Runde gedrehten kleinen Hackbällchen gehören ebenso dazu wie Backpflaumen, Rosinen und Kartoffeln. Befremdlich ist die Zusammenstellung nur, solange Sie diese Spezialität noch nicht probiert haben.

SUPPE: *500 g Knochen (in kleine Stücke gesägt), 1 Bund Suppengrün, 10 Pfefferkörner, 1 Eßl. Salz, 2 kg Siedfleisch (z. B. aus der Brust, Hochrippe oder, besonders fein, aus der Keule).*

HACKKLÖSSCHEN: *2 Brötchen vom Vortag, 1 Zwiebel, 2 kleine Eier, 2 Teel. Kräutersalz, frisch gemahlener Pfeffer, 500 g Rinderhack.*

DAZU: *500 g Backpflaumen ohne Stein, 200 g Rosinen, 1,5 kg Kartoffeln, 400 g Reis.*

MEERRETTICH-SOSSE: *80 g Butter, 80 g Mehl, je 1/2 l Rindfleischbrühe und Milch, ca. 5 Eßl. geriebener Meerrettich (frisch oder aus dem Glas), 1/2 Teel. Zucker, 2–3 Eßl. Zitronensaft, Salz, 1 Bund Petersilie.*

1. Die Knochen abspülen und etwa fünf Minuten in kochendem Wasser ziehen lassen. Das Suppengrün putzen, waschen und grob zerkleinern. Alle Suppengemüse mit Küchenband zusammenbinden.

2. In einem großen Topf (10 Liter) etwa drei bis vier Liter Wasser zum Kochen bringen. Knochen, Pfefferkörner und Gemüsebund hineingeben; zum Kochen bringen.

3. Das Fleisch mit Salz einreiben und dazugeben, es muß bedeckt sein. Den Deckel bis auf einen kleinen Spalt auflegen und die Brühe bei mäßiger Hitze etwa vier Stunden sieden lassen. Den Topf von der Herdplatte nehmen. Über Nacht abkühlen lassen.

4. Für die Hackklößchen die Brötchenrinde rundherum abreiben. Brötchen anschließend in kaltem Wasser einweichen. Gut ausgedrückt in eine Rührschüssel geben. Geriebene Zwiebel, Eier, Salz und reichlich Pfeffer dazugeben. Alles gut vermischen; erst dann das Hackfleisch darunterkneten. Mit nassen Händen sehr kleine (etwa zehn Gramm schwere) Klößchen formen. Die Klößchen in leicht gesalzenem, siedenden Wasser in etwa drei Minuten garziehen lassen. Abgedeckt über Nacht kühlstellen.

5. Backpflaumen und Rosinen getrennt mit heißer Brühe übergießen und über Nacht quellen lassen.

6. Am nächsten Tag die festgewordene Fettschicht von der Suppe abheben, das Fleisch herausheben und die Brühe durch ein feines Sieb gießen.

Kehdinger Hochzeitssuppe

7. Kartoffeln schälen und in kochendem Salzwasser garen. Den Reis im Salzwasser garen. Das Fleisch quer zur Faser in Scheiben schneiden, mit etwas Brühe bedeckt langsam erhitzen; ebenso die Hackbällchen.

8. Für die Soße die Butter aufschäumen lassen und das Mehl einrühren. Einen halben Liter Brühe und die Milch nach und nach dazugeben. Jedesmal sorgfältig rühren und aufkochen lassen, damit die Soße glatt und cremig wird. Den Meerrettich reiben und erst kurz vorm Auftragen in die Soße rühren. Mit Zucker, Zitronensaft und Salz kräftig und scharf abschmecken. Petersilie hacken.

9. Das Fleisch auf einer vorgewärmten Platte anrichten; abgetropfte Rosinen und Backpflaumen drumherum anrichten. Kartoffeln in Petersilie und Butter schwenken. Soße, Kartoffeln und Reis in Schüsseln füllen.

10. Brühe und Fleischklößchen in eine Suppenterrine füllen. Mit Petersilie bestreuen.

11. Alles zusammen auftragen.

Planung

Am Vortag:
▲ Die Fleischsuppe kochen wie beschrieben; über Nacht kaltstellen.
▲ Die kleinen Hackbällchen zubereiten und garen; abgedeckt kaltstellen.
▲ Backpflaumen und Rosinen getrennt mit heißer Brühe bedecken und abgedeckt über Nacht quellen lassen.

1 Stunde vor dem Essen:
▲ Fleisch aus der Brühe nehmen, die Brühe durch ein Sieb gießen.
▲ Kartoffeln schälen. Kartoffeln und Reis garkochen. Petersilie hacken.
▲ Meerrettichsoße zubereiten; den Meerrettich erst unmittelbar vor dem Servieren zur Soße geben.
▲ Das Fleisch in Scheiben schneiden und knapp mit Brühe bedeckt langsam erhitzen. Hackklößchen mit Brühe bedeckt erhitzen.

Direkt vor dem Servieren:
▲ Alles wie beschrieben auffüllen, anrichten und servieren.

So wird die Hochzeitssuppe in Kehdingen gegessen: Jeder stellt sich sein »Menü« selbst zusammen. Zuerst klare Fleischsuppe mit Hackbällchen und Reis dazu, anschließend Kartoffeln, Fleisch, Meerrettichsoße und Backpflaumen oder Rosinen – oder alles zusammen mit etwas Brühe darüber. Eines ist sicher: Jeder wird satt.

Tip

Soll es nach einer Verschnaufpause noch einen Nachtisch geben, dann paßt auf jeden Fall eine Apfel-Himbeer-Grütze mit Milch (Rezept siehe Seite 124).

5. KAPITEL

Picknick

FÜR 6–8 PERSONEN

1/GEFÜLLTE BAGUETTES

2/GEFÜLLTE PAPRIKASCHOTEN

3/TORTELLINI-SALAT

4/ROTE WÜRZEIER MIT TATAR-SOSSE

5/EINGELEGTER KÄSE

6/MARINIERTE PORTWEIN-PFIRSICHE

Diese Rezepte sind nicht nur gut vorzubereiten. Sie haben außerdem den »Härtetest« bestanden: Sie lassen sich leicht verpacken und bequem transportieren. Und sie schmecken so gut, daß garantiert nichts zurück nach Haus gebracht wird. Unsere Planung ist auf einen »Gastgeber« ausgerichtet. Aber: Wenn die Teilnehmer sich die Zubereitung des Picknicks aufteilen, hat jeder einzelne von ihnen kaum Arbeit.

1/GEFÜLLTE BAGUETTES

300 g Greyerzer Käse, 200 g Schinkenspeck, 2 Schalotten, je 3 Zweige Basilikum, Majoran und Petersilie, 2 Eier, frisch gemahlener Pfeffer, 6 Baguettestangen zum Aufbacken, 2 Eßl. Tomatenmark aus der Tube, 3 Eßl. Öl, 1 Knoblauchzehe, Salz.

1. Für die Füllung den Käse grob reiben und den Schinkenspeck fein würfeln. Die Schalotten und Kräuter hacken. Alles in eine Schüssel geben, Eier und Gewürze daruntermischen; abschmecken.

2. Aus den Baguettestangen von oben längs einen tiefen Keil herausschneiden (das Herausgeschnittene zu Paniermehl verarbeiten).

3. Tomatenmark, Öl, zerdrückte Knoblauchzehe, Salz und Pfeffer verrühren. Das Innere der Brotstangen damit einpinseln und anschließend füllen. Nebeneinander auf ein Backblech setzen.

4. Die Baguettestangen in den vorgeheizten Backofen schieben. Bei 225 Grad/Gas Stufe 4 etwa 15 Minuten backen.

5. Die Baguettes abkühlen lassen, dann in Alufolie verpacken.

2/GEFÜLLTE PAPRIKASCHOTEN

1 Zwiebel, 1 Lorbeerblatt, 1 Teel. Instant-Gemüsebrühe, 500 g Rinderhack, 1/2 Teel. Cayennepfeffer, 1/2 Teel. Zimt, Salz, 100 g Rosinen, 50 g Pinienkerne, 80 g Reis, 12 kleine zartgrüne Paprikaschoten (gibt es in türkischen Geschäften), 2 Tomaten.

1. Für die Füllung die Zwiebel fein würfeln. Mit acht Eßlöffel Wasser, Lorbeerblatt, der Brühe und dem Hackfleisch zum Kochen bringen. Unter gelegentlichem Umrühren so lange kochen, bis die Flüssigkeit völlig verdampft ist.

2. Das Hack mit Cayennepfeffer, Zimt und

Sommerliches Picknick

Salz würzen und abschmecken. Gewaschene Rosinen, Pinienkerne und den Reis darunterrühren.

3. In die Paprikaschoten einen daumenbreiten Schlitz schneiden. Kerne und weiße Trennwände entfernen; die Schoten waschen.

4. Die Hackmasse in die Schoten füllen; nebeneinander in eine ofenfeste Form setzen. Jede Schote mit einer Tomatenscheibe belegen.

5. Die Form in den vorgeheizten Backofen schieben und bei 200 Grad/Gas Stufe 3 etwa 40 Minuten backen.

6. Die abgekühlten Schoten verpacken.

Die kleinen hellgrünen Paprikaschoten sind besonders zart und saftig und haben gegart einen würzig-lieblichen Geschmack.

3/TORTELLINI-SALAT

1 Packung Tortellini (250 g), 1 l Gemüsebrühe (Instant), 250 g junge Möhren, Salz, 2 Eßl. Zitronensaft.

SALATSOSSE: *2 Eßl. Senf, 2 Eßl. Zitronensaft, Kräutersalz, 1/2 Teel. Zucker,*

Gefüllte Baguettes

*1 Glas Salatkräutercreme (50 g),
1/8 l Schlagsahne, 1 Becher Joghurt (150 g).*

1. Die Tortellini nach Packungsanweisung in der Gemüsebrühe garen. Anschließend abtropfen und abkühlen lassen.

2. Die Möhren schälen und schräg in dünne Scheiben schneiden. In einer Tasse Salzwasser und zwei Eßlöffel Zitronensaft etwa vier Minuten kochen. Abgießen und sofort in Eiswasser abschrecken.

3. Für die Soße Senf, Zitronensaft, Kräutersalz, Zucker und Salatkräuter verrühren. Sahne und Joghurt darunterschlagen.

4. Tortellini, Möhren und Salatsoße sorgfältig vermischen. In ein geeignetes, gut schließendes Gefäß füllen.

4/ROTE WÜRZEIER MIT TATAR-SOSSE

12 Eier, 1/2 l Rote-Bete-Saft (aus dem Reformhaus), 1/4 l Weinessig, 2 Teel. Salz, 3 Lorbeerblätter, 3 rote Zwiebeln.
TATAR-SOSSE: *2 zarte Lauchzwiebeln, 2 Gewürzgurken (50 g), 30 g Kapern, 1/2 Bund glatte Petersilie, 1 Becher saure Sahne (150 g), 4 Eßl. Schmand.*

1. Die Eier acht Minuten hartkochen.

2. Für den Sud den Rote-Bete-Saft, Weinessig, Salz und die Lorbeerblätter aufkochen und abkühlen lassen.

3. Die Zwiebeln in Ringe schneiden. Die abgekühlten Eier pellen. Beides abwechselnd in ein großes Weckglas (1 1/2 Liter) füllen. Den Sud darübergießen. Bis zum nächsten Tag durchziehen lassen. Gut verschließen.

Gefüllte Paprikaschoten

5. KAPITEL

Rote Würzeier mit Tatar-Soße und eingelegtem Feta

4. Für die Tatar-Soße die Lauchzwiebeln, Gewürzgurken, Kapern und Petersilie fein hacken. Mit saurer Sahne und Schmand verrühren. In ein Schraubdeckelglas oder eine Gefrierdose füllen.

5/EINGELEGTER KÄSE

400 g Feta-Käse, 250 g Kirschtomaten,
4 Eßl. Kräuter (Salbei, Rosmarin, Thymian,
Basilikum), 6 Wacholderbeeren,
2 Knoblauchzehen,
etwa 1/2 l kaltgepreßtes Olivenöl.

1. Den Feta-Käse in etwa zwei Zentimeter große Würfel schneiden, die Tomaten waschen, abtrocknen und jede etwa dreimal einpieksen. Beides abwechselnd in ein Weckglas (1 Liter) schichten.

2. Die Kräuter hacken, Wacholderbeeren leicht zerstoßen. Die Knoblauchzehen in Scheiben schneiden. Über das Eingeschichtete geben, mit dem Öl übergießen. Das Glas verschließen und kühl und dunkel aufbewahren.

Tips

Der so eingelegte Käse hält sich bis zu einem Monat. Ist der Käse aufgebraucht, läßt sich das würzige zurückbehaltene Öl noch für Salat verwenden. Sie können auch jungen Ziegenkäse so einlegen.

Sehr gut schmeckt der Käse so: Etwas Käse und Öl auf einen Teller nehmen, mit Balsamessig (mitbringen!) beträufeln – dazu knuspriges Baguette.

6/MARINIERTE PORTWEIN-PFIRSICHE

100 g Zucker, Saft von 2 Zitronen, 1/4 l weißer Portwein, 12 Pfirsiche, 250 g große Knubber-Kirschen.

1. Den Zucker mit einer Tasse kaltem Wasser offen zu Sirup einkochen. Vom Herd nehmen und Zitronensaft und Portwein dazugeben. Abkühlen lassen. In ein großes Weckglas geben.
2. Die Pfirsiche mit kochendem Wasser überbrühen und abziehen. In Spalten schneiden und sofort in die Portwein-Marinade geben. Die Kirschen waschen, halbieren, entkernen und dazugeben; umrühren.
3. Gut abgedeckt kaltstellen.

Außerdem braucht man für ein üppiges Picknick:
Saft, kalten Fruchttee, frisches, gewaschenes Obst, vielleicht ein paar Tomaten und einen Rettich.

Und nicht vergessen:
Wolldecke, Bestecke, Becher oder Gläser, Teller, Korkenzieher, Flaschenöffner, Küchenpapier-Rolle und Mülltüten.

PLANUNG

Zwei bis drei Tage vorher:
▲ Feta-Käse einlegen.

Am Vortag:
▲ Pfirsiche überbrühen, abziehen, mit den Kirschen und der Portwein-Marinade in ein Glas geben, abgedeckt kaltstellen.
▲ Würzeier fertig zubereiten. Die Tatar-Soße fertigstellen.
▲ Baguette-Brote bis zum Backen vorbereiten.
▲ Paprikaschoten füllen und backen kaltstellen.
▲ Tortellini und Möhren kochen; die Soße zubereiten. Getrennt abgedeckt kaltstellen.

Am Picknick-Tag:
▲ Baguettes backen.
▲ Tortellini, Möhren und Soße vermischen.
▲ Alles sorgfältig für den Transport verpacken.

Marinierte Portwein-Pfirsiche

5. KAPITEL

Couscous

FÜR 6 PERSONEN

LAMMFLEISCH, HÄHNCHENKEULEN
UND KICHERERBSEN MIT COUSCOUS

ROTE-BETE-, MÖHREN-
UND ARTISCHOCKENSALAT

Couscous – so nennt man die kleinen Körner aus Weizen- oder Hartgrieß, die mit Wasser befeuchtet und dann gedämpft werden. So heißt auch das gesamte, in Nordafrika beheimatete Gericht. Eine Menge guter Zutaten werden dafür gebraucht: verschiedene Sorten Fleisch, Gemüse und Gewürze. Und so wird es gegessen: Zuerst füllt man sich Couscous auf den Teller, dann kommt Gemüse, Fleisch und der wunderbar würzige Sud darüber, in dem alles gegart wurde. Lassen Sie sich Zeit bei diesem Essen, knabbern Sie zwischendurch von den Beilagen und den gut gekühlten Melonenstückchen.

SCHMORTOPF

1,5 kg Lammfleisch aus der Keule, 4 Hähnchenkeulen, 6 Eßl. Öl,
3 Teel. Curry, 1 Teel. gemahlener Kümmel,
2 Teel. Sambal Oelek, 2 Teel. Kräutersalz,
2 Zwiebeln, 1 Packung Tomaten in Stücken (500 g), 6 kleine Möhren, 300 g Zucchini, 1 rote und 1 gelbe Paprikaschote, 500 g Steckrüben,
100 g Rosinen, 1/8 l Weißwein (ersatzweise frisch gepreßten Orangensaft),
1/2 l Rindfleischbrühe (Instant),
1 Dose Kichererbsen (850 g), 60 g Butter (oder 6 Eßl. Öl), 750 g Couscous.

1. Das Lammfleisch vom Knochen lösen und in Portionsstücke schneiden, dabei das Fett entfernen. Die Haut von den Hähnchenkeulen abziehen und am Gelenk in Ober- und Unterkeule trennen. In einer Schüssel Öl und Gewürzzutaten verrühren. Zwiebeln in feine Würfel schneiden und dazugeben, Tomatenstücke darunterrühren. Lammfleisch und Keulenstücke darin wenden.

2. Alles in einen großen weiten Schmortopf (8 Liter) geben und erhitzen. Unter gelegentlichem Wenden etwa 45 Minuten bei mittlerer Hitze schmoren.

3. Inzwischen das Gemüse putzen, waschen und in nicht zu kleine Stücke schneiden. Die Rosinen mit dem Wein einmal aufkochen und eine Stunde quellen lassen.

4. Rindfleischbrühe erhitzen und zusammen mit dem Gemüse und den Kichererbsen zum Fleisch in den Topf geben. Gut zugedeckt bei kleiner Hitze etwa eine Stunde weitergaren.

5. Dreiviertel Liter Salzwasser mit Butter oder Öl zum Kochen bringen; den Topf von der Herdplatte nehmen und unter Rühren den Couscous einstreuen. Zehn Minuten quellen lassen. Danach bei kleiner Hitze mit einer Gabel umrühren und erhitzen.

6. Zum Servieren Beilagen in kleine Schälchen, Couscous in eine tiefe Schüssel, Fleisch, Gemüse und Sud in eine Terrine füllen.

MIKROWELLEN-TIP

Couscous läßt sich zwischendurch während des Essens gut in der Mikrowelle erhitzen (die Hälfte der Menge zugedeckt bei 600 Watt in fünf Minuten).

Couscous

ROTE-BETE-SALAT

*500 g rote Bete (aus dem Glas oder gekocht und geschält), 2 Zwiebeln, 3 Eßl. Olivenöl,
1 Eßl. Weinessig, 1 Bund Petersilie, Salz, Pfeffer.*

Die rote Bete kleinschneiden, in eine Salatschüssel geben. Die Zwiebel fein würfeln und dazugeben. Anschließend das Öl, den Essig und die Gewürze darüber verteilen. Gut mischen.

MÖHRENSALAT

500 g Möhren, Saft von 1 Orange, 3 Eßl. Zucker, 4 Eßl. Olivenöl, 1/2 Teel. Zimt, 1 Prise Muskat, Salz, weißer Pfeffer.

Möhren reiben; in einer Pfanne in wenig Öl etwa zehn Minuten dünsten, abkühlen lassen. In eine Salatschüssel geben. Alle Zutaten darüber verteilen. Gut mischen.

ARTISCHOCKENSALAT

*1 Bund Petersilie, 1 Zweig Basilikum,
3 Eßl. Nußöl, Saft von 1/2 Zitrone, Salz,
weißer Pfeffer, 3 Dosen Artischockenherzen
(à 280 g).*

Petersilie und Basilikum fein hacken. Alle übrigen Zutaten mischen und über die Artischockenherzen geben. Eventuell mit einigen Salatblättern anrichten.

Zwischendurch und hinterher reichen Sie gut gekühltes Fruchtfleisch einer großen Honig- oder Wassermelone.

PLANUNG
Am Vortag:

▲ Lammfleisch in Stücke schneiden, Hähnchenkeulen häuten und zerteilen. Gewürzzutaten, Zwiebelwürfel und Tomatenstücke vermischen. Das Fleisch darin wenden und zugedeckt kaltstellen.

▲ Das Gemüse putzen, in Folienbeutel geben und kaltstellen.

▲ Rote-Bete-Salat zubereiten.

▲ Rosinen einweichen.

Zwei Stunden vor dem Essen:

▲ Das Fleisch 45 Minuten schmoren. Inzwischen den Möhren- und Artischockensalat zubereiten und anrichten.

▲ Kichererbsen, Gemüse und Brühe zum Fleisch geben; eine Stunde weitergaren.

▲ Die Melone in Spalten schneiden; entkernen. Kaltstellen.

▲ Couscous quellen lassen; unter Rühren erhitzen – oder in zwei Portionen in der Mikrowelle bei 600 Watt in fünf Minuten.

Draußen grillen

FÜR 20 PERSONEN

1/ZUR BEGRÜSSUNG: HEISSES KNOBLAUCHBROT VOM GRILL

2/FLEISCH VOM GRILL: LAMMKEULE IN SCHEIBEN,
HÄHNCHEN-SPIESSE, FLORENTINER STEAK

3/GEKOCHTE MÖHREN

4/MARINIERTE ZUCCHINI

5/LÖWENZAHNSALAT

6/SALBEIKARTOFFELN AUS DER PFANNE

7/GEMÜSESUPPE MIT KRÄUTERAIOLI

8/FRISCHES OBST

Draußen zu essen soll auch für den Gastgeber Spaß und keine Arbeit sein. Die meisten dieser Speisen können daher gut vorbereitet werden. Zur Begrüßung gibt es heißes Knoblauchbrot vom Grill und einen kühlen Schluck. Die Gemüsesuppe und die Salbeikartoffeln werden über dem offenen Feuer zubereitet. Das Grillen übernehmen Gäste, die gewissenhaft darauf achten, daß die Steaks »auf den Punkt« gegart werden und nie zuviel Fleisch auf dem Rost liegt. Zwischendurch gibt es viel frisches Obst. So ein Fest kann sich über den ganzen Tag hinziehen.
Wenn Sie mehr als 20 Gäste haben, nehmen Sie einfach entsprechend mehr Zutaten.

1/HEISSES KNOBLAUCHBROT VOM GRILL

Weizenbrotscheiben von beiden Seiten auf dem Grill rösten. Mit aufgeschnittenen Knoblauchzehen abreiben und mit feinstem Olivenöl beträufelt sofort servieren.

2/LAMMKEULE IN SCHEIBEN

10 sehr dünn geschnittene Scheiben von der Lammkeule (à 180 g).
  MARINADE: *2 Knoblauchzehen und 1/2 Zwiebel (jeweils durch die Knoblauchpresse gedrückt), 1 Teel. Oregano, 2 Eßl. Zitronensaft, 4 Eßl. Olivenöl, frisch gemahlener Pfeffer.*

1. Am Vortag das Lammfleisch mit der Marinade beträufeln und zugedeckt kaltstellen; durchziehen lassen.

2. Eine Stunde vor dem Grillen aus dem Kühlschrank nehmen. Abtupfen und vier bis sechs Minuten grillen.

Statt Lamm kann auch dünn geschnittenes Nackenkotelett vom Schwein gegrillt werden. Wichtig: Schweinefleisch sollte immer gut durchgaren.

TIP

Ganze Knoblauchknollen bei sanfter Hitze so lange rundherum grillen, bis sie fast dunkel-

Florentiner Steak

Salbeikartoffeln aus der Pfanne

braun sind. Die Zehen sind dann weich und lassen sich Stück für Stück leicht herausdrücken. Sie schmecken gut auf gegrilltem Fleisch und geröstetem Brot.

HÄHNCHEN-SPIESSE
FÜR ETWA 20 STÜCK

2 kg Hähnchenbrustfilet, 2 Bund Lauchzwiebeln.
MARINADE: 8 Eßl. Olivenöl,
4 Eßl. Zitronensaft, reichlich frisch gemahlener Pfeffer, 3 durchgepreßte Knoblauchzehen,
2 Eßl. gehackte Rosmarinnadeln, abgeriebene Schale von 1 Zitrone.

1. Das Fleisch in etwa drei Zentimeter große Würfel schneiden. Die Zwiebeln putzen, das frische Grün abschneiden und für den Salat aufheben. Die Zwiebeln ebenfalls in etwa drei Zentimeter lange Stücke schneiden.

2. Aus den angegebenen Zutaten eine Marinade rühren. Das Fleisch etwa eine Stunde darin durchziehen lassen. Abgetropft mit den Zwiebelstücken aufspießen.

3. Unter häufigem Wenden sechs bis zehn Minuten grillen.

FLORENTINER STEAK

5 große T-Bone-Steaks (à 400 g), frisch gemahlener Pfeffer, Sonnenblumenöl, Salz, Zitronensaft und kalt gepreßtes Olivenöl.

1. Die Steaks kräftig mit Pfeffer würzen und mit Sonnenblumenöl einpinseln. Abgedeckt über Nacht kaltstellen.

2. Eine Stunde vor dem Grillen aus dem Kühlschrank nehmen. Über gut durchglühter Holzkohle etwa zwölf Minuten grillen. Vor dem Anschneiden unter Alufolie etwa fünf bis zehn Minuten ruhen lassen.

3. Das Fleisch vom Knochen lösen und schräg in dünne Scheiben schneiden. Das Fleisch mit Salz bestreuen, mit Zitronensaft und Olivenöl beträufeln.

3/GEKOCHTE MÖHREN

4 Bund junge kleine Möhren, 4 Eßl. Öl,
Saft von 1 Zitrone, 1 Teel. Salz, 1 Teel. Zucker, frische Minze.

1. Die Möhren dünn schälen oder gründlich bürsten. Weil's schön aussieht, bei einigen etwas Grün stehen lassen.

5. KAPITEL

2. Einen halben Liter Wasser mit Öl, Zitronensaft, Salz und Zucker zum Kochen bringen. Die Möhren hineingeben und zugedeckt »al dente« kochen. Abgießen.

3. Die Möhren abgekühlt oder lauwarm auf einer großen Platte anrichten. Mit frischer Minze garnieren.

TIP

Die Kräutersoße Aioli, die es zur Suppe gibt, paßt auch gut zu den Möhren.

4/MARINIERTE ZUCCHINI

2 kg kleine feste Zucchini,
etwa 8 Eßl. Sonnenblumenöl zum Braten, Salz,
frisch gemahlener Pfeffer, 4 Knoblauchzehen,
1 Bund glatte Petersilie, 10 Eßl. Olivenöl,
6 Eßl. Zitronensaft.

1. Zucchini waschen und ungeschält in fingerlange Stifte schneiden.

2. Öl in der Pfanne erhitzen und die Zucchini in etwa vier Portionen so lange braten, bis sie leicht gebräunt sind. Anschließend mit Salz und Pfeffer würzen.

3. Zerdrückten Knoblauch, gehackte Petersilie, Olivenöl und Zitronensaft verrühren und unter die Zucchini heben. Etwa zwei Stunden durchziehen lassen.

5/LÖWENZAHNSALAT

1 kg Löwenzahnsalat, 500 g Weizenvollkornbrot,
6 hartgekochte Eier, 5 Eßl. Balsamessig,
etwas Salz und Zucker,
reichlich frisch gemahlener Pfeffer,
8 Eßl. Olivenöl, 6–10 Eßl. Öl zum Brotrösten.

1. Den Löwenzahn waschen, gebündelt auf ein Brett legen und in fingerbreite Stücke schneiden.

2. Das Brot klein würfeln, die Eier pellen und grob zerhacken. Balsamessig, Salz, Zucker

Heißes Knoblauchbrot vom Grill

Löwenzahnsalat

und Pfeffer verrühren, bis Salz und Zucker sich aufgelöst haben. Olivenöl darunterrühren.

3. Sonnenblumenöl in einer Pfanne erhitzen und die Brotwürfel unter Wenden knusprig braten.

4. Zum Anrichten den Löwenzahn mit der Vinaigrette vermischen und auf eine große Platte füllen. Eier und Brot darüber verteilen und servieren.

ABWANDLUNG

Räucherfisch und Pellkartoffeln unter den Löwenzahn mischen. Speckwürfelchen auslassen oder Sonnenblumenkerne rösten und heiß über den Salat geben. Blätter von der Kapuzinerkresse in Streifen schneiden und untermischen.

6/SALBEIKARTOFFELN AUS DER PFANNE

3,5 kg kleine, festkochende Kartoffeln, 125 g Butterschmalz, 400 g Schinkenspeck, 1 große Handvoll frische Salbeiblätter, Salz, reichlich frisch gemahlener Pfeffer.

1. Die Kartoffeln kräftig bürsten, garkochen, abgießen und abkühlen lassen.

2. In einer großen Pfanne (Durchmesser 30 Zentimeter) Butterschmalz erhitzen. Kartoffeln halbieren, Schinkenspeckstücke und Salbeiblätter dazugeben. Bei mittlerer Hitze unter gelegentlichem Wenden etwa 20 Minuten goldbraun braten. Erst ganz zum Schluß mit Salz und Pfeffer würzen.

Gemüsesuppe mit Kräuteraioli

Tip

Am besten mischen Sie, wie die Köche das tun, Salz und Pfeffer in einem Schüsselchen an; dann kann sich jeder die Kartoffeln selbst würzen.

7/GEMÜSESUPPE MIT KRÄUTERAIOLI

750 g Schneidebohnen, 3 Kohlrabi, 1 kg Kartoffeln, 1 Staudensellerie, 1 rote und 1 gelbe Paprikaschote, 1 Gemüsezwiebel, 1 Eßl. Butterschmalz, 2 Dosen dicke weiße Bohnen (à 250 g), 2 1/2 l Gemüsebrühe (Instant).

KRÄUTERSOSSE: 2 Eigelb, 1 Eßl. Senf, Kräutersalz, Cayennepfeffer, 4 Knoblauchzehen, 1/8 l Olivenöl, 2 Becher saure Sahne, 1 Becher Crème fraîche, je 1 Bund glatte Petersilie und Basilikum.

1. Das Gemüse putzen, schälen und kleinschneiden.
2. Die Zwiebel würfeln und in Butterschmalz weichdünsten. Das Gemüse dazugeben und drei Minuten unter Wenden mitdünsten.
3. Die dicken weißen Bohnen abgetropft dazugeben, die Brühe angießen. Alles zum Kochen bringen, dann zugedeckt bei kleiner Hitze 30 Minuten köcheln lassen.
4. Eigelb mit Senf, Kräutersalz, Cayennepfeffer und zerdrückten Knoblauch verrühren. Das Öl erst tropfenweise, dann in dünnem Strahl einrühren, bis eine dicke Creme entstanden ist. Saure Sahne und Crème fraîche unterrühren.
5. Die Kräuter grob zerschneiden und mit drei Eßlöffel Soße im Mixer pürieren. Die restliche Soße unterrühren. Mit Zitronensaft, Salz und Cayennepfeffer abschmecken.

8/FRISCHES OBST

Als Dessert schmecken im Sommer frische Früchte am besten:

Erdbeeren (gewaschen und entstielt mit Zucker und Milch oder Sahne), Kirschen, Aprikosen oder Pfirsiche.

Planung

Am Vortag:
- ▲ Kartoffeln kochen.
- ▲ Kräuteraioli zubereiten und kaltstellen.
- ▲ Das Gemüse für die Suppe bis auf die Kartoffeln putzen und kleinschneiden; in Folienbeuteln kaltstellen.
- ▲ Steak und Lammfleisch marinieren und kaltstellen. Hähnchenfleisch marinieren.
- ▲ Eier für den Salat hartkochen.
- ▲ Möhren putzen; in Folienbeuteln kaltstellen.
- ▲ Schinkenspeck kleinschneiden, Salbeiblätter waschen und trockentupfen.

3 Stunden, bevor die Gäste kommen:
- ▲ Gemüsesuppe kochen.
- ▲ Hähnchen-Spieße fertigmachen.
- ▲ Zucchini schneiden, braten und würzen; abdecken.
- ▲ Löwenzahnsalat waschen, schneiden, das Brot würfeln und rösten. Eier schälen und grob hacken.
- ▲ Obst waschen und anrichten.
- ▲ Holz für das Feuer bereitlegen.
- ▲ Den Grill vorbereiten.
- ▲ Möhren kochen, abgießen und anrichten.

5. KAPITEL

Kartoffelfest

FÜR 6 PERSONEN

1/ZUR BEGRÜSSUNG: HIMBEER-SEKT

2/HEISSE PELLKARTOFFELN

3/MATJES-SALAT

4/QUARK-NOCKERLN AUF BUNTEM GEMÜSE

5/GEKOCHTE EIER IN GRÜNER SOSSE

6/SALATHERZEN MIT SAHNESOSSE

7/FEINGEWÜRZTE BUTTERRÖLLCHEN

8/FRUCHTTELLER MIT LIMETTENSIRUP

Hier sind die Kartoffeln keine Beilage, sondern Hauptgericht. Alle Speisen (bis auf den Fruchtteller) kommen sofort auf den Tisch. Dann werden die heißen Pellkartoffeln serviert. Die Gäste sitzen am Tisch, pellen ihre Kartoffeln und kombinieren sie nach Belieben mit den köstlichen Zutaten – ein sehr geselliges Essen. Wenn Sie mehr als sechs Gäste haben, brauchen Sie die Zutaten nur entsprechend zu erweitern. Pro Person rechnet man etwa 500 g Kartoffeln. Für mehr als 6 Personen müssen Sie die Kartoffeln eventuell in zwei Partien garen.

1/HIMBEER-SEKT

500 g Himbeeren, 75 g Zucker, 1 Flasche Sekt.

1. Zucker und fünf Eßlöffel Wasser zu einem leichten Sirup kochen; abkühlen lassen.
2. Die Himbeeren im Mixer oder mit dem Pürierstab pürieren. Anschließend durch ein Sieb rühren und mit dem Zuckersirup vermischen, kaltstellen.
3. In jedes Glas ca. 2 Eßlöffel Himbeerpüree geben, mit gut gekühltem Sekt aufgießen.

2/HEISSE PELLKARTOFFELN

Pro Person 500 g Kartoffeln (wenn sie aus biologisch-dynamischem Anbau stammen und gründlich gebürstet werden, kann man auf das Pellen verzichten.)

Knapp bedeckt mit etwas Salz und Kümmel kochen.

3/MATJES-SALAT

10 Matjesfilets (à 80 g), 3 rote Äpfel, 1–2 rote Zwiebeln, 2 Gewürzgurken (à 100 g), 1 Bund Schnittlauch.

1. Die Matjesfilets in kleine Würfel schneiden. Die Äpfel waschen, entkernen und würfeln. Zwiebel und Gurke ebenfalls fein würfeln. Den Schnittlauch in Röllchen schneiden.
2. Alles vorsichtig vermengen und in eine Schüssel füllen. Bis zum Servieren abgedeckt kaltstellen.

Heiße Pellkartoffeln

4/QUARK-NOCKERLN AUF BUNTEM GEMÜSE

1 Zwiebel, 1 Teel. Salz, 125 g Butter,
1 kg Speisequark, 1/8 l Milch,
frisch gemahlener Pfeffer,
2 Lauchzwiebeln, 1 kleine Salatgurke,
1 rote und 1 gelbe Paprikaschote,
1 Bund Radieschen.

1. Die Zwiebel fein hacken und mit Salz bestreut stehen lassen. Die Butter schmelzen. Quark, Milch und Zwiebeln mit dem Schneebesen des elektrischen Handrührers verrühren. Die lauwarme, flüssige Butter darunterschlagen. Mit Salz und Pfeffer abschmecken, kaltstellen.

2. Geputzte Lauchzwiebeln, Gurke, Paprika und Radieschen fein schneiden. Auf einer flachen Platte anrichten.

3. Mit zwei Löffeln Quark-Nockerln abstechen und auf das Gemüse setzen.

5/GEKOCHTE EIER IN GRÜNER SOSSE

8 Eier, 1 reife Avocado, 1/2 Teel. Zucker,
1/2 Teel. Salz, frisch gemahlener Pfeffer,
3 Spritzer Tabasco, etwa 4 Eßl. Essig, 2 Eßl. fein
gewürfelte Kräuter (z. B. Petersilie, Dill,
Schnittlauch, Borretsch), je 1/8 l Schlagsahne
und saure Sahne.

DEKORATION: *grüne Salatblätter und Borretschblüten oder Gänseblümchen.*

1. Die Eier in acht Minuten hartkochen und abschrecken.

2. Avocadofleisch, Zucker, Salz, Pfeffer, Tabasco und Essig im Mixer pürieren. Die feingewiegten Kräuter und die Sahne darunterrühren. Die Soße mit Salz abschmecken und auf eine tiefe Platte füllen.

3. Die geschälten Eier halbiert daraufsetzen. Für die Garnitur Salatblätter streifig schneiden und drumherum anrichten. Mit abgespülten Blüten dekorieren.

Quark-Nockerln auf buntem Gemüse

6/SALATHERZEN MIT SAHNESOSSE

*2 schöne feste Kopfsalate, 4 Eßl. Zitronensaft,
2 Teel. Zucker, 2 Eßl. Weinessig, 1/4 Teel. Salz,
frisch gemahlener Pfeffer, 1/8 l saure Sahne,
1/8 l Schmand, 1 Handvoll rote Johannisbeeren.*

1. Den Salat putzen, vierteln, vorsichtig waschen und trockenschleudern.

2. Für die Soße Zitronensaft, Zucker, Essig, Salz und Pfeffer verrühren, bis sich Zucker und Salz aufgelöst haben. Dann saure Sahne und Schmand vorsichtig darunterziehen, damit die Konsistenz locker und cremig bleibt.

3. Die Salatviertel auf einer Platte anrichten und die Sahnesoße darüber verteilen. Mit roten Johannisbeeren garnieren.

7/FEINGEWÜRZTE BUTTERRÖLLCHEN

GRÜNE BUTTER: *2 Eßl. Zitronensaft,
1 Teel. Salz, 1 Knoblauchzehe, 3 Eßl. fein
gehackte Petersilie, 125 g Butter.*
ROTE BUTTER: *1 Schalotte,
1 Eßl. Tomatenmark, 1 Teel. Zitronensaft,
1/4 Teel. Salz, 1 Spritzer Tabasco, 125 g Butter.*
ZARTGELBE BUTTER: *1 Eßl. Meerrettich,
1/4 Teel. Salz, 1 Teel. Zitronensaft,
frisch gemahlener Pfeffer, 125 g Butter.*
GARNITUR: *Frische Kräuterblätter und -blüten.*

Für die grüne Butter Zitronensaft, Salz, zerdrückte Knoblauchzehe und fein gehackte Petersilie unter die Butter kneten.

Für die rote Butter durchgepreßte Schalotte, Tomatenmark, Zitronensaft, Salz und Tabasco mit der Butter verkneten.

Für die zartgelbe Butter Meerrettich, Salz, Zitronensaft und Pfeffer mit Butter verkneten.

Die Butterportionen zu Rollen formen und bis zum Servieren kaltstellen. Mit frischen Kräuterblättern und -blüten dekorieren.

8/FRUCHTTELLER MIT LIMETTENSIRUP

1 große Charentais-Melone, 250 g Erdbeeren, 2 Limetten, 100 g Zucker.

1. Die Melone vierteln, entkernen und schälen. Das Fruchtfleisch in dünne Scheiben schneiden und wie eine Blüte auf einem Teller anrichten. Die Erdbeeren ebenfalls in Scheiben schneiden und in die Mitte legen. Abdecken und kaltstellen.

2. Für den Sirup die Limetten hauchdünn schälen und die Schale in feine Streifen schneiden. In kochendem Wasser blanchieren. Limettensaft mit Zucker zu Sirup kochen, die Schale zugeben und kurz mitkochen. Abgekühlt über die Früchte träufeln.

PLANUNG

Am Vortag:
- ▲ Die Buttermischungen zubereiten, rollen und kaltstellen.
- ▲ Das Gemüse kleinschneiden, abgedeckt kaltstellen.

2 Stunden vor dem Essen:
- ▲ Melone und Erdbeeren schneiden, anrichten und abdecken. Sirup kochen.
- ▲ Matjes-Salat fertigstellen.
- ▲ Eier kochen; die grüne Soße zubereiten.
- ▲ Quark zubereiten; mit dem Gemüse anrichten und bis zum Essen abdecken.
- ▲ Salat vorbereiten, die Sahnesoße anrühren. Johannisbeeren bereitstellen.
- ▲ Kartoffeln einzeln gründlich bürsten, zum Kochen bereitstellen.

Direkt vor dem Servieren:
- ▲ Die Kartoffeln zum Kochen aufsetzen, den Küchenwecker einstellen (20 Minuten).
- ▲ Salatviertel und Soße anrichten, mit Johannisbeeren dekorieren.
- ▲ Eier in die grüne Soße setzen, dekorieren.
- ▲ Melonen und Erdbeeren mit Limettensirup beträufeln.

Fruchtteller mit Limettensirup

Zwiebelkuchen und Federweißer

FÜR 6 PERSONEN

Federweißer (auch »Sauser« genannt) ist ein Mittelding zwischen Most und Wein, nämlich in voller Gärung befindlicher Traubenmost, dem der Kohlensäuregehalt einen angenehm prickelnden Geschmack verleiht. Zu dieser süffigen Spezialität gehört in Hessen der traditionelle, deftige Zwiebelkuchen. Der neue Federweiße ist stets ein Grund, ein paar Freunde einzuladen.

ZWIEBELKUCHEN

HEFETEIG: *250 g Weizenmehl (davon 50 g frisch mit der elektrischen Kaffeemühle gemahlenes Weizenkorn), 1 Päckchen Trockenhefe, 1/2 Teel. Salz, 1/2 Teel. Zucker, etwa 175 ml lauwarmes Wasser, 4 Eßl. Öl.*

BELAG: *150 g Bacon, 1,5 kg Zwiebeln, 20 g Butterschmalz, 2 Eier, 1 Becher Schlagsahne (200 g), 1 Prise Muskat, 1/4 Teel. Cayennepfeffer, Salz.*

1. Für den Hefeteig alle Zutaten in eine Rührschüssel geben. Erst mit den Knethaken des elektrischen Handrührers, dann mit den Händen zu einem Teig verkneten. Zugedeckt an einem warmen Platz gehen lassen, bis sich der Teig etwa verdoppelt hat.

2. Den Speck in feine Streifen schneiden und in der Pfanne glasig braten. Inzwischen die Zwiebeln abziehen und in Ringe schneiden. Im heißen Speckfett und Butterschmalz glasig dünsten. Etwas abkühlen lassen.

3. Den aufgegangenen Teig mit den Händen gut durchkneten, ausrollen und eine gefettete flache Pizzaform (oder Springform) von 30 Zentimeter Durchmesser damit auslegen.

4. Eier, Sahne, Muskat, Cayennepfeffer und Salz verschlagen, Zwiebeln und Speck darunterheben und in die Form füllen. Die Form in den Backofen schieben. Bei 225 Grad/Gas Stufe 4 etwa 40 bis 50 Minuten backen.

Noch backofenwarm schmeckt Zwiebelkuchen am besten.

Wieviel Federweißen Sie brauchen, liegt natürlich an der Trinkfreude Ihrer Gäste. Im allgemeinen kommen Sie mit einem Liter pro Person aus.

Natürlich schmeckt zum Zwiebelkuchen auch jeder andere sehr junge Wein – nur süß sollte er nicht sein, aber gut gekühlt!

Erntefrische Nüsse, deren Haut sich leicht abziehen läßt, schmecken ausgezeichnet zum Federweißen. In geselliger Runde macht es Spaß, die Nüsse in Muße zu schälen.

Zwiebelkuchen und Federweißer

REGISTER

Menü-Verzeichnis

MENÜS FÜR 4 BIS 8 GÄSTE   Seite 32

Menü 1   Seite 34–37
1/Spargelcremesuppe
2/Gebackene Forellen mit Zucchinigemüse
3/Erdbeer-Weingelee

Menü 2   Seite 38–41
1/Apfelsinen-Fenchel-Salat mit Walnußbrot
2/Gebackene Hähnchenkeulen mit Möhren-Sellerie-Gemüse
3/Buttermilch-Gelee

Menü 3   Seite 42–44
1/Melone mit Schafkäse
2/Kaninchen-Stifado im Tomatensugo
3/Creme Caramel

Menü 4   Seite 45–48
1/Schneckensuppe mit Roggentoast
2/Ochsenbrust mit Kräutersoße und gebackenen Kartoffeln
3/Creme bavaroise mit Früchten

Menü 5   Seite 49–51
1/Gurkenrahmsuppe mit gerösteten Brotwürfeln
2 Lachskotelett auf Linsengemüse
3 Obstsalat mit Mascarpone-Creme

Menü 6   Seite 52–56
1/Feine Kartoffelcremesuppe mit Nordseekrabben
2/Entenbrust mit Apfel-Trauben-Kraut und Röstkartoffeln
3/Orangen-Crêpes

Menü 7   Seite 57–60
1/Endiviensalat mit Vollkorncroûtons
2/Hähnchenfilet mit Roqueforthaube und Zitronenreis
3/Kiwipüree mit Walnußeis und Waffelgebäck

Menü 8   Seite 61–64
1/Griechische Vorspeisen
2/Gespickte Lammkeule mit Kichererbsengemüse
3/Früchte in Portwein

Menü 9   Seite 65–68
1/Tomaten-Zucchini-Salat mit heißem Knoblauchbrot
2/Italienische Rouladen mit Möhren und Broccoli
3/Ananas und Erdbeeren mit Rumsahne

Menü 10   Seite 69–71
1/Joghurtsuppe
2/Rigatoni-Auflauf
3/Salat von Pfirsich und Melone

Menü 11   Seite 72–75
1/Gemüseterrine mit Walnußbrot
2/Rotbarschfilet livornese mit Kräuterkartoffeln
3/Weinapfel mit Vanillesoße

Menü 12   Seite 76–78
1/Salatplatte mit gerösteten Kürbiskernen
2/Geschmorte Putenkeule
3/Espresso-Gelee mit Vanillesahne

REGISTER

Menü 13   Seite 79–82

1/Kräutersalat mit pochierter Lachsforelle

2/Boeuf à la Niçoise mit Gemüsenudeln

3/Erdbeercreme

Menü 14   Seite 83–85

1/Schmorgurken mit Schafkäse

2/Nudeln auf ligurische Art

3/Beeren-Becher

Menü 15   Seite 86–89

1/Tomaten-Orangen-Suppe

2/Gefüllter Kalbsrollbraten mit Wirsinggemüse

3/Krokant-Parfait mit Himbeerpüree

MENÜS FÜR 12 BIS 16 GÄSTE   Seite 90

Menü 16   Seite 92–95

1/Mousse von Räuchermakrele

2/Roastbeefbraten mit Bohnen und Röstkartoffeln

3/Marinierte Ananas mit Kokoskrokant

Menü 17   Seite 96–99

1/Möhrencremesuppe mit gerösteten Kürbiskernen

2/Marinierter Putenbraten mit grünem Gemüse und Spätzle

3/Schokoladen-Dessertkuchen mit rot-weißer Soße

Menü 18   Seite 100–103

1/Gefüllte Avocado mit Shrimps

2/Rinderfilet in Steinpilzsoße mit Tagliatelle

3/Vanillecreme mit Pflaumensoße und Trauben

Menü 19   Seite 104–106

1/Quarkterrine mit Salat

2/Spargelragout mit Edelfisch und Wildreismischung

3/Exotischer Obstsalat

Menü 20   107–109

1/Kräutercremesuppe

2/Bunte Gemüsepfanne

3/Apfel-Birnen-Creme mit Pistazien

Menü 21   Seite 110–112

1/Gratinierte Polenta

2/Frische Gemüsesuppe

3/Himbeeren und Stachelbeeren mit Kokosraspel

Menü 22   Seite 113–116

1/Linsensuppe mit Bündner Fleisch

2/Fisch in Aspik mit Apfel-Meerrettichsoße und Pellkartoffeln

3/Topfenpalatschinken

Menü 23   Seite 117–119

1/Zucchini-Paprika-Gemüse

2/Schweinefilet überbacken

3/Kompott von Steinobst

Menü 24   Seite 120–122

1/Papaya mit Gurke und Feta

2/Stew vom Lamm

3/Marmorierte Quarkcreme

Menü 25   Seite 123–125

1/Matjes-Tatar auf Schwarzbrot

2/Curryhuhn mit Basmati-Reis

3/Apfel-Himbeer-Grütze mit Milch

Verzeichnis aller Rezepte

Ananas, marinierte, mit Kokoskrokant 95
Ananas und Erdbeeren mit Rumsahne 67
Apfel-Birnen-Creme mit Pistazien 108
Apfel-Himbeer-Grütze mit Milch 124
Apfelküchlein mit Ahornsirup 130
Apfelsinen-Fenchel-Salat mit Walnußbrot 38
Artischocken-Salat 174
Auberginen mit Tomatensugo 152
Avocado, gefüllte, mit Shrimps 100

Baguettes, gefüllte 166
Beeren-Becher 84
Bismarkheringe in Kräutersoße 144
Blätterteigstangen, würzige 133
Boeuf à la Niçoise mit Gemüsenudeln 79
Bresàola (getrocknetes Rindfleisch) 151
Buttermilch-Gelee 40
Butterröllchen, feingewürzte 184
Couscous 172
Creme bavaroise mit Früchten 47
Creme Caramel 43
Crostini 151
Curryfleisch mit Wildreismischung 20
Curryhuhn mit Basmati-Reis 124

Eier, gekochte, in grüner Soße 183
Eier, pochierte, mit Lachs auf Toast 128
Eier, würzige, im Glas 144
Eierpfannkuchen mit allerlei drauf 12
Endiviensalat mit Vollkorncroutons 57
Entenbrust mit Apfel-Trauben-Kraut
und Röstkartoffeln 52
Erdbeercreme 81
Erdbeer-Sekt 158
Erdbeer-Weingelee 35
Espresso-Gelee mit Vanillesahne 77

Fisch in Aspik mit Apfel-Meerrettichsoße
und Pellkartoffeln 113
Fisch in Blätterteig 128
Fleischpastete 139
Florentiner Steak 177
Forellen, gebackene, mit Zucchinigemüse 34
Fruchtteller mit Limettensirup 185
Früchte in Portwein 63
Frühlingssalat 14

Geflügelpastete 129
Gemüse, frisches, mit Dip 10
Gemüsepfanne, bunte 107
Gemüsesuppe, frische 110

Gemüsesuppe mit Kräuteraioli 180
Gemüseterrine mit Walnußbrot 72
Gurkenrahmsuppe mit gerösteten Brotwürfeln 49

Hackbraten vom Blech 146
Hähnchen im Maisbett 24
Hähnchenfilet mt Roqueforthaube
und Zitronenreis 57
Hähnchenkeulen, gebackene,
mit Möhren-Sellerie-Gemüse 38
Hähnchen-Spieße 177
Himbeeren und Stachelbeeren
mit Kokosraspel 111
Himbeer-Sekt 182

Italienische Rouladen mit Möhren und Broccoli ... 65
Italienischer Käsekuchen 18

Joghurtsuppe 69

Kalbfleisch, kaltes, in Thunfischsoße
(Vitello tonnato) 151
Kalbsrollbraten, gefüllter, mit Wirsinggemüse 87
Kanapees mit Basilikumcreme
und Kirschtomaten 133
Kanapees mit Kaviar 133
Kaninchen-Stifado im Tomatensugo 42
Karamel-Zwiebeln 152
Kartoffelcremesuppe, feine,
mit Nordseekrabben 52
Kartoffelsalat mit Kürbis 146
Käse-Curry-Plätzchen 131
Käse, eingelegter 170
Käsekuchen, italienischer 18
Kehdinger Hochzeitssuppe 163
Kirschgelee mit Vanillesoße 147
Kiwipüree mit Walnußeis und Waffelgebäck 59
Knoblauchbrot, heißes, vom Grill 175
Kompott von Steinobst 118
Kräutercremesuppe 107
Kräuterkäse 129
Kräutersalat mit pochierter Lachsforelle 79
Krokant-Parfait mit Himbeerpüree 88

Lachs-Kartoffel-Pastete 159
Lachskotelett auf Linsengemüse 49
Lachsstatar-Nockerln auf Toast 133
Lammkeule, gespickte,
mit Kichererbsengemüse 61
Lammkeule in Scheiben 175
Linsensuppe mit Bündner Fleisch 113
Löwenzahnsalat 178

190

REGISTER

Mais-Bohnensuppe, scharfe 16
Mandelkuchen 154
Mangobowle 135
Matjesfilets mit Ofenkartoffeln 30
Matjes-Salat 182
Matjes-Tatar auf Schwarzbrot 123
Melone mit Schafkäse 42
Melone mit Schinken 151
Mitternachtssuppe 148
Möhren, gekochte 177
Möhren, marinierte 152
Möhrencremesuppe mit
gerösteten Kürbiskernen 96
Möhrensalat 174
Mousse von Räuchermakrele 92

Nektarinenwein 149
Nudeln auf ligurische Art 83
Nudelsalat, roter 146

Obstsalat aus tropischen Früchten
mit Weinbrandsoße 143
Obstsalat, exotischer 105
Obstsalat mit Mascarpone-Creme 50
Ochsenbrust mit Kräutersoße und
gebackenen Kartoffeln 45
Okragemüse 139
Orangen-Crêpes 53
Orangen-Paprika-Salat 137

Papaya mit Gurke und Feta 120
Paprikaschoten, gefüllte 166
Paprikaschoten, geröstete 151
Paprikasuppe, kalte 158
Pellkartoffeln, heiße 182
Pilaw mit Rosinen 141
Polenta, gratinierte 110
Portwein-Pfirsiche, marinierte 171
Putenbraten, marinierter,
mit grünem Gemüse und Spätzle 96
Putenbraten mit Papaya-Tatar 141
Putenkeule, geschmorte 76

Quarkcreme, marmorierte 120
Quark-Nockerln auf buntem Gemüse 183
Quarkterrine mit Salat 104
Quiche Lorraine 26

Reissalat 152
Riesenbrezel 147
Rigatoni-Auflauf 69
Rinderfilet in Steinpilzsoße mit Tagliatelle 100
Rindfleisch, getrocknetes (Bresàola) 151
Risotto mit Krabben 22

Roastbeefbraten mit Bohnen
und Röstkartoffeln 92
Rotbarschfilet livornese mit Kräuterkartoffeln 72
Rote-Bete-Salat 174
rote Würzeier mit Tatar-Soße 169
roter Nudelsalat 146
Roulade, italienische,
mit Möhren und Broccoli 65

Salat von Pfirsich und Melone 70
Salatherzen mit Sahnesoße 184
Salatplatte mit gerösteten Kürbiskernen 76
Salbeikartoffeln aus der Pfanne 180
Scampi in Kokosmilch 137
Schmorgurken mit Schafkäse 83
Schneckensuppe mit Roggentoast 45
Schokoladen-Dessertkuchen
mit rot-weißer Soße 97
Schweinefilet überbacken 117
Schweinerücken, gekräuterter 146
Sellerie-Käse-Dreiecke 133
Spaghettini-Pizza mit Salat 28
Spargelcremesuppe 34
Spargelragout mit Edelfisch
und Wildreismischung 104
Staudensellerie mit Mascarpone 151
Steak, Florentiner 177
Stew vom Lamm 120

Tafelspitz mit Kapern-Dip 161
Tomaten und Mozzarella 154
Tomaten-Orangen-Suppe 87
Tomaten-Zucchini-Salat
mit heißem Knoblauchbrot 65
Topfenpalatschinken 115
Tortellini-Salat 167

Vanillecreme mit Pflaumensoße und Trauben 102
Vitello tonnato (kaltes Kalbfleisch
in Thunfischsoße) 151
Vorspeisen, griechische 61

Weinapfel mit Vanillesoße 74
weißer Bohnensalat 152
Windbeutel, gefüllte, mit Geflügelcreme 131
Würzeier, rote, mit Tatar-Soße 169

Ziegenkäse, frischer, auf Brunnenkresse 141
Zucchini, fritierte 154
Zucchini, marinierte 178
Zucchini-Paprika-Gemüse 117
Zwiebelkuchen 186